汉英人体经验构成的言辞行为转隐喻对比研究

——基于《红楼梦》双语语料库

司建国 著

A Contrastive Analysis of Speech Action Metaphtonymies from Embodied Experiences in Chinese and English:
Based on the Bilingual Corpora of *The Story of the Stone*

·广州·

版权所有　翻印必究

图书在版编目（CIP）数据

汉英人体经验构成的言辞行为转隐喻对比研究：基于《红楼梦》双语语料库/司建国著.—广州：中山大学出版社，2022.8
ISBN 978-7-306-07579-6

Ⅰ. ①汉…　Ⅱ. ①司…　Ⅲ. ①英语—隐喻—对比研究—汉语
Ⅳ. ①H315 ②H15

中国版本图书馆 CIP 数据核字（2022）第 114116 号

出 版 人：王天琪
策划编辑：熊锡源
责任编辑：熊锡源
封面设计：曾　斌
责任校对：卢思敏
责任技编：靳晓虹
出版发行：中山大学出版社
电　　话：编辑部 020-84111997，84113349，84111997，84110779，84110776
　　　　　发行部 020-84111998，84111981，84111160
地　　址：广州市新港西路 135 号
邮　　编：510275　　　　传　真：020-84036565
网　　址：http://www.zsup.com.cn　　E-mail：zdcbs@mail.sysu.edu.cn
印 刷 者：广东虎彩云印刷有限公司
规　　格：787mm×1092mm　1/16　16.5 印张　300 千字
版次印次：2022 年 8 月第 1 版　2022 年 8 月第 1 次印刷
定　　价：50.00 元

如发现本书因印装质量影响阅读，请与出版社发行部联系调换

前　言

　　基于《红楼梦》汉英双语语料库，本研究考察了两个文本中人体经验形成的言辞行为转隐喻。确切而言，比照两种文本中人体经验这一转隐喻的源始域（即将言辞行为看作/比作什么）形成的言辞行为转隐喻，重点在于两个文本的差异，属于认知语言学、对比语言学、语用学等多学科交叉研究。

　　言辞行为主要指人们交流时说话的方式。言辞行为转隐喻（speech activity metaphtonymy）即关于言辞行为的转喻性、隐喻性语言表征。它们基于相邻（contiguity）和相似（similarity）关系，以相对简单的经验域为源始域（source domain）来激活或投射到言辞行为这一抽象的目标域（target domain），为理解言辞行为提供心理媒介或认知通道。《红楼梦》中人物对话占全书篇幅的近五成，这也是我们选用这本书的一个原因。

　　认知语言学认为，概念是通过身体、大脑对世界的体验而形成的，并只有通过它们才能被理解。我们聚焦于言辞器官、人体感觉、人体行为等人体经验形成的言辞行为转隐喻。我们既进行汉英文本转隐喻频率对比，也探究具体转隐喻在两个文本中的对应状况，回答了大多数人所关心的问题："汉语这样说的，英语呢？"

　　我们讨论的言辞行为转隐喻都被看作十分具体的物象，可以看得见、摸得着，都是日常生活中常常接触的实物或人体动作等等。这种物化或者具体化，是人类认知，特别是转隐喻由简到繁的必要路径，同时也是语言形象、生动的前提。

　　我们发现，言辞器官构成的修辞性（figurative）语言以转喻为主，隐喻为辅；人体行为，以及除听觉外的人体感觉形成的修辞性表达以隐喻为主，转喻为辅。作为言辞器官与人体感觉和人体行为的过渡，听觉特性形成的修辞性语言比较均衡，介于转喻与隐喻之间，而且集中了语料中大多数转隐喻复合体。所以，我们的讨论基本沿着这样的路径：转喻→转喻＋隐喻

→隐喻。

大部分言辞行为转隐喻具有明显的负面含义,即便含有正面意义的"甜""大"等概念的转隐喻,如"甜言蜜语""大话"等也是如此。

总体而言,汉语文本中的言辞行为转隐喻远多于英语文本,汉英文本具体转隐喻对应率极低。前者不仅与汉语既模糊又具体、英语既精确又抽象的语言特点有关,而且与国人倾向于包含、综合的范畴观而西方人趋向于分立、分析的认知方式有关。后者意味着,译家翻译时不应局限于某个概念和词汇,而应根据话语上下文去通盘考虑,即便词典中有对等或对应的表达,绝大部分情况下也不宜照搬。

业师许余龙教授多年前希望我做一点汉英对比的事情,我一直拖到现在。但他是否满意,还不得而知。

感谢外语沙龙同僚近二十年的不间断砥砺(包括刻意吹捧和无情贬斥)。肖小军教授和杨石乔教授花了大量精力对本书初稿做了批判性校读,杨洋博士完成了语料的数理分析,外国语学院时任院长唐克胜译审对本研究给予了大力支持。中山大学出版社熊锡源博士多年来一以贯之地给予作者良多帮助。他们的付出使这本小书得以面世。感谢深圳职业技术学院学术出版基金提供的部分资助。

司建国
2022 年中秋于深圳桑泰丹华府

目 录

第一部分 导 言 ………………………………………………… 1
  第一章　研究前提及理据 ……………………………………… 2
  第二章　研究方法、内容与目的 ……………………………… 19

第二部分　言语器官形成的言辞行为转隐喻对比 …………… 31
  第一章　"嘴（口）"与 mouth 的器官特质形成的言辞行为转喻
    ………………………………………………………………… 32
  第二章　作为动作对象的"嘴（口）"和 mouth 形成的言辞行为转喻
    ………………………………………………………………… 44
  第三章　"开（张）口"等于 to open one's mouth 吗？ ……… 54
  第四章　"舌"与 tongue 的特质形成的言辞行为转喻 ……… 63
  第五章　"舌"与 tongue 作为动作对象形成的言辞行为转喻 … 73
  第六章　"牙（齿）"与 tooth 构成的言辞行为转喻 ………… 81
  第七章　"唇"与 lip 构成的言辞行为转喻 …………………… 89
  第八章　汉英人体词构成的言辞行为转隐喻模式对比 ……… 96

第三部分　人体感觉形成的言辞行为转隐喻对比 …………… 105
  第一章　听觉构成的言辞行为转隐喻对比 …………………… 107
  第二章　视觉特性形成的言辞隐喻 …………………………… 135
  第三章　触觉特性形成的言辞隐喻 …………………………… 146
  第四章　味觉（嗅觉）特性形成的言辞隐喻 ………………… 151
  第五章　其他感觉特性形成的言辞隐喻 ……………………… 156
  第六章　汉英人体接触物形成的言辞隐喻对比 ……………… 165
  小　结 …………………………………………………………… 177

第四部分 人体行为形成的言辞行为隐喻 …………………………… 179
 第一章 V + V 型隐喻 …………………………………………… 180
 第二章 V + N 型隐喻 …………………………………………… 193
 第三章 言辞行为转隐喻复合体 …………………………………… 210
 第四章 英语视角的人体行为动词言辞行为隐喻对比 ……… 215
 小　结 ……………………………………………………………… 235

第五部分 结论与不足 ……………………………………………… 237

参考文献 ……………………………………………………………… 245

第一部分
导　言

　　本书以古典名著《红楼梦》的双语文本为语料，对比汉英人体经验（embodied experiences）形成的言辞行为转隐喻（speech activity metaphtonymy）。言辞行为即关于"说"的这一类交际现象，属于人类三大概念域（即行为域、知识域、言语域）之一（沈家煊，2006：158），是儿童语言习得中最先学会的、人类交际的最重要途径，也是人类与其他动物最显著的区别。20 世纪中期，J. L. Austin 及 J. R. Searle 对这一领域的里程碑式开拓，使得言语行为成为哲学和语言学，特别是语用学关注的焦点。认知隐喻和转喻是认知语言学近 40 年的焦点议题，隐喻学早已成为国际显学。言辞行为转隐喻即关于言辞行为的转喻性、隐喻性认知和语言表征，属于元语言（metalanguage）范畴，也可称之为元语言转隐喻。言辞行为转隐喻基于相邻（contiguity）和相似（similarity）关系，以相对简单的经验域为源始域（source domain）来激活或投射到言辞行为这一抽象的目标域（target domain），为理解言辞行为提供了心理媒介或认知通道（司建国，2017）。

第一章 研究前提及理据

一、前人有哪些研究？

学界对人体经验与认知和语言关系的讨论始于20世纪早期的哲学和文化研究（cultural studies）出现的"肉身转向"（corporeal turn）（Cf. Foolen, 2008）。Merleau-Ponty（1945/1962：226）将人体在语言中的重要性归于人体在经验和表达的中心地位，指出只有通过人体，人类的内心生活才得以向外表达。语用学家 Dingermanse（2009）发现，人们青睐用人体词谈论其他事物，是因为它们构成了交际所需的稳定的"共同平台"（common ground），即人们共享的身体经验和知识。

20世纪80年代，随着认知语言学的崛起，学界对人体经验的关注达到前所未有的程度。人们主要致力于发掘人体经验在认知过程中的作用（Johnson, 1987；Varela et al., 1991；Lakoff & Johnson, 1999；Gibbs, 2006；Frank et al., 2008），人体与情感的关系（Yu, 1995；Kovecses, 2000），体验与人格的互动（Ziemke et al., 2007；Sharifian et al., 2008a），人体词的转喻性、隐喻性意义拓展路径和历程（Sweetser, 1990；Geeraerts & Grondelaers, 1995；Niemeier, 2000；Yu, 1998, 2003），以及人体经验与语言和文化的复杂关系（Maalej, 2004；Kovecses, 2005；Maalej & Yu, 2011）。

Maalej & Yu（2011）的《通过人体的体验：多种语言和文化研究》（*Embodiment via Body Parts: Studies from Various Language and Cultures*）是一个基于全球视野的针对人体与语言及认知关系的实证性研究，不但涉及了欧洲、亚洲及非洲多种语言和文化，而且几乎包含了人体所有的外在部位和内在器官，并成功探索了心智、语言和文化，以及源于人体经验的隐喻和转喻之间的互动关系。

关于跨文化（cross-culture）或跨语言（cross-language）的转隐喻对比研究的历史较短。与认知语言学研究的状况类似，对比分析（contrastive analysis）领域也是隐喻对比先于转喻对比，并远远多于转喻对比，后者至今仍处于前者的阴影之中。与对比语言学关注的焦点一样，跨语言的隐喻对比研究也是以揭示不同语言中的隐喻差异开始的，而且是从概念隐喻的核心元素——概念域（conceptual domain）入手的。

早期的研究者发现，不同语言或文化中隐喻的表达有几种不同的情况。按照显著程度由高到低排序，它们分别是：①在一种语言中频繁出现的隐喻在另一种语言中极为罕见或完全绝迹，如有些隐喻在英语和西班牙语中的表现（Deignan, Lima & Lòpez-Mora, 1998）。②有些相似隐喻在两种语言中都使用，但在一种语言的出现频率高出另一种语言好多倍，如 Boers & Demecheleer（1997）对英语、法语及荷兰语的调查。③某些语言使用了同样的源始域，但概念域元素不同。如英语和汉语都用 HEAT 表达愤怒（基于隐喻 ANGER AS HEAT），但英语用 heated liquid（热的液体），而汉语用 hot gas（热的气体）（Yu, 1995）。④不同语言中隐喻的蕴含（entailment）即意义不同：用英语和波斯语（Farsi）谈论公司时都使用了 PARENTHOOD（父母）这一概念，英语中的 parent company 包含着（母公司）对子公司有控制、支配权之意，但在波斯语语境中，它只是供货公司（Henderson, 1986）。不仅如此，学者们还揭示了导致跨语言隐喻差异的两个相关的因素：一是不同文化对源始域元素的看法不同，二是源始域在不同文化中的突显程度不同（Deignan, 2003：256 - 257）。Kövecses（2002）在更大范围内、更多语种之间探讨了这类差异。

2003 年，SSCI 期刊 *Metaphor and Symbol* 以"隐喻与文化"为主题，对这一领域做了开拓性研究，揭示了转隐喻的跨语言和跨文化差异，为这一领域的研究从理论、方法及范畴等方面奠定了基础。其中，Charteris-Black（2003）对比了马来语和英语中涉及身体部位（mouth，lip 及 tongue）的、包括言辞行为隐喻和转喻的所谓"修辞性"（figurative）短语。研究发现，英语具有转喻和夸张倾向，而马来语则偏向隐喻和委婉。这可能是因为，英语文化对于以身体表达某些情感和态度更加宽容，而马来人则更加顾及听话人的面子，他们认为对别人的言语或言辞行为评头品足可能会威胁别人的面子。英语中，评价可能保守也可能过激，但马来文化提倡中庸的保守评价。同时，马来文化对隐喻的青睐，也是给评价加密的一种方式，因为这种认知过程更复杂。该研究得出的结论是，英语多夸张，马来语好委婉，因为马来语中有指向更隐晦的隐喻风格的文化压力，而英语则没有。修辞性短语为更好地认识文化差异提供了清晰的视角。这之后，文化特性对认知及语言的影响得到了隐喻学者的广泛关注（参阅 Chang et al., 2015：221）。

Fukuda（2009）调查了日语和美国英语经济评论中使用隐喻的情况，认为两者的差异在于英语比日语使用的隐喻性形容词和副词更多。Simo（2011）比较了美式英语与匈牙利语有关"血"的隐喻化表征，发现尽管两种语言在诸多领域类似，但在出现频率、搭配、使用模式等方面仍有显著不同。Nguyen（2013）从隐喻 EMOTION-IS-LIQUID 入手，对比了越南语和英语的异同。Taljard & Bosman（2014）则探讨了德语方言与班图语这两个没有任何关联的语言关于"吃"这一概念的隐喻表达法，发现两种语言的绝大部分隐喻构成都类似；此外，Muhammad & Rashid（2014）对比了马来语与英语谚语中"猫"的隐喻化表达。

认知及语言的文化特性已经得到了隐喻界的重视（Aksan & Kantar, 2007；Boers, 2003；Charteris-Black & Ennis, 2001；Dirven, 1994；Dobrovol'skij & Piiraninen, 2005；Kovecses, 2003, 2005；Maalej, 2004；Sharifian et al., 2008a；Simo, 2008, 2011；Yu, 2008a, 2008b；Yu et al., 2017）。但如同转喻研究处于隐喻的阴影之下一样，关于转喻视角的特定文化差异研究门庭冷落。实际上，为数有限的研究，如 Panther & Thornburg（1999），Brdar-Szabo & Brdar（2002），Barcelona（2003），Brdar & Brdar-Szabo（2003），Radden & Seto（2003），以及 Ibarretxe-Antunano（2005）等，已经揭示了某些转喻路径语际差异研究的意义。

其中，人体经验，特别是人体词构成的转喻和隐喻对比研究引人瞩目。甚至某些被认为基于身体的原始经验因而普世性显著而文化差异小的、由身体部位构成的转喻的跨语言差异也引起了越来越多的关注。如 Charteris-Black（2001）探讨了英语和马来语中人体词"手"（hand）构成的转喻差异。她随后（2003）从言语器官词［mouth（嘴），lip（唇）and tongue（舌）］入手，考察了英语和马来语中含有这些词的短语，发现英语具有转喻和夸张倾向，而马来语则偏向隐喻和委婉。

Deignan & Potter（2004）比较了英语、意大利语中涉及人体器官词鼻、嘴、眼和心的转喻和隐喻表达。他们发现，尽管普遍的身体经验和相似的文化知识在两种语言中催生了转喻和隐喻，但由于文化和语言原因，这一过程不一定在两种语言中产生对等的语言表征（Zhang et al., 2012：221）。

一项针对母语分别为韩语、西班牙语和英语的受试者对常规转喻和新奇转喻理解的调查（Slabakova, Amaro & Kang, 2013）表明，操不同语言的人对于常规转喻和新奇转喻的加工方式极为不同。研究者由此提出，转喻理论研究应更关注不同语言间的差异。

Littlemore（2015：161-189）综合了大量研究，认为不同文化和语言社区的人产出、理解转喻的方式有别，转喻会给跨文化、跨语言交际造成障碍，尤其给外语学习和翻译带来额外负担。

一般而言，这类研究含有两方面内容：先找出不同语言的转喻、隐喻的差异，而后找出差异背后的文化原因。

汉外对比的转隐喻研究成果斐然，不少进入了国际学界主流。除了上文提及的 Yu（1995）之外，Lin（2002）最早在西方发表了汉英转隐喻对比著作。Lin 考察了美式英语与汉语中的主要隐喻模式，发现美国英语中源始域以运动（sport）、商务（business）、驾驶（driving）的隐喻占主流，而汉语中绝大多数隐喻由家庭（family）、饮食（eating）和演戏（acting）构成。他解释道，隐喻是一种文化产物，隐喻的使用在极大程度上具有文化特质。美国是一个崇尚运动的商务社会，而中国人的生活本质上是"家庭宴会"（family feast）。Sun & Jiang（2014）以自建的小型语料库为基础，比较了中美产品说明书中的隐喻，发掘了两者在隐喻使用方面的显著差异：汉语更频繁地使用**商业即竞争**这一隐喻，英语则偏爱与之大相径庭的另一隐喻——**商务即合作**。这反映了中美文化中截然不同的经商理念。Chang et al.（2015）对比了汉英指代"人"（PERSON）的转喻模式，发现两者在表示泛指的人、特定类型的人以及某些源始域等方面都有所不同，这在很大程度上与某些文化因素相关。

上述研究都基于双语或多语语料库，尽管也探讨了汉英文本的相同之处，但重点仍在于语际的转隐喻差异，大部分发掘了差异的文化理据。它们大多是针对某个单一概念而非某一范畴概念的调查，绝大多数聚焦于隐喻，对转喻关注不够，对转喻和隐喻的复杂结构也没有论及，大多使用词典语料而非实际发生的语料（authentic data）。尚未发现系统的关于汉语人体词形成的言辞行为转喻的讨论，也无此领域的汉英对比研究。有关《红楼梦》汉英文本中转隐喻的研究基本囿于翻译方法与技巧（肖家燕，2007，2008；莫旭强，2010），还没有基于语料库的对比语言学维度的探讨。

二、为何人体经验？

认知语言学的一个重要理论基础是体验认知（embodied cognition）。顾名思义，所谓体验认知是指在某种程度上，人们是以身体感官与外部世界的接触来认知世界的。人体是认知的重要源泉，概念是通过身体、大脑和对世界的体验而形成的，并只有通过它们才能被理解（Lakoff & Johnson，1999）。换言之，人类心智和概念系统是人类特有的身体与环境互动的结果。这与20世纪早期的哲学和文化研究中的"肉身转向"趋势一致（Goldstein, 2005; Foolen, 2008; Tay, 2017）。

在很大程度上，我们对现实的构建和认识是以我们身体的本性为媒介的。概念的性质、机制和结构均受到我们身体经验的影响或制约。人体经验即经验是身体性的。由于人类身体的特殊性，我们具有人类才有的感觉系统。比如，人类的视觉系统有3个不同的视觉频道（color channel），而其他动物则不同，兔子有2个，金鱼和鸽子有4个。视觉频道数目不同，感受到光谱中的色彩范围便不同，看到的世界也不同。某些生物的视力可达红外线范围，如响尾蛇，它可以通过视觉发觉其他生物散发的热量，可在夜间捕食，而人类视觉则无此功能。所以，身体的要素之一——视觉系统决定了人类视觉经验的本质和范围（参阅 Evans, 2007: 69）。有学者（Thomas Aquinas）甚至断言，心智的一切无不基于以前的感官经验 [*Nihil in intellectu quod non fuerat in sensu.* (There is nothing in the mind that was not previously in the senses.)]（引自 Sharifian et al., 2008b: 7）。此外，不同身体部位和器官与不同的认知活动相关。某个（些）身体部位，比如腹部（肝）、心，以及头（大脑），是人们感知、思考以及推理的位点（locus）(Pecher & Zwaan, 2005）。①

所以，体验性（embodiment）是认知语言学的一个中心议题，它指人类特有的生理结构，包括人体的外在部位和内在器官、大脑和神经系统，并揭示人体在心智发展过程中所起的作用（Gibbs, 2006; Johnson, 1987; Lakoff, 1987; Lakoff & Johnson 1999; Tay, 2017）。

Maalej & Yu（2011）认为，人体是认知（包括情感、个性、文化价值、心智等）的有效工具，可展示语言—人体之间的关系，并进一步展示深层的、具有文化意味的心智—人体联系。另外，语言反映了概念结构，语言也反映了身体经验（embodied experience）（Lakoff & Johnson, 1999; Langacker, 1987/2004）。

人们主观的、感觉到的身体经验为语言和认知提供了坚实的基础。认知产生于身体参与物质性、文化性活动的经验。所以，认知必须从人与环境的动态交际中来研究。同样，人类的语言和思维产生于制约了智性行为（intelligent behavior）的身体行动模式。我们不能以纯粹内化的、象征的、数理的以及非体验性的眼光来看待认知，而要找出语言与思维被身体行为所塑造的宏观路径和微观路径。理解人类认知的体验在本质上要求研究者特别注意心智与人体经验以及语言与人体的联系（Gibbs, 2006: 9）。这一

---

① 但具体到到底哪个部位"管理"哪种心智，每种文化都有其复杂、曲折的历史（参阅 Sharifian et al., 2008b: 7–12），不同文化也有截然不同的看法（参阅 Yu, 2008）。

观点得到了认知语言学界十多年大量实证研究的支持。Merleau-Ponty（1945/1962：226）甚至认为人体在语言中极为重要，是经验表达的唯一路径。

体验性不仅与传统学说一样，将身体经验视为认知的媒介，而且，它还认为，那些更为抽象的认知目标域（如思维域、情感域及语言域）是基于具体的源始域（如人体和人体经验），以及对人体器官的认识过程。所以，人类心智（mind）与人体的认知不是新话题，隐喻思维以及文化模式对认知过程的影响才是新话题。

Lakoff & Johnson（1980，1999）认为，认知的体验性以概念隐喻为基础并反映于其中，概念隐喻在语言中无处不在，支持了许多真实的隐喻表达。在他们看来，隐喻和转喻不仅是纯粹的、创造美学意义的思维跳跃，更是根植于并受驱于人类的身体经验。[①]

Dingermanse（2009）从语用角度阐释了人体经验及人体词在交际中的重要作用。为何人们青睐人体词，总是用它们谈论其他事物？这是因为，要尽可能成功地交际，除了遵守一些交际常规（convention）之外，人们还依赖稳定的共同平台。共同平台基于交际双方共有的经验和知识，而人体则提供了这一稳定的平台。不论文化背景以及对器官概念化的方式如何不同，人类都具有基本相似的人体结构，以及由此产生的身体经验。作为普适性的、具有巨大认知和文化意义的具体存在，人体很适合作为源始域来描述其他事物。此外，与其他词语相比，人体词的另一个优势在于，它属于特殊的语言符号，结合了两种表征系统：个体的感官运动系统和社会的、公共的语言系统（Sharifian et al.，2008b：13）。

使用人体词谈论非人体这一趋势是具有普遍性的。对这一现象最常见的、近乎直觉的解释是所谓"身体经验的基础性"（primacy of bodily experience）。共同平台基于共享的经验和知识，其中的一些构件是相对稳定的。作为具有认知和文化功能的普遍的物质存在，人体非常适于充当源始域用来描述其他事物。这正是人体词在语言符号进化过程中优于其他词的地方。探究人体是人类的本能和普遍需求，每当体内或体外发生变化时，我们都试图找到或大众化或专业化的解释。即便在神经科学时代，我们通过人体认知的也比通过"其他"的多，因为，"其他"过于抽象，我们知之甚少。这就是为何我们趋于通过人体词去转喻性和隐喻性地认知这些经验（Gold-

---

[①] 学界对这两位学者有三点质疑。一是他们只从人的个体角度而非社会属性看待体验性（Frank et al.，2008）；二是转喻和隐喻尽管是重要的概念化方式，极大地丰富了对于复杂抽象概念的认识，但它们不是仅有的认知途径（Haser，2005）；三是他们对概念化过程中的文化因素重视不够。

stein，2005；Sharifian et al.，2008a）。

近年来，语言学和认知科学有一个共同趋向：都开始关注文化与语言，以及心智与人体的关系。探究人体经验与文化的互动是进一步理解特定文化背景下认知过程的有效路径。

因此，许多研究以人体经验作为源始域来研究一些抽象概念，如情绪、个性。许多人体词研究是在跨文化或跨语言背景下进行的。Kovecses（1995，2005）对比了英语、匈牙利语、日语和汉语中关于"愤怒"的隐喻性表达，探讨了隐喻、人体经验及文化之间的关系。他关注的5个考察元素中，人体排第一，其他4个是人体经验、概念化的人体即转喻和隐喻、文化模式，以及文化语境。Sharifian et al.（2008a）显示了人体器官在内在和外在经验范畴化过程中发挥的强大作用，同时也揭示了器官范畴化与语言表达、各种文化模式的关系。他们的研究基本实现了两个目标：探索器官在不同语言中被用于认知人类经验（如情感）或心智运作的方式；探究解释器官的各种概念化相异或相同的文化模式。Maalej & Yu（2011）通过聚焦不同文化与语言环境下处在情感的体验认知过程中的人体（包括内在脏器和外在肢体），来研究人体、认知、语言、文化的互动关系，并厘清具体人体部位在文化和语言中的具体表征，以及通过隐喻和转喻表达的身体经验。Nissen（2011）的讨论表明，身体经验可以投射到器官词（如 mouth）的隐喻和转喻性表达中时，即便在密切相关的欧洲语言（英语、丹麦语和西班牙语）之间也有差异，也有其背后的文化理据。

需要指出的是，人体经验在认知与文化中的作用也是相对的。如同并非所有的概念化过程都与隐喻和转喻相关一样，并非所有的文化模式都与人体经验相关。同时，人体器官在概念化过程中只是部分地具有生理动因，而且这一动因在器官的概念化过程中并不起主要作用。否则，不同文化和语言之间的相似之处会多出许多（Pecher & Zwaan，2005；Sharifian et al.，2008b：18；Littlemore，2019）。

三、为何汉英对比？

关于对比语言学的意义，两位语言学大家有着极为精辟的论述。从语言学研究角度，周有光（1998：3）曾言，"严格而言，语言研究都是在比较中进行的。历时的同一语言对比（语言发展变化，语言史），共时的不同语言对比。语言的各种特性（词汇的、语音的、结构的、语用的、语义的，等等），都是相对于其他语言、相对于自己的过去而言的。没有对比，很难进行语言研究。没有对比，甚至就没有语言学"。从认识论层面来看，吕叔湘（2009：93）认为，"一种事物的特点，要跟别的事物比较才显出来。比如人类的特点——直立行走、制造工具、使用语言等等，都是跟别的动物比较才认出来的。语言也是这样。要认识汉语的特点，就要跟非汉语比较；要认识现代汉语的特点，就要跟古代汉语比较；要认识普通话的特点，就要跟方言比较"。

对比研究对于语言学习的意义重大。具有文化特性的隐喻往往是外语学习中的难点（Boers，2003：234）。至于汉英对比研究，吕叔湘（2009：94）认为具有特殊意义：一是英语是国际通用语，不是一般意义上的外语；二是中国有数亿英语学习者和爱好者。对于他们而言，汉英对比的意义不但在于凸显了母语与英语的特点，还在于揭示了两种语言之异；对于外语教学而言，与母语相同的那些地方不用特别注意，因为不会出问题，要注意的是两者不同的地方。

考虑到中国拥有全球最为庞大的英语学习队伍，中国与世界有越来越频繁的交往互动，汉英比较所具有的语言教学功能愈发不容忽视。

语言对比的另一个意义在于翻译。对比研究揭示语言间的同与不同，并突出目的语和源语的特点，为翻译提供指导与帮助。尤其涉及转喻与隐喻的翻译更是如此，因为转喻和隐喻往往是翻译中的一大难题。个中原委，下文再叙。

若教师无视修辞性谚语（idiom）中的文化理据和规律，那么，教学就会局限于个别表达层面上的语际差异，局限于仅提醒学生在用母语推导和字对字翻译时的陷阱，而学生则不会意识到整个谚语背后那些看上去任意的、相互无关联的理据和规律（Boers，2003：232）。

此外，对于汉语研究而言，要认识汉语语法的特点，还必须通过跟其他语言的比较。首先，按照季羡林先生的意见，要从东西方不同的思维模式的高度来把握汉语的特点；其次，按照陈寅恪先生的意见，要在对汉语和与汉语同一语系的诸语言对比研究的基础上，来抽绎出汉语真正的特点。唯此，"对汉语语法的根本特点才能搔到痒处。21世纪汉语语法学家继续探求的方向就应该如此"（参阅沈家煊，2020：1）。

四、为何《红楼梦》？

选择《红楼梦》作为考察蓝本，主要基于如下两点考虑。首先，《红楼梦》是中华古典文学的"珠穆朗玛峰"，在语言、文学及文化诸多方面代表了汉文化的最高水平，为中国古代现实主义小说的辉煌顶点，也是最具有国际影响力的汉语作品之一。该书成于清代，属于与街谈巷议极为接近的白话小说范畴，与译者所熟悉的现代英语最为接近，没有用现代英语翻译古代汉语的问题；其次，David Hawkes（霍克思）学养丰厚，其汉学研究及翻译享誉世界。他辞去牛津大学的教职，潜心十五载，译出的 *The Story of the Stone* 被誉为汉翻英的经典，"译文堪与第一流的英文文学作品媲美"（鄢秀，2017）。霍克思的《红楼梦》译著最深刻的批评者兼其知音好友宋淇（林以亮）先生曾说，如果曹雪芹泉下有知，了解到霍克思这位"西洋奇人"为将《红楼梦》译成蟹行文字所做的工作，"一定会和三两知己饮南酒吃烧鸭庆祝"（鄢秀，2017）。正因为有了霍克思的卓越翻译，才加速了西方世界认识《红楼梦》完整面貌的过程，大大推动了《红楼梦》的海外传播。最后，更重要的是，曹雪芹对人物的刻画，在较大程度上是通过对小说人物的语言行为描绘来实现的，其中含有大量的言辞行为转隐喻。从篇幅上看，"一百万零七千字的《红楼梦》中人物对话占四十一万零三百四十六字，占全书总字数的百分之四十以上"（朱邦国，1995：1-2）。

五、为何言辞行为？

言辞行为是人类生活及概念系统中极为重要的"三驾马车"之一。沈家煊（2006：158）指出，我们的概念系统中存在三个不同的概念域，即行域、知域、言域。"'行'指行为、行状，'知'指知识、认知，'言'指言语、言说。"同时，这三个概念域之间的区别和联系在语言的许多方面都有反映。

正如 Culpeper（2001：215）在其个性塑造模式（model of characterization）中强调的那样，"人物的言说方式可激活人物个性信息，某些人物言辞声音与某些个性类型有很强的联系"。许多文学大家都通过言辞来塑造人物，戏剧家为最，如莎士比亚，小说家次之，如狄更斯、曹雪芹。但学界对于言辞域的研究还比较滞后。究其因，理论上，起码在言辞行为理论之前，人们还缺乏言辞行为的描述工具，无法对言辞行为进行科学分类及充分描述；主观上，人们没有充分认识到言辞行为在文学语篇中起到的塑造人物的作用；技术上，语料库技术诞生和成熟之前，言辞行为描述在语篇中分布比较散，难于收集和描述。

狄更斯无疑是人物塑造大师。与以往学者关注人物对话内容的研究不同，Segundo（2016）的焦点是狄更斯14部小说中人物的言语动词。他的研究表明，人物交际时独特的言辞行为也是作者塑造鲜明人物的方法之一。他主要分析了3个人物的言辞行为：《老古玩店》（*The Old Curiosity Shop*）中的丹尼尔·奎尔普（Daniel Quilp），《双城记》（*A Tale of Two Cities*）中的雅克·思瑞（Jacques Three）以及《小多莉》（*Little Dorrit*）中的潘科斯（Pancks）。他发现言辞行为动词在描写人物个性时发挥了巨大作用。如频繁用于丹尼尔·奎尔普的言辞动词 snail〔（犬）吠，嗥叫〕，croak（粗声喊叫）突出了该人物粗俗、残酷的特点。显然，言辞行为动词还蕴含了作者对人物的评价信息，影响了人物在读者心目中的形象。

沈家煊（2006）所谓的3个概念域对于我们认知文学作品中的人物个性极有帮助。人物的所为、所言、所思是文学家塑造人物的重要手段。特别是知域相对于意识流小说，行域之于武侠作品或犯罪小说，言域之于戏剧以及对话多的现实主义小说。对于《红楼梦》而言，鲜有大篇幅的人物心理描写，以及人物间激烈的肢体冲突，绝大部分内容是描述荣国府、宁国府家族内的日常生活，人物对话占了相当比例。我们对人物的认识大都是来自他们的言语行为。

言辞行为的主要构成是动词。Leech（1983：203-204）发现在语言行为动词（speech act verb，SAV）与非语言行为动词之间有模糊和重叠地带。张雁（2007）将这类动词划分为四个层次：唯 SAV（如告诉），在共时意义上，只表示言，不表示行；准 SAV（如感谢、埋怨、托付）；类 SAV（如交流、采纳），既表示言，也表示行；非 SAV（如调查、竞选），只限于行。我们讨论的范围将囊括以上4种。

此外，言辞器官在言辞行为转隐喻中不可忽视，尤其是形成转喻时。与器官密切相关的"气""声""调"与"腔"也属言辞行为范畴。尽管这些词不属生理学意义上的身体器官，但从语音学角度而言，它们是言语构成的主要元素（Jing-Schmidt，2008：253）。因此，它们也是我们要考察的对象。

六、为何转隐喻？

我们使用"转隐喻"一词而非常规的"转喻、隐喻"，除了简洁外，更重要的是基于以下考虑。

第一，转喻和隐喻是处于概念连续体中的（刘正光，2002），两者常常共现，难以断然分开。

第二，英语和汉语中，许多貌似简单的转喻和隐喻并非单一的概念过程，而是这两种认知机制协同作用的结果。往往转喻中有隐喻，隐喻中含转喻，两者难以断然分割。将转隐喻作为焦点，真实反映了人们的思维现实和语言现实。

第三，我们的语料中，不论是言辞器官构成的修辞性表达，或者其他类型的修辞性表达，绝大部分貌似单纯的转喻或隐喻其实都是转喻与隐喻的结合。如"插嘴"，就不只是传统意义上纯粹的转喻，因为它既包含转喻**器官激活言辞行为**（SPEECH ORGAN FOR SPEECH ACTIVITY），也含有隐喻**言辞行为即物理行为**（SPEECH ACTIVITY AS PHYSICAL ACTIVITY），是两种认知方式的结合。

其实，早在1995年，Goossens在讨论言辞行为转喻时就发现，尽管隐喻和转喻是两种不同的认知机制，但在含有人体器官的修辞性短语中，二者常常共现。Charteris-Black（2003：291）则认为，转喻与隐喻是否有别取决于研究焦点在认知过程还是在修辞性的语言体现。前者意味有区别，后者则区别很小。换言之，认知上分明的隐喻和转喻常常在修辞性短语中融合为一体。为此，他（2003：293）提出了"概念关键"（conceptual key）这一术语，旨在不再纠缠于某个认知理据是转喻还是隐喻，而是把该理据视作属于某种概念隐喻和转喻，甚至其他常规图式（script）的上一级范畴。③

显然，作为文本对比研究，我们关注的是语言特征，属于后者。刻意将转喻和隐喻割裂，既不符合语言事实，也有悖于研究初衷。因此，我们采用"转隐喻"这一说法。

当然，我们注意到，也有人使用"隐转喻"这一术语。但考虑到大部分这类结构都是以转喻为基础，先转喻后隐喻，所以我们用"转隐喻"这一说法。

另一个不容忽视的事实是，言辞行为转隐喻是认知语言学的重要发源地。Reddy（1979）的**管道**（CONDUIT）隐喻讨论的是言语交际，实际上就是言辞行为转隐喻。Lakoff & Johnson（1980/2003）划时代的认知宏论也极大地依赖了言辞行为隐喻，如**争论即战争**（ARGUMENT IS WAR）。言辞行为转隐喻的规模性研究发轫于Goossens et al.（1995）。其中，Goossens（1995：159-174）发现许多言辞行为隐喻经过了先转喻后隐喻的概念化过程，并由此提出了认知语言学中重要的转隐喻学说（metaphtonymy），为揭示隐喻和转喻两者关系作出了革命性贡献（Barnden, 2010）。Semino（2005，2006）、Jing-Schmidt（2008）以及张雁（2012）随后讨论了英语和汉语中的言辞行为转隐喻，系统描述了两种语言中的言辞行为转隐喻模式。这些讨论不但开拓了认知语言学或认知隐喻学的视野，也为我们目前的研究打下了良好的基础。

七、为何注重源始域？

本书围绕转隐喻的源始域——把言辞行为看作（比作）什么——来展开，这是转隐喻的关键。"源始域的选择值得关注，因为它所产生的观念约束了人们看待目标域的方式。"（Barcelona，2011：13）语际转隐喻的不同往往是由源始域的不同造成的，更确切地说，是由于源始域在不同文化中的突显程度不一。即便都用体育作为源始域，不同语言的转隐喻也有差异。英式英语中由赛马构成的隐喻为主流，斗牛则是西班牙语中最频繁的源始域，而美式英语中美式橄榄球为源始域的转隐喻明显多于其他语言，包括英式英语（Deignan，2003：260）。所以，转隐喻的不同，归根到底，往往是源始域的不同，因为它决定了人们将目标域看作什么。

Özçaliskan（2003）的研究表明，源始域结构是系统研究语言隐喻事件（metaphorical event）的最好选项。如"人生如戏""人生如战场"，同一目标域（人生），两个隐喻的源始域不同，便是对"人生"的不同看法：一个突出了人生的变幻莫测，一个显示了生活的艰辛与残酷。

就跨文化或跨语言对比而言，Boers（2003：233）认为，"某些特定源始域在不同文化中隐喻投射的可得性（available）有所不同"。地域或文化差异可能意味着某种语言中，某个特定概念域比较突出，因此被人们频繁用作隐喻的源始域。

一项针对联系紧密的英语、法语经济语篇的研究发现，将园林作为源始域的隐喻，英语3倍于法语；而以食品为源始域构成的隐喻，法语将近3倍于英语。这一有趣的发现也是英法两种文化不同生活兴趣的反映。

与本研究相关的另一项调查表明，mouth作为源始域时，在英语中大多形成目标域为言语的转喻，而在意大利语中，目标域则是吃。Boers（1999）的另一个有趣的发现是，《经济学人》中冬季版的健康隐喻远高于夏季版，这是因为英伦北方冬季天气恶劣，健康这一因素远比夏天突显。Boers（2003：234）随后发现，同是以运动作为源始域，但美式英语比其他语言（包括英式英语）更善于以棒球说事，其数量及种类都远多于其他语言，因为棒球在美国更流行、更常规化。

这些研究证明，某些文化或时期中存在或突显的因素，会促使人们将它们用作隐喻（或转喻）的源始域。不同文化对于隐喻源始域的观念不同，确切地说，某些源始域实体（entities）和事件（events）在不同文化中的突显程度不一。文化不同,突显因素或突显程度不同,隐喻源始域便有别(Deignan, 2003: 255)。

一般而言,对源始域知识缺乏了解的局外人,难以理解它的投射意义(Deignan, 2003: 261)。国人一般不大熟悉美式橄榄球,若碰上美国人以橄榄球说事,那基本不明就里。同理,国人善吃,若我们以中式烹调(如爆炒)言其他,那西方人也难得要领。

八、转隐喻对比为什么可能?

对比语言学强调的是语言差异(variation)(James, 1980),而认知语言学,特别是包括隐喻、转喻在内的语言学注重的是语言共性(universal)。两者似乎难以融合,但正是两者的不同追诉形成了汉英言辞行为转隐喻对比的张力,使得我们的研究更具有挑战性,并极有可能打破认知语言学原有的局限,打开新的发展路径。

认知语言学的学理基础是体验哲学或涉身哲学(embodiment)。它认为人体是人们认知世界的源泉,人体与周围世界的接触与互动是人们获得经验、知识的途径。它强调不同语言的共性而非差异,因为不同区域、不同文化、不同人种的人体结构基本一样,那么,大部分人体经验是人类共通的,或是具有普世性的。因此,作为概念系统的重要部分,转隐喻的语言表征即使不完全一样,至少也是极为相似的。认知语言学一直将揭示语言的系统性(systematicity)和普适性(universality)作为自己优于其他理论的成功之处(Brdar-Szabo & Brdar, 2012: 729)。与之相符,概念隐喻理论的一个重要学说是大多数核心的、基本的隐喻都基于身体经验,这些隐喻是不同语言所共享的,没有语言差异的。语际共享的隐喻似乎遵循了身体—认知投射的规律(Sweetser, 1990)。

但人体只是认知的一个方面;另一方面,与人体互动的客观世界和文化环境千差万别,这必然影响到人类的认知过程和结果。不可否认的是,不同文化和语言的差异是客观存在的。早期的认知语言研究,如 Lakoff & Johnson(1980/2003),基于随意取证的没有语境的语料,无条件地强调语言的普适性,是认知语言学发展的一大障碍。随着 Langacker(1987/2004)基于用法研究模式的出现,认知语言学对于不同语言间的差异持更加现实的态度,这种变化后来越加明显,目的性越强。2001 年,国际认知语言学会议的主题是"概念转喻的普世性有多大?"(How universal are conceptual metonymies?)2003 年,学术期刊 *International Journal of English Studies* 有一期专门讨论认知语言学与对比语言学的交互（*Brdar-Szabo & Brdar*，2012：729）。许多研究证明，普世性的身体经验可以为许多修辞性（figurative）表达提供理据，但这一过程有时比较复杂，因为文化和语言因素不一定在不同语言中产生对等的表达。

Lakoff & Johnson（1980/2003）之后的大多隐喻研究都以英语为基础，这意味着在相当长一段时期里，我们对于隐喻系统的语言差异知之甚少。但这一学说论及了跨语言变化问题，并将隐喻投射层次定义为潜在的语言变化的基础。

Lakoff（1993）认为，人类的身体经验是普世的，没有文化差异，如此产生的基本层次的（basic level）隐喻在不同时间和区域也没有区别，是独立于文化的。Grady（1997）持类似观点。他认为，隐喻投射有"基本"和"复杂"之分，大多基本隐喻（primary metaphor）基于一般的身体经验，它是人类身体与认知机制、主观经验交互作用的自然结果，与语言和文化无关，是所有文化共用的，这种身体经验的普遍性使得基本隐喻处处适用。而大多复杂（由简单隐喻组成的）隐喻受文化因素影响，具有文化特殊性，而且因地、因时而异。

Gibbs（1999：153）则持不同看法。他认为，从广义文化角度（即文化是无所不包的）而言，人类经验的所有方面都受到文化的过滤或影响，包括身体经验，"它与文化世界不可分割，因为重要的身体经验都受到了文化信条和价值的限制"。Deignan（2003：255）附和说，文化也指语言社区的主流观念，社区的修辞性语言可能反映了社区的常规思想和世界观。隐喻包含了社区观念这一思想在隐喻领域及思想界被广为关注。

Boers（2003：234）也认为，即便是基本隐喻，即便不同文化和语言中有相同的隐喻，但在隐喻的出现频率、评价倾向等方面却不尽相同。他给出了有力的证据。比如，基于意象，图式的简单隐喻**身体即情感容器**（THE BODY AS A CONTAINER FOR THE EMOTION）是普世性的，但不同文化给这一普遍意象添加了不同意象因而形成了不同隐喻说法，即将不同情感置于容器的不同位置——不同的身体器官。比如，就"愤怒"而言，匈牙利语将其置于头部，日语中它生于胃，通过胸腔到达头部，汉语可能产生在肝和胃，西方的多数语言将这类情感与心脏相连，马来语中的愤怒则与肝有关。

Kovecses（2005：xii）注意到，认知语言学有一趋势，"即过多强调了他们发现的某些隐喻结构的普遍性，而忽略了许多隐喻性概念化中的非普遍性例证"。他接着指出，"观察语言中的隐喻时，我们有一个鲜明的印象。

即非普遍性隐喻也大量存在，它们也许和普遍性隐喻一样多，如果不是更多的话。换言之，隐喻的多样性显得和普遍性一样常见和重要"。

复杂转隐喻肯定会随文化和语言的不同而不同，即使是基于身体经验的简单隐喻或转喻也不具有普世性，而具有文化特性。况且，我们前面已指出，大部分言辞行为的修辞性表达都不是单纯的转喻或隐喻，都经过了两次以上的概念化过程，是转喻与隐喻交互与综合的结果。所以，本研究的对象大多不属于简单隐喻或转喻范畴，而属于复杂概念范畴，因而，必然有文化或语言差异。这使得我们有可能进行汉英言辞行为转隐喻的对比研究。

Kovecses（2003）还发现，即便是对于同一隐喻，不同文化的表征及其概念也会不同。例如，美式英语和匈牙利语表达 LOVE IS A JOURNEY（**爱情即旅行**）这一隐喻时就是如此。两者的语言表达方式基本一样，但在动词及主语选择上不一样。区别在于，美式英语突出施动者（agent）作用并将行为归于其名下，而匈牙利语突出了被动关系以及恋爱中恋人的被动。这可能反映了对待爱情和生活的两种不同态度：主动趋向或被动趋向。另一个区别是影响恋爱关系的因素不同，美式英语中是恋人基于自己的考虑，匈牙利语中则是更多考虑外部条件。美式英语强调坚持，匈牙利语则趋于放弃。美式英语坦然、客观地评述恋爱关系，匈牙利语则不然。

重要的问题是，这种细微差别是个别的、偶然的，在文化中隐喻思维的研究中没有任何意义，还是系统的、有理据的，具有意义？答案应该是后者。Kovecses（2003）相信更大的、能区分不同文化的文化主题可以解释或证明这点。

九、转隐喻与文化有何关系？

我们知道，转隐喻与文化的关系是一个很大的命题。它不是本研究的重点，也非三言两语可以说清。所以，我们只讨论与本项研究密切相关的问题，即转隐喻思维在多大程度上、以何种方式与理解文化和社会发生关系（Kovecses，2005：XI）？对于文化与隐喻的互动关系，学界有不同看法。Lakoff & Kovecses（1987）和 Kovecses（2005）认为，隐喻构成了文化模式，而 Quinn（1987：176，1991）和 Quinn & Holland（1987：24）则认为隐喻只是反映了文化模式。也有学者认为，隐喻深深地根植于文化模式，而非只是反映文化（Sharifian et al.，2008b：13）。

Littlemore（2003）和 Charteris-Black（2003）笃定地认为文化在隐喻使

用时起主要作用，而 Deignan（2003）稍有不同，她认为隐喻与文化的联系是部分的、间接的，具有历史维度，而非全面的、直接的，我们使用的隐喻也许没有反映出我们对文化的理解。她（Deignan，2003：270）同时指出，与文化相关的源始域因素无法解释大部分隐喻，那些特定的文化因素只能解释有限的隐喻。

我们需要做的是，探寻什么情况下是这样，什么情况下不是这样，什么情形中只是部分是这样（Kovecses，2003：315）。

换言之，文化影响到隐喻，或隐喻反映或塑造了文化，这是常识。我们要探讨的是，文化在多大程度上影响了隐喻，文化可以解释哪些隐喻（或隐喻特点），以及哪些还无法解释（Mikhail，2014）。首先，毋庸置疑，转隐喻与文化有着千丝万缕的联系。其次，同样重要的是，这种联系是间接、复杂的，而非直接、简单的。

隐喻是人的认知活动，是认知主体从一个相对熟悉的认知域（源始域）到相对陌生的认知域（目的域）的概念投射。而认知主体是具体文化语境之下的社会语言人，因此，隐喻不可避免地具有文化印记。

概念隐喻源于我们的身体经验。然而，身体经验只能显示可能或潜在隐喻（potential metaphor），它经过文化过滤，最终成为真实隐喻。具体而言，这个"过滤器"由所谓的文化模式充当。文化模式即某一社会成员共享的世界观、价值观，它具有历史传承性、持久性及稳定性，它在文化成员认知、行事等方面意义重大（参阅 Yu，1998；林宝珠，2012：134-35）。

隐喻也是反映语言社区文化的窗口，包括常规思维模式、世界观以及历史，不但具有共时效应，而且具有历时功能（Boers，2003：235）。

Allan（2006：175）指出，概念隐喻理论强调认知机制对概念化的影响，许多研究着力于身体对心智的作用。这样固然重要，但这并不能对所有隐喻类型都给予充分的解释，许多日常语言中的隐喻是时间的产物，若不参考文化因素就无法解释。

文化不但影响到隐喻的产出，也作用于其接受和理解。Littlemore（2003：273）认为，隐喻是典型的充满了文化元素的表达法，其意义必须借助共享文化知识来推导。她发现，隐喻成为来英留学生听课的主要绊脚石。她（2003：275）的解释是，不同文化背景下人们共享的文化知识是有差异的，人们理解隐喻的能力可能反映了这种差异。当说者和听者对源始域有不同看法时，尤其容易造成理解障碍。学生的文化背景也可能影响他/她利用语境线索来理解隐喻。学生更有可能注意到那些与他们的文化期待（cultural expectations）相符的线索，忽视与他们文化不相符的线索。

转喻也是如此。作为基本的概念过程，转喻同时涉及了身体和文化经验。身体经验预示着跨语言的转喻模式，而文化经验决定了特定文化对某个目标域的特定转喻的偏爱（Zhang et al.，2012：249）。一般而言，承认转喻具有普世性，在语言中随处可见，但这并非意味着转喻过程不受约束，也不是说所有语言的转喻处理方式都完全一样（Brdar-Szabo & Brdar，2012：729）。实际上，Lakoff（1987：78）本人也承认，转喻加工受多种文化和社会因素影响，一般的转喻规则在所有语言中不会完全相同。Lakoff & Johnson（1999：60）对基本隐喻与复杂隐喻的区分极大地增强了概念隐喻的解释力，如某些特定隐喻是否以及如何具有普世性，还是说只限于某种文化。

隐喻与文化的间接、复杂关系，使得大部分隐喻还无法找到其文化理据。比如，我们对《红楼梦》汉英语料的初步研究表明，汉语中由言语器官词构成的言辞行为转喻远多于英语。这难道意味着汉文化更转喻化、更直截了当，英语更隐喻化、更间接隐晦？显然不是。

文化与转隐喻之间有更加复杂的关系。有些转隐喻可以解释，有些未必有文化理据。一般认为，如果某一社区的人认为某个身体部位与某种情感有关联，那么，他们就会有以身体部位喻指情感的隐喻。如果人们对某种动物有特定看法，那么，在他们的语言中，动物可能被隐喻性地表示某种特性。

有调查表明，英语和西班牙语中，人们对于动物的看法与他们语言中动物的隐喻性用法并不总是一致的。比如，在英国人和西班牙人看来，狗是忠实的代名词。但在英语语料库中，DOG（狗）却明显具有贬义，或被用于描写被鄙视的对象（例如：It said much for the guy that he knew the car was a dog, didn't want to drive it, but he did the job.），或具有某种不可预测的反应（例如：let sleeping dogs lie），还可表示持续的负面影响（例如：Her career has been dogged by drink and anorexia.）。这表明现有的文化价值观和态度并非总是为跨语言的不同隐喻意义提供解释（参阅 Deignain，2003：258-259）。

第二章 研究方法、内容与目的

一、如何对比？

如何进行有效对比？切实找出不同文化中转隐喻的同与不同，找出关键的、能说明问题的规律性的东西，这是我们的初衷。

首先，我们的讨论基于真实的（authentic）双语语料库，实现了定性研究向量化分析的转向，即由内省式、推导式研究转向以频率为基础的实证研究。同时，由词汇层面的简单、基本转隐喻转向句子、语篇层面的转隐喻复合结构。

其次，以往的对比分析，或说一般的对比研究，都是使用独立的、不同语种的语料库，而非平行双语语料库，只说明频率差异，只关注两个语种某个语项的频率及其分布，没有顾及该语项在文本中的对应状况，即大多数人所关心的"汉语这样说，那英语呢？或英语是如何翻译的？"本研究使用双语平行语料库，也同时参照独立的汉语和英语语料库。独立语料给予我们完整的语篇信息，这是识别及理解转隐喻不可或缺的；同时，独立语料还提供了某个或某类转隐喻总的、统揽性的频次信息，这是统计性研究的基础。平行语料提供两个文本中某个或某类转隐喻的对应信息，即直接显示出汉语或英语中的转隐喻是否同时出现。平行语料库是句子层次上的呈现，方便并只限于观察简单的词汇性（lexical）转隐喻。

同时，本研究既有基于语料库的宏观数理模式对比，又有传统的、微观的具体例证的比照。前者发挥了语料库优势，科学、客观地揭示了汉英两个文本的总体差异，后者继承了文本细读（close reading）传统，详尽、清晰地揭示了两种文本的具体差异，并为总体模式提供了证据。

具体研究步骤为：①依据网络资源，下载、建立两个独立的汉语和英语《红楼梦》语料库，参照使用《〈红楼梦〉汉英平行语料库》（Parallel Corpus of *The Story of the Stone*）（http：// corpus. usx. edu. cn）；②按照认知转隐喻学说理论，并参照汉语和英语的特点及前人研究，设定各种转隐喻词项；③对语料中的转隐喻词项进行识别（identifying）；④从源始域入手，对各种转隐喻进行分类和归纳；⑤进行源始域、语法特征、频率和评价倾向等维度的汉英比较；⑥找出两种文本转隐喻的相同点和相异点（尤其是后者），而后从思维模式、文化取向等方面进行解释。

Boers（2003）认为，隐喻对比可从3个层面进行：①某些常规化隐喻的源始域到目标域投射方面的差异。这包括隐喻频次及种类。②不同文化共享的源始域或目标域价值判断（即评价）的差异。比如，不是所有文化都对政府机构持同等积极评价，如美国人若将政府喻为机器，意味着政府缺乏人性和灵活性，而其他对政府认可度高的文化中使用同一隐喻，则意味政府运作的高效和流畅。这与文化的价值体系有关。Littlemore（2003）的研究表明，外国学生在英国的许多隐喻误解、误判与价值判断有关。③与其他修辞格（如转喻）相比，隐喻的普遍程度的差异。

Kovecses（2003）则认为，跨文化隐喻对比面临两个突出问题：①隐喻表达与概念隐喻或转喻的复杂关系；②文化在隐喻使用中的作用。可贵的是，他提出了两个密切相关的视点：一是比较相同的转隐喻意义在不同语言中的表征。① 二是：两种语言可能共享一个概念隐喻，而且这个概念隐喻可能在两种语言中有极为相似的语言表达法，但由于不同文化—观念的影响或塑造，语言表述可能不同。其中，认知与文化融合为一个概念复合体（a single conceptual complex）。所以，所谓概念隐喻，既是认知单位，也是

---

① 根据Kovecses（2003：313），同样的隐喻和转喻意义在不同语言中表达时有5种可能性。如下表所示：

相同转隐喻意义在不同语言中的表达

可能性	词型	字面义	转隐喻义	概念隐喻	概念转隐喻	概念转喻
1	不同	相同	相同	相同	相同/不同	相同/不同
2	不同	不同	相同	相同	相同/不同	相同/不同
3	不同	不同	相同	不同	相同/不同	相同/不同
4	不同	不同	不同	不同	相同/不同	相同/不同
5	不同	不同	相同	（无隐喻）	（无转隐喻）	（无转喻）
			（字面表达）			

纵向而言，表述相同转隐喻意义时，不同语言的"词型"肯定不同，"字面义"只有一个相同，其余都不同。"概念隐喻"相同与不同各两个，"概念转隐喻"和"概念转喻"都可能相同或不同。横向来看，"转隐喻义"不同时，前4栏的指标都不相同（第4种可能性）。

文化单位。Kovecses（2003）提出的另一视点是考察相同的字面意义在不同语言中如何表达转隐喻概念。① 这两个视点交叉，使得跨文化的转隐喻及其他认知机制对比讨论全面、系统，可以使我们发现哪种可能性在不同语言中表达转隐喻意义时最具代表性，以及表达转隐喻意义的哪种字面意义最为普遍。另外，此法用于描述语言时，其教学意义不言自明。

二、如何识别转隐喻？

Pragglejaz Group（2007：3）曾提出了隐喻识别步骤：①读上下文，了解文本要义。②确定文本的词汇单位。③确定词汇在文本中的意义，并判断该词在共时层面是否有更基本的意义。其中，"更基本的意义"具有下列特征：①更具体，更易在人的脑海中形成意象，也更易通过人的感觉感知；②与人体活动相关；③更明确；④更古老（赵青青、熊佳娟、黄居仁，2019）。如果某个词汇在文本中的意义不同于其基本义，那么，我们推断某个表达即为转隐喻。

三、如何描述文化差异？

本研究的目的不仅是要揭示汉英文本在转隐喻方面的差异，还要提供文化解释，所以，本研究离不开汉英语言背后的文化对比。

但如何描述文化模式？这个模式应该包括哪些内容？Quinn & Holland（1987：4）对"文化模式"（cultural model）的定义是：由社会成员事先设定的、被自然而然接受并广泛分享（不一定排斥其他不同模式）的有关世界的模式，它在理解世界以及人们的行为时作用巨大。

早在1980年，Hofstede（1980）就建立了一个文化描述框架，随后被包括隐喻学者Littlemore（2003）在内的许多学者引用。与Littlemore类似，我

---

① 根据Kovecses（2003：314），字面意义相同时，表达的转喻、隐喻或同或不同。如下表：

相同字面意义在不同语言中的转喻、隐喻用法

可能性	词型	字面义	转隐喻义	隐喻概念	转隐喻概念	转喻概念
1	不同	相同	不同	相同/不同	相同/不同	相同/不同
2	不同	相同	相同	相同/不同	相同/不同	相同/不同

两种语言的"字面义"相同时，表格中所有指标（除了词型）都是相同与不同并存。

们也借用 Hofstede（1980）的文化价值判断框架来解释汉英文本差异。Hofstede 将该框架称为"文化价值系统"（Cultural value system），即某一文化中的价值观。它由四个维度构成。

（1）非确定因素规避（uncertainty avoidance）。非确定因素规避指组织机构、个人力图保护自己而规避风险和生活中的不确定因素的程度。这一维度表现弱的人（或组织、文化），趋于将非确定因素视为生活的一部分，力图弱化一般规则，排斥所谓的标准，能容忍、接纳不同行为、风格，不喜欢详细的规则。而这一维度表现强的人或组织，往往将不确定因素视为敌对威胁，推崇规则和标准，不太容忍和接纳不同行为和风格。据 Hofstede（1980：122）的说法，英国这一指数很低，这意味着总体而言，英国人乐于接受不确定因素。

（2）权势距离（power distance）。权势距离即人们平等的程度及对平等的追求。组织和文化中权势距离小，则不平等最小化，每个人都参与决策，弱势者被咨询而非被命令，当权者只是有资源的民主者，所有规则适用于所有人。权势距离大则意味着，组织和文化中，不平等被接纳甚至被期待，某些人决策，其他人服从。弱势者需要被告知做什么。一些规则只适合当权者而另一些适用于弱势者。按照 Hofstede（1980：79）的说法，英国是一个权势距离相对小的社会。

（3）是个人主义还是集体主义（individualism versus collectivism）。这个维度指在多大程度上，人们首先自视为个人还是组织成员。在个人主义组织和文化中，人们负责自己的事务，他们期待作为个体、因为他们自己的成就而获得赞赏，他们有个人成功的动机，他们与上级的关系是基于互惠的契约关系，人们往往言由心出。而集体主义文化中，人们则需要与团体或团体工作联系，以期找到自己的位置，确认自己的存在，与机构的关系基于道德，推崇和谐，避免正面冲突。据 Hofstede（1980：167），英国基本趋于个人主义。Zhang et al.（2012：247）也持类似观点，他们指出，英国一般被看作个人主义国度。

（4）是个人趋向还是社会趋向（ego versus social orientation）。这个维度是指文化提倡个人趋向价值还是社会趋向价值。后者看重低调、谦逊，崇尚利他，强调生活品质，将人和良好的人际关系视为首要，并试图通过妥协和协商化解冲突。而前者看重自信与竞争，推崇成功与决断，他们张扬、高调，看重钱与物，以对抗解决冲突。Hofstede（1980：189）认为英国是相对个人趋向的文化。

按照陈来（2015：1）的说法，代表汉文化价值观的儒家思想的特质是：道德比法律更重要，今生比来世更重要，社群比个人更重要，精神比物质更重要，责任比权利更重要，民生比民主更重要。中国文化传统中，由于儒家思想中的社会和政治理念，集体主义基本上一直处于主导地位。在这一社会语境中，人们格外注重自己的社会地位和形象，个人身份则是通过与他人及社会的联系而被界定的。

汉文化与英国文化在四个维度上都基本对立。其中，"秩序比自由更重要，和谐比斗争更重要"与弱化规则，排斥标准，能容忍、接纳不同行为及风格，"民生比民主更重要"与平等、民主，"社群比个人更重要"以及集体主义与追求个人价值都大相径庭，处于连续体（continuum）两个不同的极端。

当然，有些维度还可以添加到这个框架中，但判断文化差异的最核心的要素都在这里了。有些不在其中的可以从中推导出来。另外，这些维度的运作都在相对主义的关照之下构成了连续体，具体的文化处于连续体的某一端。

四、转隐喻对比与翻译有何关系？

语言对比与翻译往往难以割舍，转隐喻对比与翻译也是如此。对比揭示两种语言的异同，为翻译提供方便。转隐喻对比更是如此，因为，"即便在理想情况下，隐喻也会给翻译造成难题"。（Sullivan & Bandín，2014：177）

翻译家一般都力图平衡"忠实"（faithfulness）和"通达"（comprehensibility）（Dobrzyńka，1995）之间的关系，在翻译转隐喻时尽可能做到"准确"（accuracy）（Newmark，1981），但这谈何容易。

在总结前人（Van den Broeck，1981；Newmark，1981）研究的基础上[①]，Sullivan & Bandín（2014：183）归纳出10种隐喻翻译法，按优劣排序，它们分别是：①保留源始域和目标域；②改变源始域，保留目标域；③隐喻改为明喻，源始域和目标域不变；④隐喻改为明喻，源始域不变，加一个非隐喻性的阐述；⑤隐喻被非隐喻性阐述替代；⑥删去隐喻；⑦保留源始域和目标域，外加一个非隐喻性的阐述；⑧源始域和目标域被改变；⑨非隐喻被隐喻替代；⑩加入隐喻。

---

① Van den Broeck（1981）总结了隐喻的3种翻译方法：一是保留，保留目标域和源始域；二是替代，用一个目标域相同的隐喻替代原来的隐喻；三是阐述，用非隐喻表达解释隐喻。紧接着，Newmark（1981）将这些方法进行了拓展，他还将这些方法按优劣排序，前2种被排在前2位。

这两位学者（2014：199）认为，做出有意义（即忠实且通达）的翻译，改变目标域比改变源始域更难。毕竟，隐喻的目的是为目标域提供推论，它通过源始域来理解。某种程度上，隐喻是关于目标域的。对于目的语中忌讳的内容，译者一般会采取规避策略。幸运的是，对于译者而言，源始域内容比目标域更容易改变或移除。他们（2014：196）还观察到，在莎士比亚剧作 *Hamlet* 的西班牙语文本中，14% 的隐喻改变了源始域，12% 的用了非隐喻阐述，3% 被完全改变，34% 被删。

同样重要的是，翻译又何尝没有给予对比研究启示？起码，Sullivan & Bandín 的隐喻翻译法给我们提供了审视汉英文本的另一个视角。

五、本研究目的何在？

前面指出，Grady（1997）认为，基于身体经验的基本隐喻（primary metaphor）是普世性的（universal），在此基础上形成的复杂隐喻（complex metaphor）则有文化差异（cultural specific）。同样，Hilpert（2007）基于数十种语言的调查发现，简单转喻没有语言差异，而由人体经验形成的复杂转喻具有语言特殊性。言辞行为转隐喻往往是多个概念化的结果，属于复杂概念结构。由此，我们面临的问题如下。

(1) 汉英两个文本中的言辞行为转隐喻是否也有差异？
(2) 如果有，在多大程度上、在哪些方面有差异？

在回答这些问题的同时，我们还力图建立汉英言辞行为转隐喻对比研究范式，包括理论基础、研究路径和步骤、研讨范畴和焦点、观察视角、勘察结果、初步结论，以及今后的研究趋势，等等。

基于《红楼梦》汉英语料库（英译采用 David Hawkes 译本），本研究致力于汉英言辞行为转隐喻对比，属于认知语言学、对比语言学、语用学等多学科交叉研究。在某种程度上，本研究在以下六个方面有所作为。

(1) **拓展认知语言学、对比语言学及语用学的接面研究**。言辞行为转隐喻即用语言来讨论言语交际，不但是语用学长期关注的焦点，也是认知语言学近十年来的热门话题。这一领域的汉英对比研究既能深化对言辞行为的理解，也能拓展认知语言学的视野，同时丰富对比语言学的内涵。

(2) **通过对比，突显汉语和英语的言辞行为转隐喻特点**。语言的各种特性（词汇的、语用的、语义的，等等），都是相对于其他语言而言的。没有对比，甚至就没有语言学。（周有光，1998：1）

(3) **揭示汉英在言辞行为转隐喻模式上的差异，并探讨差异背后的思**

维和文化理据。这些差异包括源始域选择、出现频率、搭配及语法结构、价值评判等方面的不同。

（4）**为语言教学（包括英语教学和对外汉语教学）及翻译提供参照**。正如James（1980/2005：2）所指出的那样，对比分析（contrastive analysis, CA）"更关心语言间的差异，而非相似之处"。"对于语言教学而言，与母语相同的不用特别注意，因为不会出问题，要注意的是不同的地方。"（吕叔湘，2009：94）转隐喻往往是语言学习的一大障碍。（Littlemore, 2003：273）

（5）**为汉英互译提供重要参照**。转隐喻也是翻译经常面临的陷阱。"即便在理想情况下，隐喻也会给翻译造成难题。"（Sullivan & Bandín, 2014：177）

（6）**为《红楼梦》这一中华文化经典研究提供新视角**。言辞行为在《红楼梦》中极为重要，人物对话占全书篇幅的近五成。（朱邦国，1995）言语的意义，不但在于话语本身（说了什么），往往在于言语方式（怎么说的），即言辞行为方式。对言辞行为转隐喻讨论有望提高人们对于小说中人物言辞行为的认知水平，开拓红学研究视野。

六、研究的主要内容有哪些？

我们主要关注人体经验构成的言辞行为转隐喻，即源始域为人体经验、目标域为言辞或言辞行为的转隐喻。所谓人体经验，包括两个方面，一是直接参与言辞产出、发声言说的言辞器官自身的特质及行为，一是感知、体验外部实物的人体感觉。前者除了言语器官（口、舌、唇等），还包括与器官相关的"气""调""腔"及"声"等言辞参数。后者也有两部分：人体行为和人体各种感觉。我们的讨论基本沿着源始域这一线索分类实施。

聚焦于汉英文本转隐喻的源始域（即人们将言辞行为看作/比作什么），我们做了转隐喻的频率、语法特征（词性及搭配）、评价倾向（褒义或贬义）、思维及文化理据等方面的对比。需要指出的是，本项研究重点是面对面的口头交际，但也纳入了跨越时间、空间的书面交际。尽管与前者相比，语料中书面交际为数不多，但依然属于言语交际范畴。

本对比研究的基本框架如下。

第一部分　导言

第二部分　言语器官形成的言辞行为转隐喻对比

第三部分　人体感觉形成的言辞行为转隐喻对比
第四部分　人体行为形成的言辞行为隐喻
第五部分　结论与不足

当然，作为一项新型研究，要建立汉英言辞行为转隐喻对比的研究范式谈何容易，这包括总体框架、检索项确定、转隐喻词项识别、分析路径和方法、检索材料的归类整理，以及最终结果的文化阐释，等等。目前尚无类似研究，可资参照的材料也有限。此外，与大多数转隐喻实证研究一样，我们面临的难点可能有两个：转隐喻检索项的确定以及转隐喻的识别。理想的检索项可以最大限度地囊括语料中的所有转隐喻，但达到穷尽性（exhaustivity）实属不易。具体而言，确定转隐喻检索项时，往往有挂一漏万之虞。

转隐喻的识别也一直是学界难题。认知转隐喻的本质是概念性的，概念隐于语言之后，因而有概念（conceptual）转隐喻与语言（linguistic）转隐喻之分，两者没有一一对应关系，难以从语言中直接找到答案。所以，转隐喻识别往往面临两个问题：首先，任何电脑软件都无法穷尽性地对某种转隐喻进行检索，都程度不一地需要人工参与；其次，主观因素不可避免地影响检索的一致性、科学性。

为此，首先，我们参照了 Semino（2006：39）的隐喻甄别标准：

（1）一个或多个在语境中指言辞行为的词素，但其更基本的意义与言辞行为无关；

并且（2）有关表达的言辞行为意义可说是通过概念投射与更基本意义相关，其中，目标域是言辞交际，源始域为与一个言语交际无关的概念域。

其次，还是借助 Semino（2006：58）的定义，我们提出言辞行为转隐喻场景（Scenario）这一概念。所谓的言辞行为转隐喻场景即一个含有对应交际者、其言辞行为、其话语/语篇及其观点的物理空间。它有5个特点：

（1）交际者可移进/出、接近、离开其他参与者、言辞行为、会话目标（如 join the condolence）；

（2）交际者可以不同方式、相对于其他人而被定位（如 back）；

（3）交际者可以不同方式与其他人身体接触（如 press, support），或参与不同身体冲突；

（4）话语/语篇，其内容、言外之力可通过不同视觉方式让受话者可及（如 come out, put forward, portray, raise, outline）；

（5）言辞行为、话语/语篇是可打造（如 make）、传递的实物。

所有言辞行为都发生在言辞行为转隐喻场景之中。这一概念不但突显了言辞行为的空间、物理特质，更重要的是，使我们得以用交际的眼光看待认知层面的言辞行为转隐喻，实现所谓转隐喻研究的社会文化转向。

七、为何加入评价参数？

评价即作者/发话者在话语中的观点，他/她对于正在谈论的（实体或论题）的态度、立场和情感，反映他/她及其所属人群的价值观。换言之，评价即对于叙述对象或褒或贬或中立的态度或看法。言语动词本身往往带有评价意义，前文中狄更斯用于描写丹尼尔·奎尔普的言语动词便是明证。（参阅金娜娜，2009：14；司建国，2017：22）按照 Thompson & Hunston (2006/2008：305) 的归纳，评价这个"复杂"的术语包含了4个相互关联又区别明显的概念：①一组常被称为评价性语言的语言资源；②一组通过语言实现的意义；③部分语篇的功能；④通过使用语言发话者或作者实施的行为。其中，前两项密切相关。

据 Steen（2006/2008：51），转隐喻的社会、情感评价及美学内涵是继其概念特征之后被关注的重点。转隐喻源始域的选择具有一定的情感和评价意义。人可被喻为狮子，也可被喻为老鼠，选择高级或低级动物作为源始域，取决于隐喻使用者对谈论对象赞美和贬损的社会情感或评价态度。（Deignan，1999）

言辞行为隐喻研究几乎从一开始就伴随着评价因素，因为大多数这类表达本身就带有评价因素。如"巧舌如簧"含有负面意义，"推心置腹"在大多数情形下属积极评价，"此唱彼和"基本属于中性，无所谓褒与贬。从社会心理学角度而言，转隐喻属于情感表达方式。许多心理学家认为，转隐喻既有交际功能，又是社交策略。转隐喻并非局限于描述言辞行为的真值特质（truth-conditional properties），它们还传达了关于各种具有社交意义的言辞行为的情感和态度。

Simon-Vandenbergen（1993，1995）是言辞行为隐喻的评价研究的开拓者。基于英语词典语料［某些基于《英语国家语料库》（ENC）］，他发现，某些言辞行为隐喻的评价是源始域固有的，直接从源始域传递到目标域，有些是在延伸到目标域后与目标域的某个特质接触后产生的。此外，这种评价有些依赖语境（context dependent），即褒义或贬义是相对的，会因语境而变。有些独立于语境（Non-context dependent），即评价意义在任何情况下都不会改变。（Simon-Vandenbergen，1995；司建国，2017）

价值评判是产生隐喻的重要理据。（Pauwels & Simon-Vandenbergen，

1995：36）描述别人的言语行为时，不论使用隐喻与否，人们同时也在对言语行为及其要素进行评价。就言语行为场景而言，言辞行为本身为第一层面，评价处于言语行为第二层面，即描述层面。与之相对，评价者为第二发话人（Secondary Speaker，S2），而被评价者为第一发话者（Primary Speaker，S1）。评价的范围包括第一发话者的意图及其行为、语言形式、说话方式、受话者态度，以及这些因素之间的关系。当第二发话人使用隐喻来表达对言语行为第一层面的正面或负面评价时，其言辞行为隐喻就具有了价值评价意义。

评价据何而来？Pauwels & Simon-Vandenbergen（1995）认为，英语中言辞行为的评价与行为数量、频率、速度及强度这些抽象概念密切相关。他们（1995：52）提出，评价的标准十分具体，如负面评价往往给予社会接受程度低、具有侵略性的言语行为，而熟练与随和的言辞行为往往获得正面评判。（参阅司建国，2017）

叙事作品中大部分的言辞行为转隐喻，都具有很强的评价意味或喜恶色彩，既揭示了被评价行为的特点，也反映了评价者的态度和立场，并且不同程度地影响了读者。

重要的是，语言对比研究中的评价具有特殊意义。言辞行为的情感和态度不但是普适性的，还具有特定文化色彩，可通过转隐喻编码和传递。（Jing-Schmidt，2008：269）不同言辞器官构成的言辞行为转隐喻的评价倾向不一。Charteris-Black（2003）考察了英语和马来语中言辞器官构成的言辞行为隐喻的评价功能。她发现，两种语言的修辞性表达中，mouth 几乎总是具有负面评价；与其他言语器官相比，tongue 更经常地传递中性评价；而 lip 具有正面、负面和中性意味。根据我们的观察，《红楼梦》中"嘴"这一器官作为动作对象构成言辞行为转隐喻时，汉英两种文本差异显著。英语比较中庸模糊，没有明显的褒贬义。汉语则贬义昭然，具有强烈贬义的转隐喻为数众多。

八、本研究拟传达哪些信息？

除了以上信息，本书还想与读者分享一些其他想法。

第一，本研究使用的语料是《红楼梦》汉英文本，先有汉语，后有英语译本。两个文本在主题、情节、人物描述等许多方面基本对等。但是，汉译英，由汉语出发，以汉语为参照，那么英语势必在某种程度上受到汉语的影响，如此，就会多少偏离真正纯粹的英语。换言之，某种程度上，

Hawkes 的英语版 *The Story of the Stone* 并非典型的、纯正英语，多少会有"汉语腔"。所以，起码频率意义上的英语特点会打折扣。基于如此语料的汉英对比，不可避免地会有一定的误差。这是本项研究的天然缺陷。这也是我们选用 Hawkes 译本而非杨宪益、戴乃迭译文的原因之一，后者恐怕汉语痕迹更重。

传统的基于独立语料库的语言对比研究，也有弊端。汉语、英语相互独立，都很纯正。但一般只能做到语类（如小说、新闻）的笼统对应，很难达到主题、内容、情节等细微元素的一致。基于这种语料的对比也难说可靠。①

第二，频率相等并不等于对应。两种语言、两个文本都有的转隐喻，甚至有时尽管频率等相近，但在具体文本中不一定处处对应。相反，有时对应率会很低，如我们语料中的"开口"与 open one's mouth。这也证明了平行语料库在对比分析中的重要性。

第三，一种事物的特点要通过跟别的事物比较才能显出来。语言研究也是这样。汉英对比，不仅揭示汉语特点，同时也突显英语特征。（吕叔湘，2009）

第四，言语交际是叙事作品的重要组成部分，人的言辞行为是人物个性的重要维度。对言辞行为转隐喻的描写是小说语言研究不可或缺的，对于对话占近一半篇幅的《红楼梦》更是如此。

第五，语言形式方面的差距根源在于思维方式。正如季羡林（2005：2）指出的那样，"语言之所以不同，其根本原因在于思维模式的不同。西方的思维模式是分析……东方的思维模式是综合"。

第六，转隐喻是修辞现象，更是思维现象，反映思维习惯。转隐喻是语言现象，更是思维模式。大多数言辞行为转隐喻不是简单的转喻或隐喻，而是经过了两次以上的概念化过程，属于复杂转隐喻。汉语和英语中的言辞行为转隐喻应该有所不同。这种不同体现于源始域的选择。汉语倾向于选择大而笼统的源始域，英语趋于选择小而精确的源始域。

第七，言辞行为转喻复合体不限于 Jing-Schmidt 所述的 $V_1O_1V_2O_2$ 范畴，即作用于言语器官的动作为源始域形成的转喻；言语器官特质和言语器官动作为源始域构成的基本转喻也可以构成复合体。就数量和种类而言，后者形成的复合体绝不比前者少。同时，言辞行为转喻基本上都与言语器官相关，其中，器官"嘴"的作用最为突出。

---

① 此观点得益于与许余龙教授 2018 年 2 月 15 日的通话。

第八，转喻复合体可出现在句子中，也可能出现在段落中。言辞行为转喻经常和隐喻同现（co-occur），并且在概念化过程中得到隐喻的支持，许多概念化过程是两者互动的结果。其中，最为频繁的概念隐喻是**言语即物体**（SPEECH AS PHYSICAL OBJECT）（Vanpary，1995：14），以及**言辞行为即物理行为**。这与 Lakoff & Johnson（1980/2003）的论述不符。

第二部分
言语器官形成的言辞行为转隐喻对比

言语器官是人们体验世界的重要媒介，与外部世界相关的味觉、嗅觉都源于此。它还是人类发声言说的工具，是言辞行为的直接实施者。我们对比的对象主要有两大类：言语器官以及与之紧密相关的言语声音特征构成的转隐喻。这一部分聚焦于前者，审视嘴、舌、牙（齿）、唇等言语器官形成的言辞行为转隐喻。需要指出的是，人体词，确切地说，用言语器官词描述言辞行为时，意义拓展以转喻为主，隐喻为辅，汉英两种文本都如此。

本部分共有8章，人体器官中的嘴占3章，显示了其强大的转隐喻功能和丰富的意义拓展路径，牙（齿）与唇各有1章，舌居中，有2章篇幅。最后一章是所有器官的综合讨论。

第一章 "嘴（口）"与 mouth 的器官特质形成的言辞行为转喻

我们的讨论从最重要的言语器官"嘴"开始。聚焦于汉语器官词"嘴（口）"和英语 mouth 涉及言辞行为的转喻性意义拓展模式，我们发现，以器官特质为出发点，汉语"嘴（口）"形成的言辞行为转喻在数量及种类上远多于英语 mouth。就转喻要素，即言辞器官和特质概念而言，汉英基本相同的实例极少，在绝大多数汉语使用转喻的情况下，英语或采用了非转喻说法，或使用了 tongue，lip 等其他器官词构成的不同转喻。这与西方长于分析性思维、中国倾向于综合性思维有关。

一、引 言

"嘴/口"是最重要的言语器官，也是构成言辞行为转喻的主要源始域。一般而言，言语器官参与的转喻主要有三类：①以器官的特征为源始域，如"**油嘴滑舌**"；②器官作为动作对象为源始域，如"**插嘴**"；③以及器官作为动作发出者为源始域，如"**血口喷人**"。（Semino，2005，2006；Jing-Schmidt，2008：248）我们现在的讨论以第一类为焦点。基于概念转喻**言语器官特质突显言语行为特质**（PROPERTY OF SPEECH ORGAN FOR PROPERTY OF VERBAL BEHAVIOR），（Jing-Schmidt，2008：248）"**油嘴滑舌**"以言辞器官（"嘴"与"舌"）的特点（"油"与"滑"）激活、突显了言辞行为的特质（轻浮、俏皮）。器官特质为我们理解抽象的言辞行为提供了具象性的、有触感的认知通道，使我们能够借助简单、具体的经验迅捷、经济地认知言语交际的意义和本质。

言辞器官特质形成的言辞行为转喻含有两个成分：器官词与特质概念，二者缺一不可。没有器官词，只有特质，就不是转喻，往往传达字面或非转喻意义；只有器官词，没有特质，一般情况下，也不是转喻，往往是器官的生理性描写。① 因此，我们的讨论基本聚焦于这两个基本要素上。因篇幅关系，下文有时会用"转喻"指器官特质形成的言辞行为转喻。

本研究使用双语平行语料库，也同时参照独立的汉语和英语语料库。前者便于基本、简单的词汇转喻的汉英对照，后者提供了考察转喻所需的超越有限语段的语篇信息。如前所述，主要研究步骤如下。

（1）对语料中的转喻词项进行识别（identifying）。具体而言，使用微软公司文字处理软件 Word 中的"查找"等功能对语料中的言语器官词义项"嘴/口"及 mouth 进行检索；而后，采用排除法，对检索项进行三次处理：首先，剔除其中的字面性（literal）义项，得到转喻义项；其次，排除非言辞行为转喻义项；最后，剔除其中的非器官特质形成的转喻，最终得到本研究关注的语料。

（2）从源始域中的特质概念入手，进行转喻分类和归纳。

（3）进行频率、语法特征和评价倾向等维度的汉英比较。

（4）厘清两种文本转喻的相同点，特别是相异点，并从思维模式等文化因素方面进行解释。

下面的讨论主要有两方面：转喻频率对比和转喻元素比较。前者回答汉英有无差异，后者回答汉英差异何在。

二、转喻频率对比

语料中汉语转喻有 82 项，英语有 8 项，汉语转喻远多于英语。通过对检索到的转喻源始域进一步观察，我们发现可以大致将其细化为七个特质概念域，即触觉（嘴硬，hard mouth）、视觉（口直，straight mouth）、质地（铁嘴，iron mouth）以及品质（贫嘴，wicked mouth）、数量（多嘴）、速度（快嘴）、味觉（香口）。这七个概念域汉语都有，英语只有前四个概念域，没有数量、速度与味觉等特质形成的转喻。与总的频率类似，在所有概念域类型中，汉语都明显多于英语。详情见表 2-1。

---

① 但这不是绝对的。个别情况下，没有明显的特质修饰语，器官词单独出现也可构成转喻。这时，上下文中暗含了器官特质的信息，只是没有明示而已。如：贾母亦笑道："你们听听这嘴！我也算会说的了，怎么说不过这猴儿？"（曹雪芹，2016：104）显然，贾母谈论的不是器官"嘴"，而是其突显的言辞行为，"能说会道"这个特征可以从"我也算会说的了，怎么说不过这猴儿"中推导出。

表2-1 "嘴（口）"与 Mouth 言辞行为转喻频率对比

器官词	数量	速度	味觉	触觉	视觉	质地	品质	总计
嘴/口	15	4	4	5	9	5	40	82
Mouth	0	0	0	1	2	2	3	8

为何汉语中的此种转喻多于英语？一种可能是，汉语模糊、委婉，而英语清晰、直接。与隐喻一样，转喻属于修辞性（figurative）表达，它与字面（literal）表达相对。字面性表达直截了当，不修饰，不绕弯。修辞性语言则往往以 A 言 B，或借 A 喻 B，多了一个媒介，拐了一个弯。就直接性（directness）而言，字面性文字强于修辞性方式，而在修辞性文字中，转喻甚于隐喻。

转喻是修辞手段，更是思维方式。转喻模式反映思维习惯。季羡林（2005：2）认为，"语言之所以不同，其根本原因在于思维模式的不同。西方的思维模式是分析……东方的思维模式是综合，其特点是整体概念和普遍联系。综合的东西往往有些模糊性"。因此，汉语模糊，英语清晰（司建国，2009：8）①。汉语的委婉是综合性、模糊性思维的结果，英语的直接便是分析性、清晰性思维的产物。

三、转喻元素比较

汉英转喻的巨大区别是如何构成的？换言之，英语是如何处理汉语中的转喻的？我们拟从转喻元素方面进行回答。这部分有三个层次：①汉英基本相同，即汉英的特质概念域及器官都一致；②汉英部分不同，即两种语言的器官和特质有一项不同；③汉英完全不同，即汉英两个元素都不同。正如 James（1980/2005：2）所指出的那样，对比分析（contrastive analysis, CA）"更关心语言间的差异，而非相似之处"。"对于语言教学而言，与母语相同的不用特别注意，因为不会出问题，要注意的是不同的地方。"（吕叔湘，2009：94）所以，我们的重点在后两个层次。

---

① 无独有偶，沈家煊（1999：47）观察到，就名词的"体貌"（spatial aspect）和动词的"体貌"（temporal aspect）而言，"英语都比汉语来得严格和有系统"。汉语的模糊性让西方人吃惊。早在1894年，美国传教士亚瑟·史密斯在其著作《中国人的性格》中写道："分布在城市周边的几个村子，跟城相距一到六里，但每个村子都叫三里屯。"中国的"一串钱"永远不可能是预想的一百文，在陕西是八十三文，直隶却是三十三文。"这给诚实的人带来无穷的烦恼。"（参见柴静，2013：238）

（一） 汉英基本相同

这是指汉英两种文本都含有转喻，器官和特质概念域一致，且在语言结构、评价倾向等维度都类似。

《红楼梦》第 54 回，在一次贾府聚会上，王熙凤妙语连珠，惊倒众人，便有说书人感叹道：

(1) 奶奶好**刚口**！奶奶要一说书，真连我们吃饭的地方都没了。

刚，即"硬、坚强，跟'柔'相对"。（《现代汉语词典》：635）"刚口"以言语器官"口"的物理特性"刚"激活言辞行为特点——铿锵有力、机智敏捷，属典型的言辞行为转喻。Hawkes 的英语为：

'You've got the gift, Mrs Lian,' they said. 'It's what we call a "hard mouth". If you were to take up story-telling as a profession, we should be out of business!'

与汉语"**刚口**"类似，hard mouth，也是以 mouth 的触感 hard 突显言辞能力。汉英两个转喻元素一样，也都是由形容词＋名词表征，都有明显的同时也是少见的正面评价意义。

在我们的语料中，汉英基本相同的情况仅两例（另一例为"刘**铁嘴**"/Iron Mouth Liu）。这种几乎在所有转喻构成上一致的情形实属标记性的（marked）。绝大部分转喻要么部分不同，要么完全不同。

（二） 汉英部分不同

尽管汉英都有转喻，但仍有可能不同：或者两者的特质概念域不同，或者言语器官不同。前者影响转喻意义，即导致不同的言辞行为意义；后者不但反映两种语言不同的表达习惯，更反映言语器官在思维中的突显程度不同。

1. 器官相同，特质概念域不同

在第 37 回描述的家族聚会上，王熙凤当众开了贾母玩笑：

(2) 未及说完，贾母和众人都笑软了。贾母笑道："这猴儿惯的了不得了，拿着我也取起笑儿来了！恨的我撕你那**油嘴**。"

This comical allusion to the God of Longevity's enormous cranium set all of them laughing — including, of course, the old lady herself. 'Naughty monkey!' she said. 'Make fun of me, would you? I'd like to tear that wicked mouth of yours!'

汉语使用了"**油嘴**"，英语用了 wicked mouth，都是言语器官转喻，涉及同样的言语器官（嘴/mouth），语言结构也一样，由形容词＋名词表征，都含有负面评价意味。但两种语言的不同之处也很明显：汉语"**油**"属于具体的物理范畴，喻指言辞行为油腔滑调，不够诚实；英语 wicked 属于抽象的品质范畴，意味着言辞行为邪恶歹毒，负面意义更甚。

2. 概念域相同，器官不同

有时，转喻源始域中的概念类似，但言语器官不同，从而形成了不同转喻。小说第 54 回，贾母讲了一个十个儿媳与孙行者的笑话：

（3）孙行者笑道："你们如今要**伶俐嘴乖**，有的是尿，便撒泡你们吃就是了。"说毕，大家都笑起来。凤姐儿笑道："好的呀！幸而我们都是**夯嘴夯腮**的，不然，也就吃了猴儿尿了！"

Said Monkey with a laugh, 'If clever tongues are all you want, I can do as much piddle for you as you like.' The story ended amidst laughter. 'It's a good job all of us are such stupid, tongue-tied creatures.' said Xi-feng.

这里，汉语有两个同一类型的转喻——"**伶俐嘴乖**"与"**夯嘴夯腮**"，英语则为 clever tongues 及 tongue-tied。汉语用"嘴"，英语用另一言语器官词 tongue。我们发现，语料中类似情况还有七例，即在**器官特质激活言辞行为特色**的转喻中，汉语用"嘴/口"时，英语倾向于用 tongue。这也是造成汉语"嘴（口）"比英语 mouth 转喻多的一个因素。

为何会这样？这仍然与思维有关。英语更精确，汉语更模糊。"嘴"是一个大而笼统的概念，可视为 tongue 的上义词（hypernym）；除了 tongue，"嘴"还包括了 teeth, lip 等。但在发声言说时，tongue 最为活跃，变化最多，作用显著。在描述言辞行为时，使用 tongue 或 lip 比 mouth 更准确。如汉语说"嘴甜"，英语则说 sweet tongue，汉语有"嘴紧/松"，英语则有 loose/tight lip。事实上，语料中的言辞行为转喻，除了"嘴（口）"比 mouth 多之外，英语

tongue 多于汉语"舌"（69∶27），lip 多于"唇"（29∶4）。①

此外，上例中第一个转喻汉英概念域相同。**伶俐**与 clever 同属"品质"概念域。第二个则不同。"**夯**"，"通笨，如夯汉"（《辞海》，644），即"笨重、结实"，属质地域。而 tied 显示一种受束缚、不灵活的状态，汉英概念域不同。所以，这一转喻汉英的两个元素都不同，属不同转喻。这实际上是我们下面将要考察的。

（三）汉英完全不同

这里指在汉英两种文本中转喻的关键元素完全不同。有 3 种情形：①汉英都是转喻，但属不同转喻；②汉语没有转喻，英语使用了转喻；③汉语是转喻，英语不是转喻。第二种情况极少，第三种例证最多，它在极大程度上解释了汉语转喻数量何以远远超出了英语，也是我们关注的焦点。

1. 汉英都是转喻，但概念域及器官不同

第 65 回，"贾琏的心腹小厮"兴儿这样在背后议论王熙凤：

(4) "奶奶千万别去！我告诉奶奶：一辈子不见他才好呢。**嘴甜**心苦，两面三刀。"

Don't do that, madam, whatever you do! It would be much better if you never set eyes on her as long as you live. She's 'soft of tongue and hard of heart.'

汉英两种文本都是言辞行为转喻，但属不同的转喻。汉语器官词是"**嘴**"，英语是 tongue，汉语使用了味觉概念"**甜**"来描述器官特点，英语却用了触感概念 soft。语言结构也有区别。汉语使用了典型的"形容词+名词"，属于名词性短语（NP），英语则是"形容词+ of +名词"，属于形容词性短语（AP）。

2. 英语是转喻而汉语非转喻

这是指英语有转喻而汉语没有。这种情况在《红楼梦》中只有一个。第 34 回，薛蟠向贾政奏了宝玉一本，导致后者被暴打一顿。宝钗因此埋怨薛蟠，姐弟俩便有了如下对话：

(5) 宝钗道："你只怨我说，再不怨你那顾前不顾后的形景！"

---

① 我们的语料中，就言语器官形成的转喻总体而言，汉语数量仍然远多于英语（447∶164）。

薛蟠道:"你只会怨我顾前不顾后,你怎么不怨宝玉外头招风惹草的呢?"

'It's all very well to blame me for telling Mamma,' said Bao-chai. 'Why don't you blame yourself for being so careless, you great **blabber-mouth**?' 'Me careless?' said Xue Pan. 'What about the way Bao-yu stirs up trouble for himself then?'

宝钗的话中没有涉及言语器官的转喻,尽管"顾前不顾后"也可喻指说话莽撞,但英语却有典型的与器官关联的言辞行为转喻:"you great blabber-mouth"(talking in silly and annoying way,说蠢话,胡言)。以言语器官特性激活言辞行为特性,进而激活人物言语特性。这是唯一的一个英有汉无的转喻。

3. 汉语是转喻而英语非转喻

我们的语料中绝大多数转喻属于这一范畴,即汉语出现了转喻,英语完全没有这类转喻,而是以字面说法对应。这也是汉语转喻频率大大超过英语的原因。如前所述,有些源始域中的特质概念在英语中完全空缺,其他概念域中,汉语与英语也有巨大频率差异。这意味着许多汉语中的转喻表达在英语中消失了。

(1)汉语独有的源始概念域

我们知道,在我们的语料中,有些源始概念域汉语独有,英语空缺。它们是概念域"数量""速度"与"味觉"。让我们逐一进行考察。小说第6回,刘姥姥劝她女婿:

(6)姑爷,你别嗔着我**多嘴**。

Now look here, son-in-law: probably you will think me an **interfering** old woman.

汉语"多嘴"是一个数量概念特质突显言辞行为特征的转喻,以"多"表示不必要的干预或批评。英译中无言语器官,无转喻,而是通过interfering(不必要的干涉)直接表达了字面意义。下例汉语转喻从"速度"概念出发:

(7)薛蟠本是个**心直口快**的人,见不得这样藏头露尾的事。

Xue Pan, for all his faults, was a forthright, outspoken sort of fellow, unused to such ostrich-like avoidance of the issue.

汉语出现了涉及言语器官的转喻"口快",以器官速度"快"激活言辞行为特点,再激活人物言辞特点。英语则没有转喻,直接以 a forthright (characterized by directness in manner or speech), **outspoken** (say exactly what you think, even if this shocks or offends people) 传达人物直接、鲁莽的言语风格及个性。

下例与味觉相关。第 35 回,玉钏儿这样回劝试图让她高兴的宝玉:

(8) 玉钏儿道:"吃罢,吃罢!你不用和我**甜嘴蜜舌**的了,我都知道啊!"

'Go on, get on with your soup!' said Silver. 'Keep the **sugary stuff** for other people. I know all about it!'

"**甜嘴蜜舌**"是典型的言辞行为转喻,以味觉"**甜**""**蜜**"描写言语器官"**嘴**""**舌**",从而激活言辞行为特色。英语只有 sugary stuff 而无言语器官,尽管也是言辞行为转喻,以 sugary stuff 突显话语的动听、动人,但它不是我们讨论的与器官相关的转喻。

(2) 汉英共有的源始概念域

大部分特质概念域汉英都有。但即便如此,在我们的语料中,汉语使用转喻而英语使用非转喻的例证大量存在。这是造成汉英转喻差异的又一大原因。

第 74 回,尤氏与惜春的对话中用到了触觉转喻:

(9) 尤氏道:"可知你真是个**心冷嘴冷**的人。"惜春道:"怎么我不冷!我清清白白的一个人,为什么叫你们带累坏了?"

'You are a **cold-hearted** little monster,' said You-shi. 'If I seem **cold**, it is because I wish to keep myself uncorrupted,' said Xi-chun. 'Why should I want to get involved with you and allow myself to be dragged down to your level?'

汉英文本都以触感"冷/cold"描写人物。汉语有言辞行为转喻"**嘴冷**",以器官的物理性"冷"激活言辞行为的抽象性"冷漠"。英语只保留了"心冷"(cold-hearted),略去言语器官的同时,也缺失了人物言辞行为的转喻描写。

下例涉及视觉。第 49 回,在听了湘云如何提防贾府太太们的话之后,宝钗如此评说湘云:

(10) 宝钗笑道:"说你没心却有心,虽然有心,到底**嘴太直了**。"

'I won't say you are thoughtless,' said Bao-chai, 'because you obviously mean well; but you really are a bit too outspoken.'

"**嘴太直了**"这个转喻以"**嘴**"的外观(太直了)突显言辞行为的特点(直接、莽撞)。英语中没有对等的转喻,没有用言语器官词,只有一个形容词短语 a bit too outspoken,以字面意义直接描写了人物言辞行为特点。

另一物理性概念"质地"在汉语的转喻形成中也比在英语中活跃。第 58 回,藕官在院内烧纸钱,遭到一婆子阻拦:

(11) 藕官……**硬着口**说道:"你看真是纸钱子么?我烧的是林姑娘写坏的字纸。"

那婆子便弯腰向纸灰中拣出不曾化尽的遗纸在手内,说道:"你还**嘴硬**?有证又有凭,只和你厅上讲去。"

Nenuphar...plucked up courage to defend herself. 'Yes, what makes you so sure It was spirit money? That was used writing-paper of Miss Lin's.' But the woman was unimpressed. Stooping down, she picked out one or two of the unconsumed fragments from the ashes. 'Don't argue with me! Here's evidence! You'll have to come with me to the jobs room and explain yourself to them there.'

这一语段中,汉语含有两个类似的转喻,"**硬着口**"及"**嘴硬**"。而英语中没有转喻,都以字面说法表达。"**嘴硬**"是汉语中使用率极高的转喻。以"嘴"的物理特质"硬"来指代言辞行为固执的特点。英语没有这一转喻,代之以否定式的命令句式"Don't argue with me!"。与第二个转喻类似,"**硬着口**"以口的特性"硬"喻指大胆、坚定的言说方式,英语则依然是非转喻性的说法:plucked up courage to defend herself。

最后我们要看的概念域是品质。如前所述,这种概念域形成的转喻占了语料中转喻的半壁江山,是所有概念域中构成转喻数量最多的。在小说

第 16 回，王熙凤曾如此自谦：

  （12）凤姐道："我那里管的上这些事来！见识又浅，**嘴又笨**，**心又直**。"
  'I am not much of a manager really,' said Xi-feng. 'I haven't got the knowledge, and I'm too poor at expressing myself and too simple-minded.'

其中的转喻"**嘴又笨**"以嘴的品质"笨"这一特点激活言辞行为特点：讷于言辞，不善表达，英语直接用 too poor at expressing myself 表示了这一意义。

再看一例。第 22 回，黛玉受到了王熙凤的调侃，便有了如下对话：

  （13）宝钗笑道："二嫂子的诙谐真是好的。"黛玉道："什么诙谐！不过是**贫嘴贱舌**的讨人厌罢了！"
  'Cousin Feng will have her little joke,' Li Wan observed to Bao-chai with a smile. 'Do you call that a joke?' said Dai-yu. 'It was a silly, idle remark, and very irritating.'

"**贫嘴贱舌**"是两个并列的、概念结构相同的言辞行为转喻。"**贫**"与"**贱**"都属品质概念且意义相近，"**嘴**"与"**舌**"都是关键的言语器官。英语没有言语器官，没有转喻，而是通过非修辞性的 silly, idle remark 来表达。此外，汉语描述的是言辞行为，英语则是言辞（remark）。

  以转喻构成的两个基本要素——言语器官及特质概念域——为参数，我们比较了汉英转喻。结果发现，汉英在转喻构成要素方面差异显著。汉英基本相同的只有区区 2 例，绝大部分都不同。不同有两种情况，或部分不同，或完全不同。前者共有 17 例，其中，两种语言器官相同、概念域不同有 5 例，器官不同、概念域相同占 12 例①；后者也有两种情形：英语是转喻而汉语非转喻只有 1 例，汉语是转喻而英语非转喻多达 63 例。汉英转喻元素对比信息归纳见表 2 - 2。

---

  ① 这既包括了汉语使用"嘴/口"而英语使用 tongue 的情况，也包括英语使用 mouth 形成转喻而汉语非转喻（无器官词）的情况，所以英语的转喻数超出了 8 个，导致转喻总数也超过了 82 个。

表2-2　汉英转喻元素对比

（单位：项）

基本相同	部分不同		完全不同	
2	器官同 特征异	器官异 特征同	英语转喻 汉语非转喻	汉语转喻 英语非转喻
	5	12	1	63

这为汉语转喻频率对比结果提供了佐证，揭示了两者为何有明显差异，汉语转喻数量何以远大于英语。引人瞩目的是，英语使用转喻时汉语使用非转喻的情况只有1次，而汉语使用转喻而英语表达字面意义的情形有63次。例如，汉语说"**口快**"，英语则说 outspoken，汉语说"你还**嘴硬**"，英语却说"Don't argue with me！"并且，这类转喻中，汉语使用"嘴/口"时，英语常以 tongue 或 lip 代之。

以器官特质为源始域形成的言辞行为转喻往往不是单纯的转喻，而是 Goossens（1995：159-74）所说的转隐喻（metaphonymy）。其中器官词构成转喻基础，特质概念则含有隐喻意义，主要是**言辞是实物**、**言辞行为是物理行为**。因此，这种转喻综合了两种认知过程，有时以转喻为基础，先转喻后隐喻，有时基于隐喻，先隐喻后转喻。由此形成的概念结构基本上都不是单纯的转喻或隐喻，而是两者的混合体。就概念化的复杂程度而言，类似于复杂隐喻。

四、结语

就言语器官"嘴（口）"和 mouth 的特质作为源始域形成的言辞行为转喻而言，汉英有明显差异。首先，汉语的转喻数量远多于英语。这是因为：①形成转喻时，汉语有7个源始概念域，英语只有4个；②在4个共享的概念域中，汉语的转喻都超过英语；③汉语使用笼统的器官词"嘴（口）"时，英语使用了更加准确的 tongue 或 lip，这也降低了英语中 mouth 形成转喻的数量。其次，就转喻要素而言，汉英基本相同的实例最少，汉英完全不同的情况最多，其中，绝大部分是汉语有转喻而英语无转喻。

汉语转喻多于英语①，主要原因是东西方不同的思维模式。西方人重分析、求精准，中国人好综合、多模糊。所以，汉语中委婉的、以 A 言 B 的转喻就明显多于英语，而英语直截了当的字面性表达多于汉语。

器官特质形成的言辞行为转喻基本上是转隐喻，涉及多种概念化过程，类似于复杂隐喻，具有文化差异性。我们的发现与 Grady 对复杂隐喻的判断一致。此外，"具有文化特性的隐喻往往是外语学习者的难点"。（Boers，2003：234）言辞行为转喻也是如此，也应该是语言教学的重点。

同时，我们的语料中绝大部分转喻也是常规转喻，即不经提醒，我们不觉得是转喻，因为它们早已融入我们的日常语言，有些甚至除了转喻性说法，我们很难想到其他说法，如"嘴甜""嘴笨"等。

---

① 其实，据我们观察，不光是言语器官特质引起的转喻，其他两种涉及言语器官的言辞行为转喻，即器官作为动作发出者（如"**信嘴胡诌**"）及动作对象（如"**插嘴**"）而引起的转喻，以及容器隐喻等，都是汉语多于英语。可参阅后面的讨论。

第二章 作为动作对象的"嘴(口)"和 mouth 形成的言辞行为转喻

本章考察人体词"嘴(口)"和 mouth 作为动作对象构成言辞行为转喻时不同的意义拓展模式。我们发现,汉英两种文本的这种转喻差异巨大。汉语转喻频率远高于英语,转喻种类远比英语丰富。两种文本在最频繁的前三种转喻、转喻的概念结构、语法形态、及物性以及评价倾向诸方面都不同。两种文本转喻对应的情形很少,绝大多数情况下,汉语使用了转喻,而英语使用了非转喻表达。这与西方长于分析性思维、中国偏好综合性思维有关。

一、引言

前面指出,言语器官中"嘴(口)"的转喻能力最强。言语器官参与的言辞行为转喻主要有三类,我们现在讨论第二类。在转喻性地认知和描述言辞行为时,言语器官作为动作对象、动作目标,是重要的源始域。一般而言,这种转喻包含两个成分:动词和器官词,其基本形式为 VO(动宾结构),如**拌嘴**、**嚼舌头**等,也可能衍化为复杂形式 $V_1O_1V_2O_2$,如**张口结舌**、**摇唇鼓舌**等。基于转喻**施加于言语器官的动作激活/突显言辞行为**(ACTION UPON SPEECH ORGAN FOR VERBAL ACTION),人体器官词构成了数量最庞大的言辞行为转喻。此外,这类转喻还不可避免地与隐喻相关,以隐喻**言辞行为即物理行为**作为概念基础。严格而言,这类转喻属于转隐喻范畴,只不过转喻特质突出而已,按照传统,我们姑且仍称之为转喻。因篇幅关系,下文中的"转喻"指此类以器官词"嘴(口)"及 mouth 作为动作对象的源始域形成的言辞行为转喻。

二、总体比较

按照设定的检索和甄别步骤,在语料中,我们检索到"嘴"构成的转喻有 86 个,"口"的转喻有 84 个,共 170 个,mouth 参与的转喻有 22 个

(详情见本章第53页附录)。无论是器官整体(170∶22),还是具体的器官词"嘴"(86∶22)和"口"(84∶22),汉语中的转喻都远多于英语,两者差异明显。

(一) 出现最频繁的转喻比较

将两种文本中出现频率最高的3种转喻进行比较,可揭示汉英转喻的不同特征,进而揭示两种文本转喻频率差异的大部分原因。我们发现,汉语文本中,"嘴"参与的频率最高的转喻是:"拌嘴"(30次)、"强嘴"(12次)及"打嘴"(6次)。涉及另一器官词"口"时,"开口"最频繁(13次),其次为"接口"(12次)和"信口"(8次)。英语最多的转喻为 open one's mouth(11次),keep one's mouth shut 次之(7次),随后是 close one's mouth(2次)。在每个顺次上,汉语转喻都多于英语。其中,只有 open one's mouth 与"开口"基本对应,其余都不对应。两种文本在 Top 3 的转喻表征、频次及所占比率方面的差异都很大。上述信息归纳见表2-3。

表2-3 汉英出现频率最高的3种转喻比较

汉语			英语		
表征	频次(次)	占比(%)	表征	频次(次)	占比(%)
拌嘴	30	18	open one's mouth	11	50
开口	13	8			
强嘴	12	7	keep one's mouth shut	7	32
接口	12	7			
打嘴	6	4	close one's mouth	2	9
信口	8	5			

(二) 概念结构比较

就概念构成而言,汉英明显不同。英语转喻非常单一,几乎所有转喻都与容器隐喻①有关,都基于概念隐喻**嘴即容器**(MOUTH AS A CONTAIN-

---

① 容器图式是空间有界的区域,是一个突出了图式内部、界定内部边界为路标的结构和作为动体连接内部物体的图像。(Lakoff & Johnson, 1999:31) 它有一个完型(gestalt)结构,其成分包括内部、界限和外部。离开整体,组成部分便没有意义。它又是拓扑(topological)空间,即空间关系不受视角变化影响,界限可大可小,可变形,但界限不会消失。(Lakoff & Johnson, 1999:32)

ER),言辞行为基本上是容器的 open 与 shut / close,如 open one's mouth, keep one's mouth shut。open 激活言辞行为的开始,shut / close 则突显言辞的终止。唯一的例外 stop one's mouth 含有另一个隐喻:**终止言辞行为即终止肢体行为**。

反观汉语转喻,涉及多种隐喻概念。有容器隐喻,如"张嘴""闭口",也有隐喻**终止言辞行为即终止肢体行为**,如"住(了)口""把嘴止住"等。此外,还涉及大量英语没有的隐喻,涉及多种其他肢体行为,从而形成英语缺失的转喻。如"**打嘴**""**拌嘴**""**强嘴**""**对嘴**""**斗(了)口**"等含有隐喻**言语冲突即肢体冲突**,"接口"和"带口"基于隐喻**言语和谐即肢体配合**,"回了口"基于隐喻**言辞交际即物品交换**,"改(过)口""翻了口"以隐喻**改变言辞即改变器官**为基础;另一隐喻**抑制言辞行为即抑制肢体行为**从而催生了"缩住口""掩住口",还有与隐喻**改变言辞行为即改变器官特性**相关的"硬着口""说溜了嘴",等等。

(三) 语法结构比较

就语言结构而言,英语转喻的典型表征形态是 VO (C)。它有两种可能:①VO 结构,器官词 mouth 作宾语:如 open/close one's mouth,动词体现容器概念;②VOC,即动宾结构后有形容词充当补语,如 keep one's mouth shut/open,容器概念由形容词表达。动词也比较单一,基本限于 keep,例外只有 get,且只有一例。

汉语的典型结构为 V (A) O,它有三种变体:①VO,即动词+名词组合,如"**拌嘴**"。这类为数最多,属于代表性结构。②VAO,比前一种多了状语,如"**住了口**""**堵上嘴**""**回了口**""**说溜了嘴**"等。③汉语"把"字结构(把 OV),如"**把嘴止住**",等等。

(四) 及物性比较

及物性(transitivity)表示"动作延伸"(verbal extension)的概念(Halliday,1994)。Hopper & Thompson(1980:251)认为它是人类各种语言所共有的特征,描述某一动作是否延伸或施加于其他的参与者,以及延伸和施加的效度,包括动作有意与否(volition)、持续时间(duration)、力度（force）、速度（speed）等参数。① 一般而言，有意为之的、短促的、力度大的、快速的动词及物性强，反之就弱。

就动词及其及物性而言，英语转喻的动词数量有限，类别很少，及物性弱。汉语数量多，种类丰富，及物性强。英语基本依赖于屈指可数的几个动词：keep、stop、open、close、shut。其中，后面3个词在VO结构中作动词，在VOC中作形容词。从及物性角度来看，open、shut、close、stop稍强，keep偏弱。而汉语则动用了38个动词，其中，除了"开""张""闭""住"之外，还有"打""堵""插""压（服）""翻""拨"等这些有意为之、短促有力、效果立现的及物性极强的动词。

（五）评价倾向比较

评价即作者/发话者在话语中的观点，他/她对于正在谈论的实体或论题的态度、立场和情感，反映他/她及其所属人群的价值观。换言之，是对于叙述对象或褒或贬或中立的态度或看法。（参阅 Hunston & Thompson，2000：5；金娜娜，2009：14）评价是言辞行为转喻的固有特性和重要内涵，每个转喻都隐含了言辞行为的好与坏、积极与消极意味。

就评价倾向而言，英语转喻比较中庸、模糊，没有明显的褒贬义。汉语转喻则贬义昭然，具有强烈贬义的转喻为数众多，而且出现频率很高，如"拌嘴"（30次）、"强嘴"（12次）、"信口"（8次）、"打嘴"（6次）、"堵嘴"（5次）、"插嘴"（3次）及"妄口骂人"（2次）等。

三、转喻元素比较

下面的讨论将聚焦于转喻的两个元素——器官词和动词，以进一步揭示汉英文本转喻频率方面差异的原委。吕叔湘（2009：95）曾指出，"拿一种语言跟另一种语言比较，就会发现三种情况：一种情况是彼此不同，第二种情况是此一彼多或者此多彼一，还有一种情况是此有彼无或者此无彼有"。由此，结合检索所得转喻，我们这里的讨论由三方面组成：①汉英转喻种类不同；②汉英同一但转喻频率不一；③汉英转喻不对应，即英有（转喻）汉无（转喻），或者相反。

---

① 在描述言辞行为域中的动词时，Pauwels & Simon-Vandenbergen（1995：54－57）使用了"程度"或"尺度"（scales）这一源于具体SCALE图式的、表示更多与更少的概念，它包含了五个变量：强度（intensity）、数量（quantity）、频率（frequency）、速度（speed）以及持续时间（duration）。这一模式与 Hopper & Thompson（1980）的观点类似。

（一）汉英转喻种类不同

汉英两种文本都使用了言辞行为转喻，但属不同种类的转喻。如第29回，黛玉与宝玉拌嘴，袭人在一旁劝：

（1）袭人忙接了玉道："何苦来！这是我才**多嘴**的不是了。"
'What a shame！'said Aroma, retrieving the jade. 'It's all my silly fault. I should have **kept my mouth shut**.'

汉语"**多嘴**"属于器官特质形成的转喻，kept my mouth shut 则为动作施加于器官构成的转喻。两者意义也不相同。

再看一例，第54回，元宵节家族聚会，贾母这样评价故事编写者（"编书的"）：

（2）可知那编书的是自己**堵自己的嘴**。
The people who make up these stories give themselves the lie every time they **open their mouths**.

汉语"**堵自己的嘴**"与英语 open their mouths 虽然都是同一器官作为动作对象形成的转喻，但差别明显：动词"**堵**"与 open 语义对立，转喻义南辕北辙，"**堵……嘴**"意为禁言，open……mouths 意味着开言。

（二）汉英同一但转喻频率不一

汉英有时使用了相同的转喻。第20回，宝玉折回到潇湘馆想安慰生气的黛玉：

（3）不料自己没**张口**，只听黛玉先说道："你又来作什么？死活凭我去罢了！"
But before he could **get his mouth open**, she had anticipated him: 'What have you come for this time？'

"**张口**"与 get his mouth open 在转喻种类及意义上基本相同。类似的例子又如第66回，戏班小生柳湘莲提醒得意忘形的薛蟠：

(4) 湘莲忙笑道:"你又忘情了,还不**住口**。"

'There you go again!' said Xiang-lian, laughing. 'You mustn't say things like that to people. Better **keep your big mouth shut**!'

"**住口**"与 keep your big mouth shut 在各方面也基本一致。

上述两例代表了最主要的汉英都有的转喻类型。汉英共享的转喻有两个特点:①种类有限。只有两种,涉及汉语转喻 25 个,占汉语转喻总数约 15%(25∶170),英语转喻 22 个,囊括全部英语转喻,两者频率相当。但总体而言,这意味着英语的所有转喻汉语都有,而大部分汉语转喻英语缺失。②两种文本同一但转喻的频率不同。与总体情况一样,具体的转喻类型汉语也多于英语。"**开/张口**"汉语有 21 例,英语 open one's mouth/get one's mouth open 只有 11 例,汉语比英语多了约一倍。"**(缩/掩)住口**"汉语有 11 例,而英语中 keep one's mouth shut /close one's mouth 只有 9 例。这意味着在很多情况下,汉英文本并没有同时使用转喻,尽管它们有同样的转喻。这便是我们下面要讨论的问题。

(三) 汉英转喻不对应

汉英两种文本只有一种使用了转喻。要么英语有转喻,要么汉语使用了转喻。后者又有两种情况:①英语也有同类转喻,但没用;②转喻汉语独有,英语没有。

1. 英有汉无

open one's mouth 与"开(张)口"类似。但在下文中,英语使用了转喻,汉语却使用了非转喻性表达。第 82 回,湘云去潇湘馆探望卧床的黛玉,看到后者吐出的血,不觉惊呼:"这是姐姐吐的?这还了得!"随即发现了自己的莽撞:

(5) 湘云红了脸,自悔失言。

Xiang-yun blushed and wished she had never **opened her mouth**.

事实上,英语文本中的 11 例 open one's mouth,只有 4 个与汉语"开(张)口"对应,其余 7 个都在汉语中缺失了。

再看另一个转喻。第 64 回,贾蓉拐弯抹角地取笑长辈贾琏,三姐儿看不下去了:

(6) 只见三姐儿似笑非笑、似恼非恼的骂道:"坏透了的小猴儿崽子,没了你娘的说了! 多早晚我才撕他那嘴呢!"

'Little monster!' San-jie shouted, half angrily and half in jest. 'Keep your dirty little mouth shut—unless you want me to come over and shut it for you!'

与上例类似,英语中的两个转喻都没有对应的汉语表达。语料中 keep one's mouth shut 共 7 例,只有一个(例 4)与汉语对应,比例极低。

2. 汉有英无

相对于英语有、汉语无的转喻,汉语有、英语无的转喻更多,在种类和数量上都是如此。后者共有两种情形:①英语也有此类转喻,但没用;②汉语独有,英语没有此种转喻。

(1) 汉英都有,英语没用

还是以"开(张)口"为例,汉语文本使用了这一转喻,而英语并没有如我们期待的那样使用 open one's mouth。第 11 回,贾敬寿辰,凤姐向贾珍、尤氏解释贾母不能过来庆生的原因:

(7) 凤姐儿未等王夫人**开口**,先说道……

Xi-feng put in hurriedly, not waiting for Lady Wang to reply.

再看一个"张口"的例子。第 6 回,凤姐对来访的刘姥姥说:

(8) 你既大远的来了,又是头一遭儿和我**张个口**,怎么叫你空手回去呢?

However, since you have come such a long way, and since this is the first time you have ever said a word about needing help, we obviously can't let you go back empty-handed.

这种情形共有 17 例。就汉英两种语言都有的转喻而言,两者不对应的情形远多于对应的情形。详情见表 2-4。

表 2-4　汉英共享转喻对应情况①

（单位：项）

转喻表征	汉英对应	汉英不对应	不同转喻	英有汉无	汉有英无
张口 open one's mouth	4	24	1	7	17
住口 keep one's mouth shut	3	17	1	5	8

我们发现，即便是汉英共享的转喻，两种文本绝大部分都不对应，对应的情况极为个别。如"开（张）口"与 open one's mouth，两者对应的有 4 例，不对应的有 24 例。两者要么使用了不同转喻（1 例），要么英有汉无（7 例），要么汉有英无（17 例）。这与词典给我们的印象相去甚远，自然也与我们事先的估计大相径庭。

（2）汉语独有的转喻

英语的所有转喻（open one's mouth，keep one's mouth shut/close one's mouth 以及 stop one's mouth）汉语都有。但汉语的 38 种转喻（如"拌嘴""强嘴""接口""堵嘴"等）在英语中都缺失。这说明汉语转喻不但数量比英语庞大（170：22），种类也丰富得多。

"拌嘴"意为"吵嘴"（《现代汉语词典》：55），是汉语文本中数量最多（30 次）的转喻，英语文本中完全缺失。第 31 回，晴雯因不慎摔断了扇子而与宝玉和袭人产生口角，袭人这样劝她：

（9）姑娘到底是和我**拌嘴**，是和二爷**拌嘴**呢？要是心里恼我，你只和我说，不犯着当着二爷吵。

'Are you arguing with me, Miss, or with Master Bao?' said Aroma. If it's me you've got it in for, you'd better address your remarks to me elsewhere. There's no cause to go quarrelling with me in front of Master Bao.

针对汉语转喻"拌嘴"，英语使用了非转喻性的 arguing。

"强嘴"意为"顶嘴、强辩"，同"犟嘴"，（《现代汉语词典》：965）"强"此处为动词，有"使用强力、强迫"或"使强大或强壮"之意。（《现代汉语词典》：1544）。这一转喻出现的频率位列第三（共 12 次）。但

---

① "张口"包括"开口"，"住口"包括"掩住口""缩住口""闭口"等；keep one's mouth shut 也包括了 close/stop one's mouth。

它们无一体现于英语文本。第22回，谈论如何给宝钗过生日时，王熙凤当众打趣了贾母，引得众人皆笑，贾母也忍俊不住：

(10)"你们听听这嘴！我也算会说的了，怎么说不过这猴儿？你婆婆也不敢**强嘴**，你就和我邦啊邦的！"

'Just listen to her!' she said. 'I thought I had a fairly sharp tongue, but I'm no match for this one: "Clack-clack, clack-clack" — it's worse than a pair of wooden clappers! Even your mother-in-law daren't argue with me, my dear! Don't pick on me!'

英语仍然以 argue 这一非转喻表达应对了"**强嘴**"。

另一转喻"**接口**"出现的频率也极高（12次）。"**接口**"意为接前面人的话，或继续前面的话题。"口"转喻性地激活或突显话语。第80回，忌讳"金""桂"二字、小名"金桂"的薛蟠之妻与香菱谈论后者名字的来意，有点话不投机：

(11) 金桂道："依你说，这兰花桂花，倒香的不好了？"香菱说到热闹头上，忘了忌讳，便**接口**道："兰花桂花的香，又非别的香可比。"

'To hear you speak,' said Jin-gui, 'anyone would think that orchid and cassia were not particularly fragrant.' Caltrop, warming to the argument, momentarily forgot Jin-gui's taboo. 'Ah now, orchid and cassia are quite different,' she began.

英语文本找不着转喻"**接口**"的对应表达，代之以笼统的 began。

四、结语

汉英在人体词"嘴（口）"及 mouth 作为动作对象构成的言辞行为转喻方面差异很大。总体而言，两种文本在转喻频率、出现最多的三种转喻、转喻的概念结构、语法形态、及物性以及评价倾向诸方面都有差异。具体差异主要体现在：①汉语转喻频率高于英语，种类远比英语丰富；②英语有的转喻汉语全有，绝大多数汉语中的转喻在英语中缺失；③即便两种语言都有的转喻，也只有个别对应，绝大多数都不对应。不对应的情形有3

种：①两种文本使用了不同转喻；②英语转喻，汉语非转喻；③汉语转喻，英语非转喻。最后一种情况为数最多。这种不对应也使我们认识到，严格意义上讲，大部分情况下，转喻性表达"开/张口"并非等同于 open one's mouth（《现代汉语词典》：2415），"住口"也有别于 keep one's mouth shut/close one's mouth（《现代汉语词典》：2415）。①

为什么汉语转喻多于英语？② 主要是因为东西方的思维模式不同。西方人重分析，求精准，中国人好综合，多模糊。所以，汉语中委婉的、以 A 言 B 的转喻就明显多于英语，英语直截了当的字面性表达多于汉语。第五部分会有更详细的解释。

附录 语料中汉语"嘴（口）"及英语 mouth 构成的言辞行为转喻表征及频次

汉语：

咂嘴 4，拌嘴 30，强嘴 12，信嘴 1，掰（着）嘴 2，说嘴 13，堵……嘴 5，打嘴 6，拨嘴 2，对嘴 1，撂嘴 2，把嘴止住 1，插（不下）嘴 3，顺嘴 2，说溜了嘴 1，住嘴 1；张（个/了）口 8，信 7，开口 13，绝口 3，释口 1，压服得口声 1，接口 13，顺口 5，回了口 2，拑口 1，插口 1，随口 7，改（过）口 4，掩住（了）口 3，带口 1，出口 3，硬着口 1，斗（了）口 3，闭口 1，缩住口 2，翻了口 1，妄口（骂人/巴舌）2，惯了口 1，顿口无言 1。

英语：

to open one's mouth 11，to keep one's mouth shut 6，to close one's mouth 3，to stop one's mouth 1，to get one's mouth open 1

---

① 在反映语言现实（linguistic reality）方面，词典与语料库不尽相同。词典罗列所有表达类型，反映可能性，无频率信息；语料库不一定囊括所有表达类型，有语言发生频率，记录实际发生状况，某种程度上反映某个（些）文本世界（text world）的真实性。

② 其实，据我们观察，不光是言语器官作为动作对象引起的转喻，其他两种涉及言语器官的言辞行为转喻，即器官特质（多嘴）及器官作为动作发出者（信口开河）而引起的转喻，都是汉语多于英语。

第三章 "开（张）口"等于 to open one's mouth 吗？

这一章我们探讨表示言辞行为的"开（张）口"是否等同于 open one's mouth。与我们的预料以及词典的释义不同，这两个表达在绝大部分情况下（86%）并不一致，一致的只占少数（14%）。"开（张）口"与汉语意合倾向相符，其间接性与其属于言辞行为转隐喻相关，其模糊性部分源于其为远离"事态核心"的"事态前提"，转喻力较弱。此外，对于倾向综合性认知的国人而言，"口"在汉语中的凸显度高于 mouth 在英语中的凸显度，前者更容易被选作言辞行为转隐喻的源始域。

一、引言

表示"说话"时，"开（张）口"[①] 是否等于英语的 open one's mouth？我们一般都会给出肯定的回答，通行的词典也是如此。《汉英词典》（1982：380）"开口"词条后的释义为 open one's mouth, start to talk。《现代汉语词典》（汉英双语）（2002：2415）中"张口"的英语释义是 open one's mouth（to say sth.）。实际发生的语言（authentic language）也如此吗？比照《红楼梦》汉英文本（曹雪芹、D. Hawkes，2014），答案却大相径庭。

二、汉英对应情况

通过检索，我们得到"开（张）口"21例，open one's mouth 11例。前者明显多于后者。汉英文本这两个表达有一致的时候，但绝大部分不一致。

（一）汉英一致

先看两者一致的例子。小说第20回，宝玉原本告别了黛玉，但担心后

[①] "开口"有两个转喻意义：开始说话及进食。我们关注的是前一个意思。表示言辞行为时，"张嘴"与"开口"类似，只不过《红楼梦》中没有出现前者。

者生气，复又折回到潇湘馆：

(1) 不料自己没**张口**，只听黛玉先说道："你又来作什么？死活凭我去罢了！"

But before he could get his mouth open, she had anticipated him: 'What have you come for this time?'

又如，第 72 回，贾琏私下对凤姐抱怨朝廷命官的频繁叨扰：

(2) 贾琏道："昨儿周太监来，**张口**一千两，我略应慢了些，他就不自在。"

'Yesterday it was Chamberlain Zhou,' said Jia Lian. 'The first thing he said when he opened his mouth was could I lend him a thousand taels. Because I hesitated a bit before saying yes, he started looking huffy.'

正如我们估计的，这些例句中，当汉语出现"开（张）口"时，英语都以 open one's mouth 对应。但此种情况不多，在全书中只有区区 4 例。

（二）汉英不一致

余下的绝大部分都不一致。不一致分为两种情形：汉语中有"开（张）口"而英语文本中找不到对应的 open one's mouth；或者英语文本中出现了 open one's mouth，汉语却没有"开（张）口"或"张嘴"。我们先看前者。

1. 汉有英无

汉语文本使用了"开（张）口"这一说法，而英语并没有"对等的"表达。比如第 11 回，贾敬生日，宁国府摆宴，贾母身体不适未去，贾珍问起原委，熙凤抢在王夫人之前作答：

(3) 凤姐儿未等王夫人**开口**，先说道……

Xi-feng put in hurriedly, not waiting for Lady Wang to reply.

汉语使用了"开口"，英语则用了 reply。在这里，"开口"即回答贾珍问题。汉语"开口"更笼统一些，可以表示多种言辞行为，而英语 to reply

更具体，与前文贾珍的问题衔接更紧凑。再比如，小说第6回，凤姐对来荣府攀认亲戚的刘姥姥如此说：

(4) 你既大远的来了，又是头一遭儿和我**张个口**，怎么叫你空回去呢？

However, since you have come such a long way, and since this is the first time you **have ever said a word about needing help**, we obviously can't let you go back empty-handed.

汉语的"张个口"意义比较空泛，英语则直接以字面意义 said a word about needing help 应之，言明了这一言辞行为的实质及目的（求助）。再有，第33回忠顺府来人寻找与宝玉"相与甚厚"的"做小旦的琪官"：

(5) 贾政未及**开口**，只见那长府官冷笑道。

Jia Zheng was about to **exclaim**, but the chamberlain forestalled him.

汉语"开口"稀松寻常，英语 exclaim（惊呼、大叫）传递了汉语没有的人物信息：贾政的吃惊、震怒以及自傲等。我们的语料显示，汉语绝大部分（17∶21）的"开（张）口"没有在英语中找到对应的表达。

2. **英有汉无**

与上面情形相反，有时汉语并无"开（张）口"，英语却出现了 open one's mouth。这种情形不多，有7例。

第82回，湘云去潇湘馆探望卧床的黛玉，看到后者吐出的血，不觉惊呼："这是姐姐吐的？这还了得！"随即发现自己过于莽撞了：

(6) 湘云红了脸，**自悔失言**。

Xiang-yun blushed and wished she had never **wished she had never opened her mouth**.

汉语"**自悔失言**"意为"说了错话而后悔"。英语则用了有虚拟意味的 opened her mouth。前者明了，后者含蓄。还有，第50回，荣府一干人商讨成立诗社，想得到荣国府总管的财务支持。王熙凤应承之后的一番话，笑倒众人：

（7）王熙凤说，"算是罚我个**包揽闲事**，这可好不好？"话未说完，众人都笑倒在炕上。

That shall be my punishment for having **opened my big mouth** and occupied myself with other people's affairs.' Bao-yu and the girls were by this time rolling about on the kang.

汉语只有"**包揽闲事**"，英语除了 occupied myself with other people's affairs 之外，还用了 opened my big mouth，传递了王熙凤更丰富的言外之意，即答应资助诗社是"我"的主动行为，不一定是你们请求的结果，资助你们在"我"而言不过 opened my mouth 而已，"我"的话是顶用的。第86回，宝玉与袭人聊天，后者偶然提到"心爱的人儿"，宝玉便起身去找黛玉：

（8）袭人道："快些回来罢，这都是我**提头儿**，倒招起你的高兴来了。"

'Don't stay too long!' Aroma called after him. 'Now I've done it! I should never have **opened my mouth**！'

虽然英语的 opened my mouth 也有虚拟意味，但意思比较含糊，没有汉语"**提头儿**"表达得精确和形象。

三、归纳与分析

在我们的语料中，"开（张）口"远多于 open one's mouth，几乎是后者的两倍（21∶11）。两者对应的例子有只有4个，占总数的14%，不对应的有24例，占86%。后者占压倒性多数。在不对应中，汉语用了"开（张）口"，英语没有用 open one's mouth 的有17例（占61%）；英语中出现了这一说法，汉语却没有的共7例（占25%）。参见表2-5。

表2-5 "开（张）口"与 open one's mouth 的文本对应情况

频率	对应	不对应	汉有英无	英有汉无
频次（次）	4	24	17	7
占比（%）	14	86	61	25

由此可见，在绝大多数情况下，"开（张）口"不等同于 to open one's mouth。这与一般读者的估计不同，也与词典信息不一致。"对比研究的最终目的是要对语言间的异同作出解释"。（沈家煊，1996：8）为什么会如此？我们拟从认知角度来找原因。

（一）转隐喻本质

"开（张）口"及 open one's mouth 都属于言辞行为转隐喻范畴。认知转喻理论认为，转喻是一个易感知的认知域（源始域）（source domain）激活和突显另一个认知域（目标域）（target domain），并以前者作为参照点（referential point），为后者提供心理媒介的过程及意义拓展方式。（Peirsman & Geeraerts，2006；Littlemore，2015；司建国，2015：751）

基于概念转喻**施加于言语器官的动作激活/突显言辞行为**（ACTION UPON SPEECH ORGAN FOR VERBAL ACTION）以及**动作开始激活动作结果**（START OF ACTION FOR EFFECT OF ACTION），"开（张）口"及 open one's mouth 以动作["开（张）"/open]对象言语器官（"口"及 mouth）作为源始域来激活或突显言辞行为，表示言说这一行为。

同时，这一转喻还与隐喻紧密相关。隐喻也是概念化过程，即基于相似关系的源始域向目标域的意义投射。除了言辞器官"口"及 mouth 构成转喻之外，这一表达中的动词"开（张）"及 open 含有隐喻因素，以隐喻**言辞行为即物理行为**（VERBAL ACTION AS PHYSICAL ACTION）以及**口/mouth）即容器**（MOUTH AS CONTAINER）作为概念基础。实际上，"开（张）口"及 open one's mouth 先转喻，再隐喻，经过了两次不同的概念化过程，是两种概念模式的综合，不是简单的转喻或隐喻，属于复杂的转隐喻（metaphtonymy）。（Goossens，1995：159-74；司建国，2015：752）[①]

Grady（1997）认为，由于人类的生理构造基本相同，基于身体经验的、一次性概念化过程形成的基本隐喻（primary metaphor）是普世性的（universal），而在此基础上，经过第二个概念化形成的复杂隐喻（complex metaphor）则有文化差异（cultural specific）。Hilpert（2007）探讨了 76 种语言人体词的转喻模式，发现简单转喻往往具有文化普遍性，而经过多次

[①] 以前的讨论，如 Jing-Schmidt（2008），都将这一表达视为单纯的转喻，忽视了其中的隐喻元素。实际上这一表达只不过是转喻在先，隐喻在后，转喻特征更明显罢了。这与 Charteris-Black（2003：293）提出的"隐喻性修辞合成"（metaphoric figurative blend）类似。这一术语用来表示多种认知过程（如隐喻和转喻）参与的修辞性短语。其好处是不再纠缠于某个认知理据是转喻还是隐喻，而是把它归属于概念隐喻、转喻，甚至其他常规图式（script）的上一级范畴。

概念转换的复杂转喻（chained metonymy）具有文化特性。两位学者讨论的是同一种认知机制中多次概念化的情形，那么，不同认知机制、两次以上概念化形成的、有人体词（"口"及 mouth）参与的转隐喻表达是否也具有语言或文化差异？这么看来，答案是肯定的。"开（张）口"与 open one's mouth 在《红楼梦》汉英文本中有那么大的差异、那么多的不一致，也是汉英两种文化的差异所致。由言辞器官参与的，经过先转喻、后隐喻而形成的言辞行为转隐喻与复杂转喻或复杂隐喻，当然受语言文化因素的制约。

（二）"事态前提"与模糊性

找到了汉英文本差异的原因只是第一步。我们现在面临的另一个问题是：为什么汉语转隐喻多于英语？为何那么多的"开（张）口"在英语中没有对应？

一般而言，汉英语言组合方式不同（何善芬，2002：472）。汉语讲究意合（parataxis），注重含蓄，依赖意会来构筑语篇；而英语则看好形合（hypotaxis），讲究清晰明了，凭显性语法、词汇手法形成语篇。（司建国，2009：6）

"开（张）口"是否是意合的体现？如果是，我们便有了部分答案。要证明这一点，首先要证明它具有模糊性。

首先，"开（张）口"具有间接性。作为转隐喻，它不是直接性的字面（literal）表达，而是通过 A 激活和投射到 B 的修辞性（figurative）表述。相对于直接、清晰的字面表达（如"开始说话"），"开（张）口"则更加委婉。实际上，就含糊性而言，修辞性表述甚于字面表达。前者之中，隐喻甚于转喻（Charteris-Black，2003：291），因为转喻基于具体的空间以及概念上的邻近关系，且概念跨度较小，而隐喻完全基于抽象的相似关系，概念跨度较大。同理，多次概念化形成的复杂转喻或隐喻甚于单次概念化形成的简单转喻或隐喻，转隐喻甚于单纯的转喻或隐喻。

其次，按照"事态场景"学说［State of Affaires（SoA）Scenario］，一般事态由几个主要场景构成：①事态前提（the BEFORE），即事态必要的前提条件，包括导致事态的动因、潜能、倾向等；②事态核心（the CORE）和事态效果（the EFFECT），即现有的即真实的事态及其随后的必然结果；③事态后果（the AFTER），即事态的可能后果。（Panther and Thornburg，1999：337）基于转喻**部分激活部分**（PART FOR PART）以及**部分激活整体**（PART FOR WHOLE），场景中的各成分之间可以相互激活，任一部分也可激活整个场景。（Panther & Thornberg，1998：760）不过，激活力度即转喻强度（strength of metonymic link）不一。（Panther & Thornburg，2003：6 - 7）两个概念距离越近，越容易激活，转喻强度就越高；越接近事态核心，转喻强度也越高。反之亦然。（陈柯妮，2011：20）

"开（张）口"这一言语行为也是一种特殊的"事态场景"，属于其中的事态前提（the BEFORE），而不是事态核心或事态后果。其主要概念基础是**"潜在性激活现实性"**（POTENTIALITY FOR ACTUALITY）以及**"部分激活整体"**（PART FOR WHOLE），它只是言说这一行为的（潜在性）开始，不属于核心部分，其与事态核心有一段距离，其激活能力或转喻强度较弱。这预示着它可能既无言说过程，也不一定有言后结果，意味着这一言辞行为转隐喻意义比较模糊。

此外，"开（张）口"大而笼统，不指代具体的言语行为类型。基于转喻**潜在性激活现实性**，它有多种可能，可以是"回答"（responsive）（例3），可以是"请求"（requestive）（例4），也可能是"感叹"（expressive）（例5）。字面性的英语文本则直接明快，明确了具体的言语行为类型。

"开（张）口"的模糊特点与汉语特征一致，符合汉语意合的特点。具有相似概念结构的 to open one's mouth 同样具有间接性和模糊性，与英语形合的习惯相抵触。所以汉语中这一转隐喻明显多于英语。[①]

（三）概念凸显与源始域选择

语言形式方面差异的根源在于思维方式。正如季羡林（2005：2）指出的，"语言之所以不同，其根本原因在于思维模式的不同。西方的思维模式是分析……东方的思维模式是综合"。

转隐喻是修辞现象，更是思维现象，反映思维习惯。转隐喻的不同根源在于源始域。Deignan（2003：257）指出，不同文化及语言中的修辞性表达差异由不同的源始域造成。具体而言，源始域主要有两种情形：不同文化对于同一源始域特征的认知不同，同一源始域在不同文化中的凸显程度不一。

转隐喻是以易感知的源始域激活和投射到较为抽象的目的域的概念化过程。所谓易感知的即认知上凸显的（salient）。一般而言，人们倾向于选择较凸显的参照点来激活目标域。比如常见的转喻"壶开了"，"壶"之所以能够激活"水"，原因是外在可视的"壶"比内在不可视的内容"水"更凸显。凸显遵循一些认知原则或源始域选择的制约原则，如**"特定优于**

[①] 这种差异的文化理据，请参阅第34页脚注。

一般"（SPECIFIC OVER GENERIC）,"理想的完形优于不理想的完形"（GOOD GESTALT OVER POOR GESTALT）,**清晰优于模糊**（CLEAR OVER OBSCURE）,**关联优于非关联**（RELEVANT OVER IRRELEVANT）,等等。(Langacker, 1993: 30; Radden & Kovecses, 1999: 44-52)

需要指出的是，尽管这些制约原则原本针对的是确定哪个为源始域、哪个为目标域，但作为一般的认知原则，它们也适用于激活同一目标域时不同源始域的选择。此外，这些原则并非一致，但都和谐共存。如"**部分优于整体**"（如 England 激活 Great Britain and Northern Ireland）与"**整体优于部分**"（如 America 激活 USA）。

凸显不但与规则相关，同时也与人的主观因素相关。如心理学著名的"图形（figure）/背景（ground）"实验中，同一图片，不同的人看到的图像却不一样（花瓶/头像），原因是主观视觉上的凸显部分不同（黑/白）。（沈家煊，2006: 37-45）所以，思维方式不同，同一言语器官的凸显度不同，对同一源始域特征的认知不同，就会采用不同的认知原则，对转喻源始域的选择自然有别。

就语言器官而言，"口"大而笼统，是一个集合性概念，包含多个言语器官（舌、牙、唇等），与发声言语的关系全面但模糊笼统。"舌""牙""唇"等小而具体，事关发音言说的不同方面或过程。

因此，选择源始域时，对于惯于总体思维的中国人而言，倾向于"**整体优于部分**""**理想的完形优于不理想的完形**"等原则，如此，"嘴"或"口"最为凸显。所以，汉语多以它们为源始域激活言辞行为。而对于长于分析思维的西方人而言，趋于采用"**部分优于整体**""**特定优于一般**""**直接优于间接**"以及"**关联优于非关联**"原则，结果 mouth 就没有"口"那么凸显，也不如 tongue 等其他器官凸显。我们通过对《红楼梦》语料的检索发现，汉语文本中"嘴"和"口"构成的转隐喻远多于英语 mouth（224: 40），而英语中 tongue 的转隐喻远多于"舌"（69: 27）、lip 的轻隐喻远多于"唇"（29: 4）。[①] 此外，Deignan（2001）基于 *Cobuild* 语料库编纂的词典，录有 tongue, lip, tooth 构成的转隐喻，却唯独无 mouth 词条。

所以，言辞器官形成转隐喻时，汉语中"口"非常凸显，更频繁地被用作源始域，而英语中 mouth 的凸显度不及汉语的"口"，也不及 tongue 等言语器官，选择它作源始域的概率极低。这是造成汉语"开（张）口"多

---

① 我们语料中，另一个言语器官"牙（齿）"与 tooth 的出现频率相当（24: 17）。

于英语 to open one's mouth 的又一原因。①

（四）语料因素

为何我们的观察与词典信息不符？这与语料相关。在反映语言现实（linguistic reality）方面，传统词典与语料库不尽相同。词典往往反映了编纂者对意义和用法的主观印象，只汇集可能性，尽可能罗列所有表达类型及意义，不反映或然性及频率［当然，基于语料库的词典（如《柯林斯合作英语词典》）除外］。而语料库基于真实语料，不一定囊括所有表达类型，但反映了语言发生频率，某种程度上还反映了某种（些）文本世界（text world）的真实性。但受容积、语类（genre）等因素影响，语料库也在不同程度上存在语言代表性方面的"不完全代表"的问题。②

四、结语

我们以上的讨论说明，在很大程度上，表述言辞行为时，"开（张）口"与 to open one's mouth 并不对应。这与 Grady（1997）和 Hilpter（2007）有关复杂隐喻和转喻的观察相似。其根源在于汉英不同的语言形态及思维模式。作为言辞行为转隐喻，"开（张）口"的模糊性源于其属于远离"事态核心"的"事态前提"，转喻力较弱；而汉语对它的偏爱，则由于对于国人而言，"口"在言辞器官中最为凸显，最容易被选作言辞行为转隐喻的源始域。③ 我们主要从认知方面进行了讨论，对翻译及语用因素略有提及，认知模式有望对这一问题作更加详尽、全面的阐释。

---

① 我们的语料中也有英语使用转喻而汉语使用字面表达的例子（7个）。这如何解释？我们说汉语模糊婉转，英语清晰直接，但这不是绝对的，并非意味着在任何情况下英语都比汉语婉转。事实上，这种情况与汉语用转隐喻而英语用字面表达的情形相比（17例），为数不多，并不能改变总体格局。

② 此外，汉语转隐喻多于英语，汉语含蓄，英语明了，另外一个原因是，《红楼梦》汉英语料中，汉语为源语，英语为目标语。由于历史文化诸因素，汉语读者理解小说语言的障碍少，许多东西不言自明。所以，作者使用了大量转隐喻以保持行文简洁。而英语读者遇到的麻烦比较多，尤其是《红楼梦》这类古典小说，译者不得不将某些转隐喻"阐译"或"释译"为字面表达（许国璋，1991：273），必要时外加详尽的说明或解释。如果反过来，是英译汉的文本，估计这种现象起码在一定程度上会有所缓和。非修辞性（non-figurative）或字面性（literal）表达大都含有更丰富、更详细的信息，与上下文更加吻合，对人物、事态的交代更清晰。

③ 上述认知视角的对比对于翻译的启示显而易见。葛浩文（2017）声称其"一贯的翻译哲学"是"翻译出作者想说的，而不是一定要一个字一个字地翻译作者说的"，尤其是"英文和中文可以说是天壤之别的两种语言，真要逐字翻译，不但让人读不下去，而且更会对不起原著和作者"。

第四章 "舌"与 tongue 的特质形成的言辞行为转喻

本章的焦点是汉英两种文本中以人体词"舌"和 tongue 的特质为源始域构成的言辞行为转喻,我们发现汉英两种文本转喻差异明显。"舌"的转喻能产性不如 tongue;两种文本在转喻频次、概念结构、语法结构、评价倾向诸方面都有差异;两种文本转喻对应的情况一次也没有——要么只有一种文本使用转喻,要么使用的转喻不一。汉语转喻使用"嘴""口"时,英语往往使用 tongue。这些差异某种程度上与西方长于分析性思维、东方倾向于综合性思维以及英语更精确、汉语更模糊有关。

一、引言

"舌"是最重要的言语器官之一①,也是构成言辞行为转喻的主要源始域。"这种转喻可能具有去人化(depersonalising)效果并含有对谈论对象微妙的(往往负面的)评价。"(Littlemore,2015:8)一般而言,"舌"参与的言辞行为转喻主要有两种:①以器官的特征为源始域,如"**(油嘴)滑舌**";②以器官作为动作对象为源始域,如"**嚼舌根**"。(Semino,2005;Jing-Schmidt,2008:248)

我们的讨论聚焦于第一种转喻,它一般含有两个成分:器官词与特质概念,缺一不可。没有器官词,只有特质,就不是转喻,只传达字面(literal)或非转喻意义;只有器官词,没有特质,一般情况下,也不是转喻,往往囿于指称器官本身。② 因此,我们的讨论基本围绕这两个基本要素展开。囿于篇幅关系,下文用"转喻"指由器官词"舌"和 tongue 的特质形成的言辞行为转喻。

---

① 《说文解字》曰:"舌,在口所以言也,别味也。"即"舌"有两个基本功能,就是说话和别味。古代的翻译官叫"舌人",授徒讲学谋生为"舌耕",激烈争辩叫"舌战",言辞犀利伤人于无形叫"唇枪舌剑",说出的话无法收回叫"驷不及舌"(李计伟,2014)。在许多西方语言中,如法语、葡萄牙语、西班牙语、波斯语、拉丁语等,"舌"都有语言的意思。事实上,英语的 language 源于拉丁语 lingua,意为舌;"母语"在英语中就是 mother tongue。

② 器官单独用作转喻的情况,请参阅第 33 页脚注。

本研究使用《红楼梦》双语平行语料（曹雪芹，2014）及其电子版本（曹雪芹，2016；Hawkes，2015）。转喻项识别（identify）的主要步骤为：首先，使用微软公司文字处理软件 Word 中的"查找"等功能对语料中的言辞器官词义项"舌"及 tongue 进行检索；而后，采用排除法，对检索项进行三次处理：首先，剔除其中的字面性（literal）义项，得到转喻义项；其次，排除非言辞行为转喻义项；最后，析出器官特质形成的转喻，得到我们关注的语料。

二、总体比较

总体而言，汉英两种文本在转喻方面差异明显，在转喻频次、特质类型、语法结构、评价倾向等等诸方面都大不相同，两个文本不存在完全对应的转喻。

就转喻频次而言，两个文本差异很大，汉语只有 8 例，而英语有 43 例，tongue 的转喻远多于"舌"的转喻。

就器官的特质类型而言，汉语有 5 种特质：视觉形状（1 例）（如"**轻嘴薄舌**"中的"**薄**"）、品性（2 例）（"**贫嘴贱舌**"）、味觉（2 例）（"**咸嘴淡舌**""**甜嘴蜜舌**"）、数量（1 例）（"**七嘴八舌**"）和质地（2 例）（"**烂了舌头**"）。英语转喻含有 6 种特质：视觉形状（13 例）（如 sharp tongue 中的 sharp）、品性（12 例）（clever / spiteful tongue）、状态（9 例）（ready/tied tongue）、触感（6 例）（soft tongue）、速度（2 例）（quick tongue）、数量（1 例）（a hundred tongue），等等。

从语法结构来看，汉语有 3 种结构：①形容词 + 器官词（"**贫嘴贱舌**"）；②数词 + 器官词（"**七嘴八舌**"）；③形容词 + 副词 + 器官词（"**烂了舌头**"）。前两种"舌"不单独出现，都与"嘴"构成并列的复合结构。英语结构比较庞杂，有 6 种类型：①形容词 + 器官词，如 clever /good/ tongue；②形容词 + 器官词 + ed：sharp-tongued；③器官词 + 动词 + ed，如 tongue-tied；④形容词 + of + 器官词，如 soft of tongue；⑤形容词 + with + 器官词，如 spiteful with their tongues，⑥数词 + 器官词，如 a hundred tongues。

就评价倾向即转喻的褒义或贬义而言，汉语多为贬义极强的转喻，而且是独立于语境的负面评价，即便含有正面意义"甜、蜜"的"**甜嘴蜜舌**"，也反讽意味十足。英语则有褒 [如 clever（5 例）/ good/soft tongue]、有贬（如 sharp/evil/sarcastic tongue）。即便是含有贬义的转喻，负面程度也远逊于汉语，且往往受语境影响（如 sharp/tied tongue）。

引人瞩目的是，两种文本没有发现一个转喻对应的例证。换言之，所有转喻都不对应。不对应的情形主要有：①汉语转喻，英语非转喻；②英语转喻，汉语非转喻；③汉英都转喻，但转喻类型不同。非对应的情况见表2－6。

表2－6　汉英转喻非对应概况

非对应	汉有英无	英有汉无	转喻不同
频次	6	15	21

下面我们分别从两个方面讨论这种不对应，即两种文本的转喻与非转喻对比以及不同转喻比照，以期找出差异明显的更多原委。

三、转喻与非转喻对比

两种文本使用转喻往往不同步而且不均衡。有的是汉语使用转喻而英语没有，有的则相反。前者只有6例，后者多达15例，是前者的两倍半。

（一）汉语转喻，英语非转喻

小说第25回，王熙凤开了黛玉与宝玉的玩笑，大家都乐，宝钗笑道："二嫂子的诙谐真是好的。"但黛玉不悦：

（1）黛玉道："什么诙谐！不过是**贫嘴贱舌**的讨人厌罢了！"
'Do you call that a joke?' said Dai-yu. 'It was a silly, idle remark, and very irritating.'

汉语有转喻"**贫嘴贱舌**"，以器官"舌"的特质"贱"（以及"嘴"的特点"贫"）激活或突显"尖酸刻薄""使人讨厌"（《现代汉语词典》，868）的言辞行为特点。英语没有相应的转喻，silly, idle remark 没有涉及言辞器官，属于字面（literal）或非修辞性（figurative）描述，而且描述的是言辞本身（remark），而非言辞行为。

下例稍有不同。第25回，宝玉病危，赵姨娘本想安慰贾母，不料惹得贾母大怒：

（2）话没说完，被贾母照脸啐了一口唾沫，骂道："**烂了舌头**的混账老婆！怎么见得不中用了？"

She would have gone on, but Grandmother Jia spat in her face. No empty gesture: it was a full gob of spittle. '**Evil woman**! May your tongue rot! How do you know it's all up with him? You want him to die, don't you?'

汉语用了转喻"**烂了舌头**"，以器官"舌头"特质"烂"彰显言辞行为的恶毒。而英语却换了说法，evil woman 没有言辞器官参与，没有转喻基础，而且描写的不是言辞或言辞行为，而是言辞行为的发出者 woman。

（二）英语转喻，汉语非转喻

这种情形比较频繁，我们看其中 2 例。小说第 45 回，李纨想从王熙凤那儿为诗社讨要赞助，后者长篇大论了一番，也没有明确答案，所以：

（3）李纨笑道："你们听听，说的好不好？把他会说话的！我且问你：这诗社到底管不管？"

'Listen to her, all of you,' said Li Wan. 'Marvellous, isn't it? I'd like to get hold of that **clever tongue** of yours, Feng, and—! Just tell me this one thing, then: are you going to keep an eye on our poetry club for us or aren't you?'

尽管汉语"会说话的"并非转喻，但英语却有 **clever tongue** 这一转喻表征。另一例在第 87 回，宝玉担心自己口无遮拦，开罪了"皈依佛门，带发修行"的妙玉，没想到妙玉主动问他"你从何处来？"：

（4）宝玉巴不得这一声，好解释前头的话，忽又想道："或是妙玉的机锋？"转红了脸，答应不出来。

It came as a great relief to Bao-yu that she should speak to him at all, and he was grateful of the chance to remedy his earlier blunder. But then it suddenly struck him that her question might not be as straightforward as it sounded. Was this one of her Zen subtleties? He sat there **tongue-tied** and red in the face.

汉语"答应不出来"完全是字面直义，而英语以转喻 tongue-tied 应之。

四、不同转喻对比

两种文本都使用了转喻，但转喻不一。就转喻的构成要件特质与器官而言，这种不同有 3 种可能：①器官同，特质不同；②器官不同，特质同；③器官与特质都不同。

（一）器官同，特质不同

汉英转喻都出现了同一言语器官"舌"和 tongue，但构成隐喻意义的特质不同。小说第 58 回，宝玉的丫鬟芳官和她干娘发生口角，被后者责骂道：

（5）这一点子小崽子也挑么挑六，**咸嘴淡舌**，咬群的骡子似的。

And such a **spiteful, sharp little tongue** if she doesn't get what she wants! Worse than a biting mule!

汉语**"咸嘴淡舌"**涉及两个言辞器官"嘴"及与 tongue 对应的"舌"，以及味觉概念"咸""淡"。英语出现了三个特质概念，无一属于味觉范畴。spiteful 属品性，sharp 表视觉，little 为程度概念。所以，尽管汉英文本转喻的语法结构类似，都是形容词＋器官词，器官也基本对应，但特质完全不同，从而导致了不同的转喻。下例稍有不同。第 36 回，由于佣人月例（工钱）的事，王夫人讯问了王熙凤，后者极为不爽：

（6）抱怨给太太听，我也不怕！糊涂油蒙了心、**烂了舌头**、不得好死的下作娼妇们，别做娘的春梦了！

Let her complain to Her Ladyship if she has a mind to, I don't care. Stupid woman! Stupid, chicken-witted, **evil-tongued**, snivelling, misbegotten whore! She ought to wake up.

两种文本转喻器官一样，但特质有别。汉语**"烂了舌头"**中"烂"为质地概念，而英语 evil-tongued 之 evil 属于品性概念。特质不同，转喻就不同。此外，**"烂了舌头"**含有变化过程，evil-tongued 表示一种恒久的品质状态。而且，两者语法结构也有别。汉语为动词+副词+器官词，英语为形容词+器官词+ed。

此外，还有一种情形，两种文本都使用了同样的器官，但汉语以器官作为动作对象形成转喻，英语仍然以器官特点构成转喻。如第63回，尤二姐听到贾蓉与尤老娘对话，并看到前者与"他二姨娘挤眼儿"，便悄然咬牙骂道：

(7) 很会**嚼舌根**的猴儿崽子！留下我们，给你爹做妈不成？
'Glib-tongued little ape！' she said. 'We're to be kept around here as second strings for your father, I suppose？'

glib-tongued 依然是典型的形容词性修饰语结构，其中的形容词 glib 意为"油滑的"。而**嚼舌根**是动宾结构，其中"舌根"为动作"嚼"的目标，转喻意义为"信口胡说、搬弄是非"（《现代汉语词典》，559）。

语料中汉英同时使用"舌"和 tongue 的转喻极少，只有 4 例。换言之，"舌"和 tongue 的转喻性意义拓展模式极为不同，两者的对应罕见。绝大部分情况下，要么汉英转喻使用了不同的言语器官，要么其中一种文本使用了非转喻。

(二) 特质基本相同，器官不同

有些转喻两种文本使用了基本相同的特质概念，但言辞器官不同，这种情况在语料中共有 8 例。又有两种情形：英语使用 tongue 时，汉语或者使用了"嘴"（5 例），或者用了"口"（3 例）。先看第一种。第 80 回，宝玉等去庙里上香，听"极会说笑话儿的"王道士大谈其膏药的神奇，果然：

(8) 说着，宝玉焙茗都大笑不止，骂"**油嘴**的牛头"。
This set Bao-yu and Tealeaf off into fits of laughter. 'Oily-tongued old ox' they called him.

其中，"**油嘴**"与 oily-tongued 特质概念一样，"油"和 oily 都属质地或触感范畴，两者语法结构也类似，都是由"形容词+名词"构成的修饰语。但是汉英器官词不同（汉语是"嘴"而英语是 tongue）。再看第二种。第 65 回，荣府贾琏的心腹小厮兴儿向尤二姐这样介绍王熙凤：

(9) 他心里歹毒，**口里尖快**。
A cruel heart and a **sharp tongue**, that about sums her up.

其中的转喻"口里尖快"和 sharp tongue 中，"尖快"与 sharp 同属视觉或触觉概念，隐喻意义也接近。不过两者器官不同，汉语使用了"口"，英语用了 tongue。

（三）器官、特质都不同

上面讨论的转喻只有一个转喻元素不同，还有特征与器官两个元素都不一样的，此种情形在语料中有 9 例。汉语涉及的器官除了"嘴"（6 例）、"口"（2 例）之外，还有"牙"（1 例）。下面场景紧接着上例，发话人依然是兴儿，谈论的依然是王熙凤：

(10) 奶奶千万别去！我告诉奶奶：一辈子不见他才好呢。**"嘴甜心苦，两面三刀"**。
Don't do that, madam, whatever you do! It would be much better if you never set eyes on her as long as you live. She's '**soft of tongue and hard of heart**', 'two faces and three knives.'

转喻"**嘴甜心苦**"和 soft of tongue 的特质及器官都不对应。"甜"属味觉范畴，soft 为触感或质地概念，"嘴"和 tongue 也显然不同。下面的例子与汉语的"口"相关。第 49 回，宝玉刚与黛玉聊过《西厢记》，黛玉提到宝钗怎样说她，宝玉不由得用了戏中台词安慰黛玉：

(11) 小孩儿家**口没遮拦**。
Like a child whose **unbridled tongue** knows no concealment!

两个文本转喻中的器官不一（"口"与 tongue），特质亦有别。"**口没遮拦**"为视觉概念，表示"口"的外在状态，其中隐含了隐喻**口即容器**（MOUTH AS CONTAINER）。而 unbridled tongue 中 bridle 意为"缰绳"，unbridled 则为"未套缰绳的"，暗含了转喻**绳索激活束缚**（BRIDLE FOR CONSTRAIN），与"没遮拦"的意象不同。下例涉及另一器官"牙"。第 20 回，宝玉和麝月议论晴雯，不料被当事人听到：

(12) 宝玉笑着道："满屋里就只是他**磨牙**。"麝月听说，忙向镜中摆手儿。宝玉会意，忽听"嗳"一声帘子响，晴雯又跑进来问道："我怎么**磨牙**了？咱们倒得说说！"

'Of all the girls in this room she has the **sharpest tongue**,' said Bao-yu. Musk signalled to him agitatedly in the glass with her hand. Bao-yu took her meaning; but it was too late.

With another's wish of the door-blind, Skybright had already darted in again. 'Oh! **Sharp-tongued**, am I? Perhaps you'd like to say a bit more on that subject?'

两个转喻的器官词不一（"牙"— tongue），器官描述也不同。"磨牙"之"牙"为动作对象，是器官的动态行为。这一转喻以此为源始域，激活了言辞行为特点——难以交流、爱钻牛角、常常无谓地争辩。而 sharpest tongue 及 sharp-tongue 为器官的静态特征，以器官（tongue）的视觉特征（sharp）来突显言辞行为的刻薄。这两个转喻的语义是否等值，也值得商榷。①

我们将两种文本使用不同转喻的信息归纳在表 2-7。

表 2-7 汉英使用不同转喻概况*

元素对应	器官同，特质不同	特质同、器官不同		器官、特质都不同		
器官词	舌	嘴	口	嘴	口	牙
频次	4	5	3	6	2	1

* 表中英语器官词都是 tongue，故从略。

汉英两种文本经常在本该使用相同转喻的时候使用不同的转喻。要么器官不同，要么特征不一，要么两者都不同。在总数为 21 例的不同转喻中，器官相同的只有 4 例，不同的有 17 例，其中，汉语"嘴"（5+6）和"口"（3+2）占绝大多数，"牙"占 1 例。这意味着，汉语转喻使用"嘴"和"口"时，英语往往使用 tongue 构成的转喻，这也是英语 tongue 的转喻频次

---

① "磨牙"与 sharp-tongued 意义并不对等。"磨牙"即"多费口舌，无意义地争辩"（to argue pointlessly），（《现代汉语词典》，1364）而 sharp-tongued 意为 of speaking sarcastically, bitterly. (Hornby et al., 1978: 999)"磨牙"的英语可以是 be indulged in arguing pointlessly, 抑或 be hard to talk with or communicate with。

高于汉语"舌"的重要原因之一。

五、结语

基于《红楼梦》英汉双语语料，我们考察了汉英两种文本中以"舌"和 tongue 的特质为源始域构成的言辞行为转喻。我们的发现支持了 Hilpert (2007) 的结论。汉英两种文本"舌"与 tongue 的特质构成的言辞行为转喻差异明显，两个器官词的转喻性意义拓展模式极为不同。这主要体现在：①"舌"的转喻能产性不如 tongue，后者构成的转喻远多于前者；②汉英两种文本在转喻频次、概念结构、语法结构、评价倾向诸方面都有差异；③两种文本转喻完全对应的情况一次也没有，或者只有一种文本使用了转喻，或者两者使用了不同转喻；④汉英同时使用"舌"和 tongue 的转喻极少，汉语转喻使用"嘴""口"时，英语往往使用 tongue。此外，汉语转喻中，"舌"大都和"嘴"同时出现（**贫嘴贱舌**、**甜嘴蜜舌**、**轻嘴薄舌**、**七嘴八舌**），独立出现的只有一种（**烂了舌**）；而英语中 tongue 全是独立存在的。

为何汉英转喻会有如此差别？这与思维模式和语言特点有关。东方的思维模糊综合，西方的思维条分缕析。这种差异反映到语言，便是汉语模糊，英语清晰。（司建国，2009：8）

转喻是语言现象，更是思维方式。转喻模式反映思维习惯。转喻的特点是以易感知的作为源始域激活较为抽象的目的域。所谓易感知的即凸显的。比如常见的转喻"壶开了"，"壶"之所以能够激活"水"，原因是外在可视的"壶"更凸显。凸显遵循一些客观规律（如整体优于部分，容器优于内容等），同时也与人的主观因素相关。如心理学著名"图形(figure)/背景（ground）"的实验中，同一图片，不同的人看到的东西不一样（花瓶/头像），原因是主观视觉上的凸显不一（黑/白）。（沈家煊，2006：37 - 45）就语言器官而言，"嘴"或"口"大而笼统，是一个集合性概念，包含多种言语器官（舌、牙、唇等），与发声言语的关系全面但模糊笼统。"舌"小而具体，舌头形状及运动变化多端，能使不同气流作用于声带而发出各式各样声音，其发音表达的功能在所有言语器官中最为显著。另据 Langacker（1999：207 - 208），转喻过程涉及概念参照点（referential point）的选择，人们倾向于选择最凸显的参照点激活目标域。所谓参照点即源始域，"转喻源始域的选择值得关注，因为它所产生的观念约束了人们看待目标域的方式"。（Barcelona，2011：13）激活言辞行为时，对于惯于总体思维的中国人而言，"嘴"或"口"最凸显，所以，多以它们为源始域激活言辞行为，即便偶尔使用了"舌"，也多将其与"嘴"和"口"并置。而对于长于分析思维的英国人而言，tongue 最凸显，它与言语行为的关系更为直接、精确。所以，言辞器官形成转喻时，汉语更多地依赖"嘴"和"口"，而英语更青睐 tongue，许多"嘴"和"口"参与的转喻，到了英语便由 tongue 取而代之，其结果是汉语"舌"构成的转喻远逊于 tongue。

第五章 "舌"与 tongue 作为动作对象形成的言辞行为转喻

本章的主题为《红楼梦》汉英文本中"舌"作为动作对象构成的言辞行为转隐喻。汉英在转喻数量及种类上大致相同，汉英差异主要在于：①在绝大多数情况下，两种文本转喻不对应，要么汉语使用转喻时英语非转喻，要么相反；②就主要转喻（出现频率最多的前3种）而言，两者在语言表征、及物性和评价倾向诸方面的差异都很大。英语转喻的及物性强于汉语，多涉及剧烈、有力的动作，汉语转喻多以隐喻"**言说即吃**"为概念基础；英语转喻无明显褒贬色彩，而汉语转喻的负面含义明显。

一、引言

"舌"是主要的言语器官，其重要性不亚于"嘴"。在许多语言中，如法语、葡萄牙语、西班牙语、波斯语、拉丁语等，"舌"也有语言的意思。事实上，英语的 language 源于拉丁语 lingua，意为舌；"母语"即是 mother tongue。与之类似，汉语中也有"三寸舌"之说。

《说文解字》曰："舌，在口所以言也，别味也。"即"舌"有两个基本功能，就是发声言说和品尝食物（如"舌尖上的中国"）。舌头形状的不停变化，使气流以不同的方式作用于发声部位而发出各式各样的声音，这就产生了语言。"言"这一功能在语言中的表达比"别味"要丰富。古代的翻译官叫"舌人"，古时授课称为"舌耕"，言语之争是使用了"唇枪舌剑"的"舌战"。说出的话无法收回叫"驷不及舌"。"舌头"可以谋生、干禄、升官，可以毁人、伤人、杀人。一个有力的例证是，口佞如张仪者，被楚人"掠笞数百"之后，还开玩笑地问其妻说："看看我的舌头还在不在？"对张仪来说，只要"舌"在，一切都在。（参阅李计伟，2014）

我们将从两个方面对比汉英文本中"舌"这一言语器官构成的转喻模式：其特质与其作为动作目标所构成的转喻。

就频率而言，与"嘴（口）"不同，与"牙齿"类似，"舌"的英语频率高于汉语。

二、总体比较

以动作目标为源始域形成转喻时，总体而言，"舌"与tongue在频次上无明显区别，两者相当，汉语19次，英语24次。两者转喻表征种类也很接近：汉语12种，英语10种。这与另一器官"嘴"的情形大不相同。但是，频次及表征种类的类似并非意味着两种文本的这种转喻完全对应。下面我们分别从对应情况、最主要的三种表征方面进行讨论。

三、对应情况

所谓对应，即两种文本的转喻在语义、概念结构等方面的一致性。我们主要考察3种情形：①基本对应，即转喻的两个构件——动作和器官都一致；②部分对应，即动作和器官中只有一个一致；③非对应，即两个构件都不一致，这往往意味着一种文本有转喻，另一个没有，用字面或非修辞性（non-figurative）的方式表达。

通过检索，我们共发现汉英基本对应的只有2例，部分对应的有4例（器官对应和动作对应各2例），绝大部分（31例）属于非对应范畴。其中，汉语转喻、英语非转喻的有18例，英语转喻、汉语非转喻的有13例。具体统计见表2-8。

表2-8 "舌"和tongue的汉英文本转喻对应状况统计

（单位：项）

基本对应	部分对应		非对应	
	英有汉无	器官对应	动作对应	汉有英无
2	2	2	18	13

（一）基本对应

转喻两个构件都基本对应的只有2例。小说第82回，雪雁将林黛玉吐血的事告诉了翠缕和翠墨，两人都被吓到了：

（1）雪雁将方才的事一一告诉他二人。二人都**吐舌头儿**，说："这可不是玩的。"

Snowgoose told them all that had happened, and they shot out their tongues in horror. 'But that's serious!'

汉语中的"吐舌头儿"与英语的 shot out their tongues 一致，动作和器官都基本对应，但不完全对应，因为动作"吐"和 shot out 还是有区别的，后者速率更快，及物性更强一些。还有一例在 30 回，宝玉在荣府花园偶见一女子疑似葬花，刚要阻止她不要"东施效颦"了，却发现她并非丫鬟，而是学戏女子，遂没有说话：

（2）宝玉**把舌头一伸**，将口掩住。
He stuck out his tongue in a grimace and clapped a hand to his mouth.

两种文本都使用了相似的转喻。其中，"**把舌头一伸**"与 stuck out his tongue 中的器官和动作基本一致。

（二）部分对应

部分对应即转喻中的两个元素只有一个一致，要么器官对应，要么动作对应。先看第一种情况。

1．器官对应

两个文本中的转喻都使用了同一器官舌，但动作不同。如第 63 回，贾蓉信口开河，遭到二姐训斥：

（3）二姐便悄悄咬牙骂道："很会**嚼舌根**的猴儿崽子！留下我们，给你爹做妈不成？"

'Glib-tongued little ape!' she said. 'We're to be kept around here as second strings for your father, I suppose?'

转喻"嚼舌根的"与 glib-tongued 只有器官对应。汉语中"嚼"是动词，而英语中 glib 为形容词，意为"不诚实的、油腔滑调的"。两者都有强烈贬义。再看一例。第 104 回，朝内有旨传唤贾政，他以为要问罪，结果是虚惊一场，归来时感叹不已：

（4）贾政**吐舌**道："吓死人，吓死人！"
'Frightened the life out of me！' gasped Jia Zheng, his tongue **popping out of his mouth**.

其中表示言说方式的转喻"吐舌"与 tongue popping out of his mouth 器官相同，动作也类似，但语法结构及语义蕴含不同。汉语中"舌"为"吐"的直接宾语，是动作的直接目标，"吐舌"动作是贾政主动做出的；而英语中 tongue 为 popping out 这一动作的逻辑主语，是动作的发出者，这一动作是无意识的、不受主人支配的。

2. 动作对应

两种文本中的有些转喻，只有一种使用了器官"舌"，但动作基本一致。如第30回，宝钗和黛玉为宝玉暗中斗嘴，被王熙凤打趣暗讽，宝钗尴尬之下还想辩解，最终作罢：

（5）宝钗再欲说话，见宝玉十分羞愧，形景改变，也就不好再说，只得一笑**收住**。
Bao-chai was about to add something, but seeing the abject look on Bao-yu's face, she laughed and **held her tongue**.

汉语表示言语行为的转喻"收住"没有涉及器官，只是一个物理性动作，英语则使用了本部分讨论的其最频繁的转喻表征 held her tongue。汉语动词"收"与英语 hold 在语义、及物性方面基本一致。第101回，看到宝玉痴痴地看宝钗梳头，王熙凤笑话他："成日家一块子在屋里，还看不够吗？也不怕丫头们笑话。"

（6）凤姐说着，"哧"的一笑，又瞅着他**咂嘴儿**。
Xi-feng giggled and eyed Bao-yu, **clicking her tongue** in mock-disapproval.

表示言语方式的转喻，汉语是"咂嘴儿"，英语为 clicking her tongue。两者器官不同，汉语用了笼统的言语器官"嘴"，英语则用了更具体的 tongue。但两者动词类似，"咂"与 click 都有短促、轻微的特点，而且都有拟声含义。

（三）非对应

上面讨论的是汉英文本转喻基本一致的状况，或两个转喻元素都对应，或其中之一对应。而实际上，整体而言，基本对应和部分对应只是少数，绝大多数是不对应的。不对应有两种可能：一种是汉语使用了转喻而英语没有；另一种反过来，汉语没有转喻而英语有。先看第一种非对应。

1. 汉有英无

在汇集汉英文本转喻对应信息的表 2–8 中，数目最多的是"汉有英无"的非对应情形，共有 18 次。这意味着大多数情况下汉语使用了转喻，英语没有，因此，汉语转喻多于英语。如第 34 回，薛蟠在贾政面前奏了宝玉一本，招致后者挨了一顿暴打。所以，宝钗和母亲都在埋怨他"犯舌"：

(7) 薛蟠本是个心直口快的人，见不得这样藏头露尾的事；又是宝钗劝他别再胡逛去；他母亲又说他犯舌，宝玉之打，是他治的：早已急得乱跳，赌神发誓的分辨。

Xue Pan, for all his faults, was a forthright, outspoken sort of fellow, unused to such ostrich-like avoidance of the issue. Bao-chai's strictures about 'fooling around' and his mother's insistence that he had brought about Bao-yu's beating by means of a **deliberate indiscretion** had exasperated him beyond endurance.

汉语出现了本部分关注的典型的言辞行为转喻"犯舌"，含有强烈贬义。英语则使用字面性表达：deliberate indiscretion，意为"有意的、轻率的言行"，既无器官，也无动词，与汉语转喻完全不对应，而且也没有汉语转喻那么强烈的贬义。再如，第 63 回，贾蓉和丫头嬉戏胡闹，丫头不大情愿，警告他：

(8) 知道的说是玩，不知道的人，再遇见那样脏心烂肺的、爱多管闲事嚼舌头的人，吵嚷到那府里，背地嚼舌，说咱们这边混帐。

An understanding person would realize that this was only fun, but what about someone who didn't know? There are plenty of dirty-minded, **gossiping** busy bodies who would be only too pleased to go tattling about this sort of thing to the other mansion, and before you know where you are the gossips there will be passing round the most terrible stories about us.

汉语出现了两个类似的转喻:"嚼舌头"及"嚼舌"。第一个英语以表示字面意义的 gossiping 应对,第二个英语文本则干脆没有相应的表达。

2. 英有汉无

英语文本使用转喻而汉语原文使用非转喻表达的例子也不少(13 例)。第 7 回,焦大酒后骂街,揭了不少贾府隐私。宝玉不解其言"爬灰(扒灰)"之意,问之于王熙凤,后者没好气:

(9) 凤姐连忙喝道:"**少胡说**!那是醉汉嘴里胡嗳,你是什么样的人,不说没听见,还倒细问!

'Hold your tongue!' Xi-feng snapped back at him, livid. 'It's bad enough for a person in your position to even listen to such drunken filth, but to go asking questions about it, really!'

汉语使用了直白说法"少胡说",英语则为其最频繁的转喻 hold your tongue。还有第 95 回,贾政说起宝玉,打小就不让他们省心:

(10) 才养他的时候,满街的谣言,隔了十几年略好了些。

When he was a child he was the talk of the neighbourhood. It has taken us these last ten years or more to **stop their tongues**.

英语用了转喻 stop their tongues,汉语几乎没有对应表达。"满街的谣言,隔了十几年略好了些"这一句子中也没有言辞行为转喻的影子。

四、最主要的三种转喻表征的对比

就最频繁的转喻表征而言,英汉两种文本差异明显。汉语排第一位是"嚼舌(头/根),计有 10 次之多;其次是"学舌""咬舌""犯舌"和"吐舌",均有 2 次。英语最多的是 to hold one's tongue(7 次);其次,to have one's tongue cut out(4 次);再其次,to find one's tongue 以及 to stick out one's tongue 都出现了 3 次。参见表 2-9。

表2-9 汉英最主要的三种转喻表征比较

汉语			英语		
表征	频次	百分比	表征	频次	百分比
嚼舌	10	71	to hold one's tongue	7	50
学舌 犯舌	2	14.5	to have one's tongue cut out	4	29
咬舌 吐舌	2	14.5	to find one's tongue to stick out one's tongue	3	21

显然,在语义层面,"嚼舌"与 to hold one's tongue 截然不同,"学舌""犯舌""咬舌"或"吐舌"也不同于 to have one's tongue cut out, to find one's tongue 以及 to stick out one's tongue。这种差异也意味着两种文本在这类转喻上完全对应的比率不高。

(一) 及物性比较

两种文本的区别在于:就动词所表示的及物性而言,英语及物性更强、动作更剧烈。英语有 stop, cut out, stick out 等主动为之的、短促的、快速有力的动词,hold 的力度及强度稍逊,但主动性强、时间跨度也大。相对而言,汉语的及物性比较弱。"嚼""咬""吐"的力度及强度都不及 cut out, stick out 和 stop。"犯舌""学舌"的及物性更弱。这种情形与器官"嘴"的汉英对比刚好相反。

还有一个区别:汉语动词大多只限于用口腔器官动作来表示"吃"这一与食物相关的过程或特点,以隐喻**言语即食物**(SPEECH AS FOOD)、**言语行为即吃**(VERBAL ACTION AS EATING)等为概念基础;而英语大部分动词为物理行为动词,其概念基础为**言语行为即物理行为**(VERBAL ACTION AS PHYSICAL ACTION)。这显示了"吃"的概念在汉语中的突出地位。Deignan (2003:257) 认为,文化与隐喻性表达有间接联系,其根源在于:不同文化对于源始域特征的认知不同,源始域在不同文化中的凸显程度不一。"吃"在汉语中比在英语中更加突显,所以中国人更喜欢拿"吃"说事。

(二) 评价倾向

就转喻包含的主观态度而言,英语里中性居多,大多无明显褒贬倾向。to have one's tongue cut out 具有一定的负面意义,其余都比较中性,无褒贬倾向。而汉语转喻，除了"吐舌、伸舌"表示非褒非贬的中性看法之外，绝大部分［学舌、咬舌、犯舌、嚼舌（头/根）、绕舌、饶舌、说舌、告舌、费些唇舌、传这些舌等］都含有明显的负面评价意义，特别是"嚼舌（头/根）、绕舌、饶舌、说舌"等，厌弃之感昭然。

五、结语

我们比较了双语《红楼梦》中汉英文本"舌"作为动作对象构成的言辞行为转隐喻，发现尽管汉英在转喻数量及种类上大致相同，但两者差异依然明显。首先，在绝大多数情况下，两种文本转喻不对应，要么汉语使用转喻时英语非转喻，要么相反，这意味着两个文本同时出现转喻的情况极少，出现同一转喻情形的更少；其次，两者的主要转喻（前3种）的语言表征不同，其及物性和评价倾向诸方面也有差异。英语转喻的及物性强于汉语，多涉及剧烈、有力的动作，汉语转喻则多以隐喻"**言说即吃**"为概念基础；英语转喻无明显褒贬色彩，而汉语转喻负面含义明显。

第六章 "牙（齿）"与 tooth 构成的言辞行为转喻

本章比较汉英文本中言语器官"牙（齿）"构成的言辞行为转隐喻。通过检索识别，我们发现，总体而言，汉英两个文本中这一器官构成的转喻种类较多，但频数不大，两个文本频数相当，无差别。而且，汉英文本多集中于器官作为动词宾语形成的转隐喻，器官特质在意义转移时作用反而不明显。两个文本的差异主要在于，汉语的器官特质比英语活跃，汉语转隐喻的负面意义比英语明显。更重要的是，频次的大致相等并不意味着两个文本在具体文本位置转喻的对应。在牙齿特质构成转喻时，两个文本的转喻几乎都不对应，都是汉语使用了转喻而英语没有。整体而言，两个文本转喻"基本对应"和"部分对应"较少，"不对应"占绝大多数，其中，"汉有英无"多于"英有汉无"。这意味着在大多数情况下，汉语使用转喻时，英语使用了非转喻。

一、引　言

"牙（齿）"也是一个相对重要的言语器官，其器官特质和器官作为动作对象都可是言辞行为转隐喻的源始域。我们的比较从两个方面进行。首先，进行整体转喻频数比较。而后，通过文本细读，考察两个文本具体的转隐喻对应情况。

二、总体比较

通过检索及识别，在《红楼梦》中文版中，器官牙齿表示言语行为的转喻有"咬（定/着）牙、咬牙切齿、呲牙、磨牙、闲磕牙、斗牙、斗齿、赌口齿、启齿、切齿"，以及"伶牙俐齿、牙痒痒、牙碜"等。英语译本中涉及 teeth 的主要有 to grind one's teeth, to clench one's teeth, to gnashing one's teeth, to set one's teeth on edge, to lie in their teeth, to grit one's teeth, by the skin of one's teeth, to kick sb. in the teeth, 以及唯一表示器官特质的 teeth like pomegranate pips，等等。

就转喻频次而言，汉语 24 次，英语 26 次，两者相当。器官特质汉语多于英语（5∶1），器官作为动作目标时，汉语有 19 次转喻，大致有 9 种语言表征，英语有 18 次转喻，约有 10 种语言表征，两者基本类似。但英语有其他包含 tooth 的短语构成的转喻，如介词宾语（lie in their teeth），名词短语（fought back tooth and nail），汉语没有。相对于"咬牙切齿"，英语表达似乎更多样，如 grind/grit/clench/gnash one's teeth，等等。整体状况见表 2 – 10。

表 2 – 10 汉英文本涉及"牙"或 tooth/teeth 的转喻总体数据比较

（单位：项）

文本	总数	特质	动作对象	对象种类	短语
汉语	24	5	19	9	0
英语	26	1	18	10	5

就出现频率最多的前三种转喻表征而言，两个文本区别不大。汉语最频繁的转喻为：咬牙（8 次）、切齿（3 次）及磨牙（3 次）。英语为：grind one's teeth（4 次），clench one's teeth（4 次）以及 gnashing one's teeth（2 次）。英语表达都对应汉语的"咬牙"与"切齿"，就语义和及物性而言，区别不大；但评价倾向略有不同，汉语转喻"咬牙切齿""磨牙"等的负面意义较英语明显。这是两个文本即两个独立语料库的总体数据比较。下面依据平行语料库考察两个文本转喻的对应情况。

三、对应情况

所谓对应，指汉英两种文本中转喻是否一致。主要有 3 种情形：①基本对应，指两种文本中都是转喻，而且转喻的两个元素（器官和器官特质或动作）都一样；②部分对应，两个文本中都是转喻，但只有一个元素相同，另一个不同；③不对应，两个文本只有一个有转喻，另一个无转喻。根据器官在转喻源始域中不同的概念结构，我们分两部分进行讨论：器官特质及器官作为动作对象构成的转喻。先看第一种情况。

（一）器官特质形成的转喻

在器官特质形成转喻时，汉英两种文本基本没有对应过，或者不对应，或者只是部分对应。先看前者。

1. 不对应

我们发现，汉语以牙齿的特质形成转喻时，英语没有对应。要么对之以字面表达，要么以器官动作对应。

小说第 120 回，讲到袭人，是这样描述的：

（1）袭人本来老实，不是**伶牙俐齿**的人。
Aroma was at heart a simple girl and not much of a talker.

汉语用了两个并列的、同一器官特质构成的转喻复合体"**伶牙俐齿**"，以言语器官特质激活言语能力或言语特点：能说会道、善于言辞。英语译文没有使用转喻，而是使用了 talker 这一极为中庸/普通的表达。

2. 部分对应

所谓部分对应，指汉英器官一样，都出现了"牙齿"一词，但汉语表示特质的形容词在英语表达中缺失。如第 46 回，贾赦欲纳鸳鸯为妾，后者不肯，私下对平儿说："别说大老爷要我做小老婆，就是太太这会子死了，他三媒六证的娶我去做大老婆，我也不能去！"碰巧被袭人听到，遂插言道：

（2）好个没脸的丫头，亏你不怕**牙碜**！
What's this shameless boasting I hear? It's enough to set one's teeth on edge!

此处"**牙碜**"并非单纯描写"牙"的感觉或特点，而是与言语行为有关：由于说了前面"没脸的话"而感到羞愧。这是以器官特点、器官感觉激活心理或情感特点。英语也有转喻：set one's teeth on edge（让牙齿不舒服，让人愤怒），不过语言结构与概念构成不同。这是一个动词短语，器官充当动作目标。

又比如，第 24 回，有一段描述小红的文字：

（3）这小红虽然是个不谙事体的丫头，因他原有几分容貌，心内便想向上攀高，每每要在宝玉面前现弄现弄。只是宝玉身边一干人都是**伶牙俐爪**的，那里插的下手去？
Unfortunately the little group of body-servants who had accompanied

him into the garden guarded their privileges with tooth and claw and were careful to allow no toehold to an ambitious outsider.

汉语以器官特色"伶牙"激活"能言善辩"的言辞能力，英语则笼统地以器官本身描述言辞行为（guarded their privileges with tooth），两者语义不尽相同。

（二）器官作为动作对象构成的转喻

这类转喻在汉英两种文本中数量都比较多（19：11）。大致有 3 种对应情况：①基本对应，即两个文本中转喻的两个基本元素——器官与动作都一致；②部分对应，两个文本只有一个元素对应，另一个不一致；③非对应，汉英文本两个元素都不一致，往往一个含有转喻，另一个没有转喻。

1. 基本对应

汉英两种文本转喻对应的例子比较多，达到 7 例。如小说第 21 回，平儿在王熙凤面前隐瞒了贾琏偷腥的证据（枕套中的头发）。事后，贾琏趁平儿不备，一把夺走了证据，引得平儿生气了：

（4）平儿**咬牙**道："没良心的，'过了河儿就拆桥。'"
Patience clenched her teeth in anger.'You're *mean*! Burn the bridge when you're safely over the river。'

汉语的"咬牙"与英语的 clenched her teeth 在语义、概念结构、及物性和评价倾向诸方面都基本对等。又如，第 103 回，金桂阴差阳错服毒身亡，宝蟾道出了一些不利于金桂家的线索，引得其母慌了手脚：

（5）金桂的母亲恨的**咬牙切齿**的骂宝蟾，说："我待你不错呀……"
Jin-gui's mother cursed Moonbeam again, and gnashing her teeth said bitterly:'Haven't I treated you well?'

"咬牙切齿"与 gnashing her teeth 也基本对应，甚至都是状语，都是述说言辞行为的方式。但不同也很明显。"咬牙切齿"属两个并列转喻（"咬牙"与"切齿"）的复合体，gnashing her teeth 则不可拆分。

2. 部分对应

部分对应的例子很少，只有 3 个。第 48 回，几个年轻人在潇湘馆谈诗

作诗。探春笑言要邀香菱加入诗社,后者说她不过觉得好玩而已。探春、黛玉两人怂恿她说,大家都在玩:

(6) 要说我们真成了诗,出了这园子,把人的**牙还笑掉**了呢。
People outside this Garden who got to hear of it would laugh so loud that their **teeth would drop out**!

汉语"把"字句中的转喻"把人的**牙还笑掉**了呢",表示特殊的言辞行为——讥笑、耻笑的后果。汉语有被动意味。英语也有器官牙齿参与,不过句中 teeth 不是动作目标,而是动作发出者,具有主动意义。

还有一种情况:汉英两种文本都出现了言语器官构成的转喻,且两者语义相近,但器官不同,其功能也不同。第 20 回,宝玉给麝月篦头,被晴雯打趣:"哦!交杯盏儿还没吃,就上了头了!"宝玉以为晴雯离开了,对麝月说"他**磨牙**",没想到"他"又现身了:

(7) 宝玉笑着道:"满屋里就只是他**磨牙**。"……晴雯又跑进来问道:"我怎么**磨牙**了?咱们倒得说说!"
'Of all the girls in this room she has the **sharpest tongue**,' said Bao-yu. 'Oh! **Sharp-tongued**, am I? Perhaps you'd like to say a bit more on that subject?'

英语以 sharp tongue 应对汉语"**磨牙**",两者都是言辞行为转喻。但显然,汉语器官"牙齿"在源始域中是动作对象,而英语以另一个器官 tongue 的特质为源始域。还有,"**磨牙**"与 sharp tongue 在语义上也不完全对等。前者指"多费口舌,无意义地争辩"(《现代汉语词典》,962),"爱胡搅蛮缠",颇有贬义。后者指"言辞犀利",无贬义,甚至有褒义。

另一个情形是,汉英都有转喻,但英语没有涉及言辞器官。第 80 回,迎春受了丈夫的气,回到贾府,说了一些"丧话",王夫人好言开导她:

8) 王夫人忙劝道:"年轻的夫妻们,**斗牙斗齿**,也是泛泛人的常事,何必说这些丧话?"
Said Lady Wang, 'A little jangling between newly married couples is the commonest thing in the world. There is no cause at all to be so tragic about it.'

汉语 "斗牙斗齿" 是典型的转喻复合体，由两个概念结构相同的转喻组合而成。英语的 a little jangling 原意为金属相碰产生的刺耳声，这里以声喻事，以不悦之声喻指吵闹之事。

3. 不对应

汉英两个文本不对应的例子最多。其中，汉语使用了转喻而英语没有的情况有 18 次之多，英语出现转喻而汉语无转喻的有 5 例。

（1）汉有英无

第 57 回，薛姨妈托王熙凤撮合邢岫烟与薛蝌，熙凤乘贾母来看她时顺势提出：

(9) "姑妈有一件事要求老祖宗，只是不好**启齿**。" 贾母忙问何事，凤姐儿便将求亲一事说了。贾母笑道："这有什么不好**启齿**的，这是极好的好事。"

'There's something my Aunt Xue wants you to do for her, Grannie, but she's a little bit shy of asking.' 'Oh? What's that?' said Grandmother Jia. She laughed when Xi-feng explained. 'Good gracious, that's nothing to be shy about!

汉语有转喻"**启齿**"，按照"事态场景"（State of Affairs）（Panther & Thornberg, 1999），属于**潜势激活现实**（POTENTIALITY FOR ACTUALITY）或**事态前提突显事态核心**（THE BEFORE FOR THE CORE）。英语只是用了一般性的字面表达 asking。第二个例证发生在小说第 6 回，周瑞家的向刘姥姥介绍王熙凤时说，"如今出挑的美人儿似的，少说着只怕有一万心眼子"。

(10) 再要**赌口齿**，十个会说的男人也说不过他呢。

But sharp! Well, if it ever comes to a **slanging match**, she can talk down ten grown men any day of the week!

汉语"**赌口齿**"为典型的器官作为动作对象构成的转喻，意思是"比言辞能力"。英语没有使用转喻，也无言语器官，而是以字面性名词词组 slanging match 应之。两者语义基本一致，但概念结构和语法结构不同。

（2）英有汉无

英语使用转喻而汉语使用字面表达的例子相对较少。小说第 5 回，在宝玉梦中，警幻对他言："自古来多少轻薄浪子，皆以'好色不淫'为解，又以'情而不淫'作案。"接着告诫道：

(11) 此皆饰非掩丑之语耳。好色即淫。
They lie **in their teeth**! To be moved by woman's beauty is itself a kind of lust.

英语有转喻 lie in their teeth，汉语没有涉及"牙齿"的转喻，"饰非掩丑之语"也不是动词短语。

下面的例子与言辞行为有一定的关系。小说第 8 回，在薛姨妈家吃酒时，黛玉因为要不要给宝玉"助酒"，说了一通绵里藏针的妙语，引得宝钗赶紧打圆场：

(12) 真真的这个颦丫头一张嘴，叫人**恨又不是**，喜欢又不是。
Really, Miss Frowner, the things you say! One doesn't know whether to **grind one's teeth** or laugh!

英语有转喻 to grind one's teeth，汉语没有修辞学（figurative）语言，而是直接说"恨"。英语中 to grind one's teeth 不是单纯描述器官动作，而是表示言辞行为的方式，即和以往一样，to grind one's teeth saying。汉语与之相对的"**恨**"可被视为单纯地表示情感。

讨论两种文本转喻的对应，我们从两个维度考察：一个是原始域中的概念结构，一个是对应程度。表 2-11 归纳了本部分讨论的内容。

表 2-11 汉英文本中有关"牙齿"与 tooth/teeth 的转喻对应情况

（单位：次）

概念	基本对应	部分对应	不对应	汉有英无	英有汉无
特质	0	4	4	4	0
动作	7	3	16	11	5
合计	7	7	20	15	5

横向而言，牙齿特质作为源始域时，"基本对应"项空缺，"部分对应"及"不对应"各有 4 次，后者都是汉语转喻而英语无转喻。牙齿作为动作目标时，"基本对应"较多（7 次），"部分对应"最少（3 次），"不对应"

最多，达到 16 次，其中，汉语转喻而英语非转喻占绝大多数（11 次）。纵向来看，"基本对应"和"部分对应"频次一样（7 次），"不对应"最多（20 次），而且大于前两者之和。此项中"汉有英无"据主流。整体而言，两个文本转喻"基本对应"和"部分对应"较少，但"不对应"占绝大多数，其中，"汉有英无"多于"英有汉无"。

四、结语

我们考察了《红楼梦》汉英文本中言语器官"牙齿"构成的言词行为转喻，发现两个文本中的转喻频次和转喻种类大致相当，就频次出现最多的前三种转喻表征而言，两个文本基本对应，区别不大，但汉语的负面意义比英语明显。频次的大致相等并非意味着两个文本在具体文本位置转喻的对应。在牙齿特质构成转喻时，两个文本的转喻几乎都不对应，都是汉语使用了转喻而英语没有。整体而言，两个文本转喻"基本对应"和"部分对应"较少，"不对应"占绝大多数，其中，"汉有英无"多于"英有汉无"。这意味着在大多数情况下，汉语使用转喻时，英语使用了非转喻。

第七章 "唇"与 lip 构成的言辞行为转喻

与上一章讨论的器官"牙（齿）"一样，器官"唇"在汉英两种文本中的转隐喻能力都有限，所以，我们将这一器官的考察放在一章内完成。换言之，本章涵盖了器官特质和器官作为宾语构成转隐喻两种情况。我们的研究表明，与之前讨论的器官都不同，英语的 lip 比汉语活跃得多，其转隐喻数倍于汉语。所以，对应情况必然是，"英有汉无"的例证极多，而"汉有英无"的例证极少。

一、引言

通过检索与甄别，我们发现，与其他器官截然不同，器官"唇"构成的言词行为转喻，英语数倍于汉语（29∶4）。其中，该器官的特质构成的转喻，汉语只有 2 例，英语有 3 例，器官动作构成的转喻，英语有 13 例，汉语只有 3 例。

就转喻表征类型而言，器官特质为源始域时，英语有 imperial lips，tight-lipped，rosy lips，汉语有**御口**、**丹唇**。器官动作作为源始域时，汉语有 3 种：**动唇舌**、**费些唇舌**、**唇未启**。前 2 个"唇"为动作目标，且都与"舌"连用，第 3 个不同，器官"唇"为动作发出者。英语中 lips 与动作相关时，情形较为复杂。器官作为动作目标的有：to purse one's lips (up) (3), to close one's lips, (a word) pass one's lips；器官作为动作发出者形成的转喻：lips pucker up；器官在被动语态中：lips were parted。引人瞩目的是，还有数量惊人的转喻来自器官为介词宾语的结构中，其中大部分有动词参与：(a word/cry/laughter) burst from one's lips (3), to hear sth. from the lips of sb., (a praise) escape from one's lips, to hear from one's lips (2), (the words) came to one's lips, to make an urgent movement with one's lips (3), retort was already on one's lips, to signal to sb. with one's lips, to hear sth. from one's lips, 等等。此外，还有不含动词的介词短语：phrases on one's lips。在所有转喻表征中，lips 都以复数形式出现，

无一例外。上述情况归纳如表 2-12。

表 2-12 唇与 lips 转喻对比

（单位：项）

转喻表征类型	英语（lips）	汉语（"唇"）
特质	3	2
动作	13	4
介词短语	13	0
总计	29	6

二、基本对应

第 29 回，荣国府全家赴清虚观上香做法事，贾珍在门口碰到了张道士，忙请他入内，不敢怠慢，只因：

（1）曾经先皇**御口**亲呼为"大幻仙人"。

A former Emperor had with his own **Imperial lips** conferred on him the title 'Doctor Mysticus'.

恰因为"御口亲呼"，张道士才有如此礼遇。"御口"就不是单纯的器官特质，而是喻指言语特质：威然可信。同样的器官，同样的特质，"**御口**"与 Imperial lips 在语义、概念结构等方面都基本一致。此种情况，只此一例。

第 80 回，金桂与香菱闲聊，前者问起后者的名字是谁起的，回答是"姑娘起的"。金桂说这名字不通。香菱说不可能："说起来，他的学问，连咱们姨老爷常时还夸的呢。"但金桂还是不买账：

（2）话说金桂听了，将脖项一扭，**嘴唇一撇**，鼻孔里哧哧两声，冷笑道……

Jin-gui reacted to Caltrop's defense of Bao-chai's intelligence with a toss of the head, a scornful **curl of the lips**, and a couple of loud contemptuous sniffs.

汉英两个文本的转喻"嘴唇一撇"和 with…curl of the lips 都表示言辞行为的方式。两者都涉及了同一器官"唇"/lips，器官动作（一撇/curl）也类似。不同的是，汉语转喻是主谓结构，器官为动作发出者，而英语的转喻处于介词结构中。

三、部分对应

小说第 3 回，林黛玉初到贾府，她眼中的王熙凤是这样的：

（3）**丹唇未启**笑先闻。
…the ever-bubbling laughter started almost before the **lips** were parted.

器官动作造成的转喻"唇（未）启"突显"开始说话（之前）"这一言语行为。汉语"唇"为动作发出者，只不过用了否定式。英语转喻 lips were parted，器官相同，但句式为被动式、肯定句。此外，"启"与 part 也不同，前者意为"打开"，往往有垂直方向移动之意，后者为"分开"，不一定涉及上下方向的运动。所以，汉英两个文本的这一转喻只是部分对应。

第 74 回，因丢了一件要紧东西，奉王夫人之命，王善保媳妇等人来查丫头们的箱子，查到晴雯时，她自己有意"啷一声将箱子掀开，两手提着底子往地下一倒，将所有之物尽都倒出来"，并说了一些"**锋利尖酸**"的话。面对晴雯如此激烈的反应：

（4）王善保家的只得**咬咬牙**，且忍了这口气。
Though inwardly fuming, Wang Shan-bao's wife was obliged to contain herself and spent the next minute or two rummaging **tight-lipped** among Skybright's possessions.

英语中有转喻 tight-lipped，以器官状态 tight-lipped 激活沉默这一特殊的言语行为。①汉语中"咬咬牙，且忍了这口气"也是沉默的转喻表达。两

---

① 沉默是一种独特的交际方式。（司建国，2016）沉默本身就是一种"言说方式"。（Braithwaite, 1990）。沉默和语言相互依存，共同实现了人类的交往。沉默不是对语言的否定和信息的缺损，它在言语交互中也具有交际功能，也可被当作一种交际资源来利用。（Herman, 1995）

者的不同在于，英语以器官 lip 的特质为源始域，汉语以器官"牙"的动作为出发点，器官与概念结构都不对应。而且，汉语还表达了愤懑、委屈等情绪。

还有一种情形，汉英两个文本都有转喻，但使用了不同的转喻。请看小说第 33 回的标题：

(5) 手足眈眈**小动唇舌**　不肖种种大承笞挞
An envious younger brother puts in a malicious word or two
And a scapegrace elder brother receives a terrible chastisement

汉语"**动唇舌**"突显了言语行为"开始说话"，涉及的两个器官"**唇舌**"皆为动作对象。汉语对应的 puts in a …word or two 虽无器官参与，但也是转喻，以非言语动作激活言辞行为，而且还有两个密切相关的隐喻基础：**言语即物体**（WORDS AS OBJECTS）、**言辞行为即物理行为**（SPEECH ACTION AS PHYSICAL ACTION）。

第 35 回，太太打发人送来两碗菜给袭人，后者觉得蹊跷：

(6) 袭人道："从来没有的事，倒叫我不好意思的。"宝钗**抿嘴**一笑，说道："这就不好意思了？明儿还有比这个更叫你不好意思的呢！"
'But it never happened before,' said Aroma. 'I feel so embarrassed.' Bao-chai's lips puckered up mockingly. 'Embarrassed? Before very long, you're going to have much more than this to feel more embarrassed about!'

两个文本都有转喻，都由言辞器官构成，用来表示言语行为的方式。但不同也显而易见。器官不同，汉语是"嘴"，英语用 lips；动作不同，pucker 意为"起褶子"，lips puckered up 意为"皱起嘴唇"，"抿嘴"意为"嘴稍稍合拢"。（《现代汉语词典》，956）语法结构也不同，汉语的器官为动词对象，英语的器官为动作发出者。这一例证也说明了为何汉语中"嘴"构成的转喻远多于英语。

四、不对应

（一）英有汉无

第 78 回，贾政命宝玉、贾环、贾兰各作一首《姽婳词》，凭吊为朝廷牺牲的女中豪杰林四娘。宝玉诗中有：

(7) 叱咤时闻口舌香。
When the rosy lips framed their harsh commands he could smell the mouth's sweet breath.

英语有转喻 rosy lips，以器官特质 rosy 突显女子言辞（行为）的温婉。同时，rosy lips 也是隐喻性表征，以概念隐喻 LIPS LOOK LIKE ROSES 为基础。所以，它实际上是转隐喻复合体。汉语中不存在类似转喻。

第 29 回，宝玉来探视生病的黛玉，由于张道士前一日给宝玉提亲之事，两人话不投机。听到黛玉说，"你只管听你的戏去罢，在家里做什么？"宝玉颇感委屈：

(8) 只是黛玉说了这话，倒又比往日别人说这话不同，由不得立刻沉下脸来。
Coming from other lips, her words would scarcely have touched him. Coming from hers, they put him in a passion. His face darkened.

英语有反复使用的转喻（words）coming from one's lips，激活了言辞行为，表示"某人说了……话"。这个转喻中，器官 lips 处于介词结构之中，充当介词宾语。这种形式在 lips 形成的转喻中为数不少。介词往往意味着空间概念的介入。该转喻有两个概念隐喻基础：**嘴即容器**（MOUTH AS CONTAINER）和**言辞即移动的物体**（WORDS AS MOVEABLE OBJECTS）。所以，这一表达实际上是转隐喻复合体。汉语没有转喻，只是字面性表达"说这话"。

第 30 回，宝玉问宝钗为何不去看戏，后者回答"怕热"。宝玉听说，自己由不得脸上没意思，只得又搭讪笑道："怪不得他们拿姐姐比杨妃，原也富态些。"宝钗听说，登时红了脸：

(9) 待要发作，又不好怎么样。
An angry retort was **on her lips**, but she could hardly make it in front of company.

英语中有转喻 retort was **on her lips**，器官词 lips 处于介词结构中。汉语为非转喻性表达"待要发作"。

（二）汉有英无

当然，汉语使用转喻时也有英语以非转喻对应的情况，不过，相对于其他器官，这种例子明显不多。小说第 99 回，宝玉病愈，"顺性胡闹，亏宝钗劝着，略觉收敛些"，这使得袭人省了不少事：

(10) 袭人倒可少**费些唇舌**，惟知悉心伏侍。
While as time went by Aroma **rebuked him less and less**, and confined herself instead to ministering to his practical needs.

汉英有典型的以器官为动作对象形成的转喻"**费些唇舌**"，以器官动作激活言辞行为，而且出现了两个并列的器官。英语以字面性的表达 rebuked 应之。

同样的器官动作，有时是言辞行为转喻，有时不是。比如第 6 回，第一次来到贾府的刘姥姥受到款待后：

(11) 刘姥姥已吃完了饭，拉了板儿过来，**舔唇咂嘴**的道谢。
Grannie Liu came back from the other room, having already finished eating, **smacking her lips**, sucking her teeth appreciatively, and voicing her thanks for the repast.

汉语"**舔唇咂嘴**的道谢"中的"**舔唇咂嘴**"，不光描写出刘姥姥饭后心满意足的神态，也显然是"道谢"这一言辞行为的方式。所以，属于言辞行为转喻。而英语不然。尽管也有类似的器官动作 smacking her lips 以及 sucking her teeth，但这两个动作与 voicing her thanks，以及前面的 having already finished eating 同属于并列关系，即 smacking her lips 并非修饰 voicing her thanks，所以，它只是字面性意义，而非描述言辞行为。由此看来，转喻的甄别，不只取决于词汇，还与句子相关，与句法结构相关。

五、结语

器官"唇"构成的转喻,有不同于其他器官的两个显著特点:①英语远多于汉语。许多情况下,汉语以非转喻、以"嘴"来表示言辞行为时,英语以 lip 构成的转喻对应。所以,对于"唇"这一词,"英有汉无"的例证极多,而"汉有英无"的例证极少。②英语中有许多介词与器官 lips 结合构成的转喻,这在其他器官构成的转喻中很罕见。

第八章 汉英人体词构成的言辞行为转隐喻模式对比

在前面讨论的基础上，本章比较《红楼梦》汉英文本中所有言语器官形成的言辞行为转喻模式。初步的发现是，首先，无论是总的转喻频数，还是器官特质和器官作为动作对象分别构成的转喻频数，汉语都多于英语。其次，汉语中"嘴"构成的转喻占压倒性多数，英语中则"舌""牙"及"唇"形成的转喻最多。这都与汉语模糊、间接，重综合性思维，倾向于包含的范畴观，而英语清晰、直接，偏分析性思维，趋于分立的认知方式有关。

一、引语

基于体验哲学的认知语言学认为，人们是以身体感官与外部世界的接触来认知世界的。我们的范畴、概念、推理和心智并不是外部现实客观的、镜像的反映，而是由我们的身体经验所形成。身体、大脑与环境的互动，提供了日常推理的认知基础。概念是通过身体、大脑和对世界的体验而形成的，并只有通过它们才能被理解。（Lakoff & Johnson，1999）Sweetser (1990) 及 Goossens (1995) 证明，人体域（the domain of body parts）在概念的形成和理解（尤其是身体经验隐喻化）过程中起了关键作用。同样，语言也离不开身体。"语言源自与自然世界与社会互动的人类身体。"（Deignana & Potter, 2004: 1236）认知语言学的一个核心假设是大部分语言都有人体理据。（Brdar-Szabo & Brdar, 2012: 730）因此，描述人体器官的人体词（body part words）在认知语言学中具有特殊意义，是认知语言学关注的重要对象。

基于前面几章的考察，我们以主要的言语器官"嘴""舌""牙"及"唇"设为考察对象，其对应的汉英器官词分别为"嘴（口）/mouth""舌/tongue""牙（齿）/tooth"以及"唇/lip"，更加宏观地对比汉英言语器官形成的言辞行为转喻的总体模式，对比汉英言语器官词在言辞行为转喻中的意义拓展模式，并就发现给出思维和文化理据。

我们的讨论旨在揭示汉英文本在言辞行为转喻方面的差异。一般从两个密切相关的方面进行：频率（frequency）以及对应（equivalence）。前者以转喻的出现频数反映转喻整体格局，是语料库语言学的典型路径；后者探讨具体转喻或某类转喻两种文本是否对应，与翻译有紧密、天然联系。本章聚焦于前者。

二、发现与描述

我们拟从三个方面进行频率对比：器官特质形成的转喻、器官作为动作对象构成的言辞行为转喻，以及总体频数。

（一）器官特质形成的转喻

这里讨论两种情形：①转喻中所有不同言语器官特质的对比，这反映汉英两种文本器官特质的整体差异；②在此基础上，再进一步，同一器官（嘴/mouth）不同特质的对比，揭示两种文本特质的差异细节。先看第一种。

1. 不同言语器官特质的对比

基于概念转喻**器官特征激活言语（行为）特征**，汉英文本中含有大量由言语器官特质作为原始域构成的言辞行为转喻。《红楼梦》第35回，玉钏儿这样回劝试图让她高兴的宝玉：

（1）玉钏儿道："吃罢，吃罢！你不用和我**甜嘴蜜舌**的了，我都知道啊！"

其中的言辞行为转喻**甜嘴蜜舌**，显然不是说言语器官（嘴、舌）的味觉特征（甜、蜜），而是以器官特征突显了言辞（行为）的特点：（说）使人愉悦的话、讨好别人的话。

第54回，在一次贾府聚会上，王熙凤妙语连珠，惊倒众人，在场的说书人感叹道：

（2）'You've got the gift, Mrs Lian,' they said. 'It's what we call a "hard mouth". If you were to take up story-telling as a profession, we should be out of business！'

其中的 hard mouth 也非单纯描述王熙凤 mouth 的触觉特点 hard，而是用这个特点激活其言辞特点：能说会道，甚于职业说书人。

除了味觉和质地之外，能够激活言语行为的特质还有：数量（**七嘴八舌**，a hundred tongue）、速度（**嘴快**，quick tongue）、视觉（**轻嘴薄舌**，big mouth）、质地（**好钢口**，sharp tongue）、品性（**嘴笨**，clever / spiteful tongue）及状态（tight-lipped）①等。表 2–13 显示了汉英文本中言辞器官特质作为原始域形成的转喻模式。

表 2–13 言语器官特性构成的转喻对比

器官	汉语		英语	
	数量（次）	占比（%）	数量（次）	占比（%）
嘴/mouth	82	85.4	8	14.5
舌/tongue	8	8.3	43	78.2
牙/tooth（teeth）	5	5.2	1	1.8
唇/lips	1	1.1	3	5.5
合计	96	100	55	100

汉语中的转喻远多于英语（96∶55）。4 个器官里，汉语中"嘴"最为活跃（82 次），将近 90% 的转喻由它完成，而英语的 mouth 只有 8 次，只占英语文本转喻的 14.8%。两者差异显著。英语最突出的器官为 tongue，它所构成的转喻占近 80%，同时，远多于汉语的舌（43∶8），差距显著。此外，英语中 tooth 项只一例，其中没有类似汉语"**伶牙俐齿**"的表达。

2. 同一器官不同特质的对比

转喻中最为活跃的器官是"嘴"和 tongue，参与转喻的这一器官的特质有数量、速度、味觉、触觉、视觉、质地、品质及状态等，但这些特质在转喻形成过程中作用不一。其中最频繁的特质为数量、视觉及品性，这 3 个特性在两种文本中构成的转喻都超过了 10%，如表 2–14 所示。

---

① 除此之外，各种器官特质在汉英两种文本中形成的转喻数量也不相同，就具体器官而言，更是如此。

表 2-14　嘴/mouth 特质前 3 大种源始域比较

特质	汉语		英语	
	频数（次）	百分比（%）	频数（次）	百分比（%）
数量	15	23.5	1	11.1
视觉	9	14	5	55.6
品性	40	62.5	3	33.3
合计	64	100	9	100

引人注目的是，两个文本在特质"数量"上差异明显。汉语有 15 个，英语只有一个。汉语有"**多嘴多舌**"一类的表达，英语则没有。此外，汉语最频繁的特质是"品性"（如**嘴笨/嘴懒**），占总数的 62.5%；英语则是"视觉"（如 big/little mouth），占总数的 55.6%。

（二）器官作为动作对象构成的言辞行为转喻

基于转喻**施加于言语器官的动作激活/突显言辞行为**（ACTION UPON SPEECH ORGAN FOR VERBAL ACTION），以及隐喻**言辞行为即物理行为**（SPEECH ACTION AS PHYSICAL ACTION），在描述言语行为时，人们会说**拌嘴、张口结舌，**open your mouth 等，这是以言语器官作为动作对象或动作目标为源始域构成的转喻。我们的语料中有不少这类转喻。

第 63 回，贾蓉信口开河，遭到二姐训斥：

(3) 二姐便悄悄咬牙骂道："很会**嚼舌根**的猴儿崽子！留下我们，给你爹做妈不成？"

转喻**嚼舌根**中言语器官"舌根"充当了动作"嚼"的对象，激活了一种负面的言辞行为："信口胡说，搬弄是非"。（《现代汉语词典》，559）又如，第 30 回，宝钗看到宝玉面有羞愧之色，欲言又止：

(4) Bao-chai was about to add something, but seeing the abject look on Bao-yu's face, she laughed and held her tongue.

同样，tongue 在转喻 held her tongue 中作动作 held 的宾语，这一转喻意思很明确：收声不言。

第 57 回，宝玉听说林家来人要带走黛玉，便要死要活，贾母因此对贾府众人说：And I don't want the word "Lin" to pass your lips ever. Is that clearly understood, everyone?

表 2–15 归纳了汉英文本不同器官的转喻频数。

表 2–15　言辞器官作为动作对象构成的言辞行为转喻对比

器官	汉语		英语	
	数量（个）	百分比（%）	数量（个）	百分比（%）
嘴	170	82.1	22	33.9
舌	15	7.2	19	29.2
牙	19	9.2	11	16.9
唇	3	1.4	13	20
合计	207	100	65	100

汉语文本中，"嘴"一枝独秀，它所构成的转喻占整体的 82%，"唇"的转喻能产性最差，只占 1.4%。而英语的 4 个器官活跃程度大致相当，没有明显差别。"嘴"比 mouth 频繁得多（170∶2）。但其余器官，就所占比率而言，英语均大于汉语，说明前者比后者主动。lip 和 tongue 的绝对频数也明显大于"唇"和"舌"（19∶15，13∶3）。这意味着英语主要依赖这些器官构成转喻。

（三）总体频数

总体转喻包含了两种类型的转喻。汉语语料的第 34 回，宝玉被贾政毒打之后，有一段关于薛蟠的描写：

（5）薛蟠本是个心直**口快**的人，见不得这样藏头露尾的事；又是宝钗劝他别再胡逛去；他母亲又说他**犯舌**，宝玉之打，是他治的。

其中，"口快"以器官的物理性特征"快"来激活和凸显言语行为特点（藏不住话，爱传闲话），表示"多嘴、说闲话"。而"犯舌"则基于转喻**施加于言语器官的动作激活/突显言辞行为**（ACTION UPON SPEECH ORGAN FOR VERBAL ACTION），以及隐喻**言辞行为即物理行为**（SPEECH ACTION AS PHYSICAL ACTION），以物理性行为激活言语行为。其中"舌"是动作"犯"的直接对象。英语文本中的例子如：

(5) 'Little monster!' San-jie shouted, half angrily and half in jest. 'Keep your dirty little mouth shut – unless you want me to come over and shut it for you!'

这是小说第 64 回，贾蓉拐弯抹角地取笑了长辈贾琏，在场的三姐儿看不下去了，便出此言。其中，dirty little mouth 是借 mouth 的特征（dirty little）凸显贾蓉的言语行为特点（胡言乱语）。同时，在同一表达中，mouth 为动作 keep 的对象，keep mouth shut 喻指"不要说话"。

我们对汉英文本中的这两类转喻进行了检索、归纳及统计，结果见表 2-16。首先，总体而言，汉语言辞行为转喻的频数远多于英语（467：174），两者之间有显著差异。其次，汉语中，四个言语器官构成转喻的能力极不均衡，"嘴"最为突出，占所有转喻的将近 90%。"唇"的转喻能力最低，还不及总数的 1%。英语中各言辞器官的转喻频数大致相当。最活跃的器官是 tongue（69 次），占总体转喻的 40%。很明显，就"嘴"而言，汉语转喻远远多于英语，而其余器官则都是英语多于汉语。这意味着汉语更趋向于使用言辞行为转喻，更习惯于以"嘴"去转喻性地描述言辞行为；英语则没有那么多的言辞行为转喻，即使在使用转喻时，也没有特别青睐某个器官。与汉语不同，英语更趋向于通过"舌""唇"和"牙"来构建和认识言辞行为。

表 2-16　汉英言语器官转喻频数对比

器官	汉语		英语	
	数量（个）	占比（%）	数量（个）	占比（%）
嘴/mouth	412	88.2	50	28.5
舌/tongue	27	5.8	69	40.1
牙/teeth	24	5.1	26	14.5
唇 lips	4	0.9	29	16.9
合计	467	100	174	100

三、讨论与分析

（一）为何汉语嘴/口多，英语其他器官多？

这与汉语注重整体、英语注重细节的语言特征有关，也与汉文化甲乙包含的范畴观和西方甲乙分立的范畴化方式有关①，同时因为整体概念在汉语更凸显，而细节概念在英语思维中更容易被激活。

就语言器官而言，"嘴/口"大而笼统，是一个集合性概念，包含多个言语器官（舌、牙、唇等），与发声言语的关系全面但模糊笼统。"舌""牙""唇"等小而具体，事关发音言说的不同方面或过程。我们在语音教材中看到，涉及发音的器官很少笼统地提及"嘴"，大多涉及"唇""舌""牙"等器官的位置及移动。

汉语的结构及汉语的运用都具有注重整体的特性，而英语则强调个体。在语言结构上，汉语的修饰语，不论是单个的词还是词组，一般都要放在名词之前（如"绿叶""一条蜿蜒的河流"），状语多放在谓语动词之前（如"吃惊地笑"），并且，范围大的词和词组要放到范围小的词和词组之前。而英语则不一定。名词的修饰语为单个单词时，大多与汉语相同，置于名词之前（如 a black rose），但修饰语为词组或从句时，则往往置于名词之后（如 roses in the garden, a fish that moves quickly in the stream）。

在具体用法上，汉英也同样具有不同倾向。戴浩一（Tai，1975）等发现汉语的语序受由大到小的逻辑顺序及时间的自然顺序的制约。② 在姓氏排列中，中国人的姓名中先是宗姓、辈份，其次才是自己的名字，突出的是宗族整体；而西方人先是自己的名字，再是父名，然后才是宗姓，突出的是个体。在地址、时间的表达及书写顺序上，中国人习惯按国、省、县、区（街）、门牌号码排列，时间以年、月、日、时、分、秒为序。与西方语言习惯正相反，汉语体现了突出整体、注重宏观的特性。而英语则突出了细节，淡化了宏观的视角。

何明（1999：74）认为，有机整体性也是中华民族传统思维的一个重

---

① 当然，另一原因是汉语中的禁忌多于英语。人们谈论禁忌或敏感话题也会导致语言的模糊。话题的敏感性在各类模糊词语的使用频率和形式选择上影响颇大（张乔、冯红变，2013）。汉文化中不可言的敏感或禁忌话题比较多，特别是涉及性、政治、宗教时。《红楼梦》中等级森严、礼节繁复的封建家族内，敏感性话题尤其多。

② 不少学者认为汉语是无一定语序的语言。（参阅刘宁生，1995）。

要特征。中国传统思维一般不是从思维对象的构成元素去对思维对象进行逐层剖析，而是对思维对象进行整体直观的把握，不把宇宙万物之间、人与万物之间看作是彼此相隔、互不相通的，而是视为相互映现、相互感应、相互贯通的，"天地一气""天人一理"，这就是中国传统思维的有机整体性特征。

中西学术体系也不同。钱穆认为，中国治学与西方不同，西方学问分门别类，互不相关，中国学问分门不别类。经史子集四部，是治学的四个门径，入门后，触类旁通，最后融而为一。（《民国文林》，2010））

这种差异也与意识形态脱不了干系。马悦然（2015：100 – 101）以一个谙熟中国文化的西方人的语气说："我们西方文明的代表总是以为我们用来表示'个人主义''民主''公正'和'自由'等概念的标签是世界通用的。然而，中国传统的儒家思想和马克思主义理论都要求个人接受集体的权威，比如家庭、生产队、党和国家等等。因此，这就毫不奇怪为什么在相当长的一段时期内与权威相对的词汇如'个人主义'在中国有强烈的贬义。"

与之相关，汉文化持甲乙包含的整体范畴观，而西方认为甲乙分立、泾渭分明。从语言和文字的关系而言，西方传统上（柏拉图、亚里士多德、黑格尔、索绪尔）认为语言是符号，文字是"符号的符号"。语言和文字分立，语言学和文字学分立。但中国传统上语言包括文字，语言学即"小学"包含了文字学，后者和训诂学、音韵学等属于语言学的组成部分。这是因为，与英语的文字只表音不同，大多汉字既表音又表意（形声字）。英语中语法和用法分立，少有交集，而汉语字的用法包含语法。其次，语法和韵律、词根和词缀（汉语根词）、动词和名词都有类似情形。（参阅沈家煊，2017）

（二）概念凸显与源始域选择

此外，从认知角度而言，英、汉语中言语器官"嘴（口）"/mouth 转喻使用上的差异与概念凸显有关。言语器官形成转喻时，汉语中，"嘴/口"非常凸显，因而更频繁地被用作源始域；而英语中 mouth 的凸显度不及汉语的"口"，也不及 tongue 等言语器官，所以选择它作为源始域的概率极低。

四、结论

我们发现，汉语文本中的言辞行为转喻明显多于英语，汉语主要依赖器官"嘴"构成转喻，英语则主要通过"舌、唇、牙"形成转喻。这与汉语和英语的语言特征相符，也与中西方思维模式相关，总的说来，汉语含糊、婉转，讲究意会。中国人的思维好综合、模糊，倾向于一分为二的整体性思维和包含的范畴观。而英语清晰、直接，偏好形合。西方人重分析，求精准，偏分析性思维，趋于分立的认知方式。

第三部分
人体感觉形成的言辞行为转隐喻对比

上一部分，我们讨论了汉英文本中人体词，确切地说，是言语器官词"嘴"和 mouth 等构成的言辞行为转喻。我们现在要考量人体经验的另一范畴——人体感觉构成的言辞（行为）转隐喻。

人体感觉（senses）系统包括 5 个范畴：由耳朵获得的听觉，由四肢、皮肤和肌肉等获得的触觉，由眼睛获得的视觉，由舌头得到的味觉与由鼻子获得的嗅觉。(Ullmann, 1964; Yu, 2003) 人们通过这些感觉感知外部世界，并通过它们认识更为抽象的概念。

人类对外部物质世界的体验，基本上依赖人体感觉。不同感觉可以感知到外部世界不同的物理特性，如听觉之于声音，视觉之于实物的大小、高低、长短、粗细等，触觉之于实物的软与硬、热与冷、虚与实，味觉和嗅觉之于实物的酸与甜，等等。同时，多种感觉的综合，可以将接触到的外部实物区分为食物、容器、交换物等。所有实物都被暂称为人体接触物。某种程度上，外部世界实物及其物理特性不但由其本身特质决定，还与人的感觉相关。根据感觉，这些物理特性可归纳为听觉特性（声、调）、视觉特性（大、小等）、触觉特性（软、硬等）、味觉特性（甜、酸等）等范畴。同时，人体感觉也是人类认识抽象概念的重要路径，对言辞及言辞行为的认知便是如此。(Goldstein, 2005; Pecher & Zwaan, 2005)

人类有一个重要的隐喻概念：**言辞即实物**（SPEECH AS PHYSICAL ENTITY）。实物及其感觉到的特性投射到言辞域，便构成了言辞隐喻。这意味着本部分观察的转喻和隐喻也是某种通感隐喻，即感觉域向言辞域投射而成的隐喻。①

　　本部分包含六章，分别讨论：①听觉特性形成的言辞转喻，②视觉特性形成的言辞隐喻，③触觉特性形成的言辞隐喻，④味觉特性形成的言辞隐喻，⑤其他感觉属性形成的言辞隐喻，⑥人体接触物形成的言辞（行为）隐喻。

　　听觉系统的讨论与其他感觉略有不同。首先，听觉特质形成的大部分为言辞（行为）转喻，其他感觉则为隐喻；其次，听觉关注的是言辞的声音特征，包括"声""腔""调"等，与言语器官相似，它们都有清晰的英语对应词 voice, air, tone, 等等，这些概念之间没有对立关系。而其他感觉的汉英对应不那么清晰，而且往往由成对的概念构成（大与小、软与硬，等等）。因此，就对比方法而言，第一章与其他各章有所不同。

　　基于人体感觉构成的言辞转隐喻主要是名词性的，言语表征主要为名词，间或涉及名词的修饰成分，偶尔也有动词参与。本部分的前五章基本如此，这与第六章以及后面的第四部分不同，前五章主要涉及人体行为动作，语言表征为动词。

　　学界对言辞隐喻的关注明显不如对言辞行为或言辞行为隐喻的关注。设定关于言辞隐喻的检索词时，除了听觉词之外，可资参考的文献罕见。于是，我们将所有描述言辞的词语设为检索项，汉语文本中包括"言""语""词""辞""文""字"等；而后在语料中逐个检索，在检索结果中遴选隐喻项。遴选的标准是言辞是否被感知为物理性实物，如果是，则为隐喻性表达，否则剔除。上述"言""语""词"等属字面性表达，有无物理性特征是关键，表示物理性的修饰语是关键。（参阅赵青青、熊佳娟、黄居仁，2019：244）

---

①　按照 Salzinger（2010）的划分，通感隐喻可分为两种：强式通感、弱式通感。前者指不同感觉之间的转移或投射，如 bright jazzy melody，是视觉域向听觉域（SIGHT→SOUND）的投射，源始域与目标域都是感觉域。后者指感觉域向非感觉域的投射，如"漂亮的演讲"，是视觉域向言辞域（SIGHT→SPEECH）的转移。（参阅司建国，2017）

第一章 听觉构成的言辞行为转隐喻对比

在这一章，我们关注对人体感觉以及言辞而言都十分重要的领域：声音特征，以及其构成的言辞行为转喻。我们知道，除了言辞器官本身外，与之密切相关的、描述言辞声音、语气特质的"声"与 voice，"气"与 air，"腔"与 accent，以及"调"与 tone，还有这些词汇混合而成的表达，都可构成言辞行为转隐喻。(Jing-Schmidst, 2008) 在我们的语料中，它们构成了言辞行为转喻的重要部分。其中，"声"与 voice 形成的转隐喻比较醒目，是我们关注的重点。

一、"声"与 voice 构成的言辞行为转隐喻对比

这一部分比较 voice 和"声"构成的言辞行为转隐喻。我们先分别考察两个文本，而后再进行对照。本章的发现是，汉英两个文本在"声"与 voice 构成的言辞行为转隐喻中有同也有异，异大于同。

（一）语文本中的转隐喻

英语文本中，主要有 3 种转喻：**话声激活/突显发话者**（VOICE FOR SPEAKER），**话声激活/突显言辞**（VOICE FOR SPEECH），**话声激活/突显言辞行为**（VOICE FOR SPEECH ACTION）。隐喻主要有两种：**话声即容器**（VOICE AS A CONTAINER），**话声即空间移动的物体**（VOICE AS A MOVING OBJECT IN SPACE），更确切地说，是**话声即垂直移动的物体**（VOICE AS AN OBJECT MOVING IN VERTICALE DIRECTION）。我们分别进行考证。

1. 话声激活/突显发话者

第一种转喻**话声激活/突显发话者**（VOICE FOR SPEAKER）出现频率最高，达到 90 次。小说第 2 回，贾雨村与冷子兴在酒馆叙旧之后，正欲离开，有熟人插话：

(1) The two men accordingly rose from their seats, settled the bill for the wine, and were just about to start on their way, when **a voice from behind called out**, 'Yu-cun, congratulations! I've got some good news for you.'

其中的 voice 并非单纯表示其本义即声音，而是类似于传统修辞中的拟人（personification），因为它是谓语动词 called out 的主语。只有人可以 called out，声音本身是不能的。从认知转喻角度而言，此处 voice 激活或突显了说话人，a voice from behind called out 实际上意为 a person from behind called out。

此处汉语文本没有转喻："于是二人起身，算还酒钱。方欲走时，**忽听得后面有人叫道**：'雨村兄恭喜了！特来报个喜信的。'"汉语是"**有人叫道**"而非 voice …called out。

另一个转喻出现在第 113 回。宝玉正在伤心地和紫鹃拌嘴时，麝月突然插话了：

(2) He too began sobbing his heart out, when a **voice** was heard behind him, **saying**…

此处的 voice 还是激活了发出声音的人（麝月），她是其后 saying 的逻辑主语。与上例类似，汉语文本也没有这一转喻："宝玉正在这里伤心，忽听背后**一个人接言道**。"英语文本中，the voice was heard saying/calling/asking for/said 这种结构一共出现了 8 次之多，可见这是一个较常规化的表达。

为何用声音激活言者，而不直接说出言者？除了可以有突兀、神秘的文体效果之外，还可获得"声如其人"或"人如其声"的修辞效果。如小说第二回，黛玉刚刚从家乡远道抵达荣国府，贾母正在说吃药的事：

(3) She had scarcely finished speaking when someone could be heard talking and laughing in a very loud voice in the inner courtyard behind them.

'Oh dear! I'm late,' **said the voice**. 'I've missed the arrival of our guest.'

打断贾母的是王熙凤，也只有王熙凤。她人未至，声先到，而且声高无忌，边走边说，边说边笑，若无旁人。said the voice 中的 voice 突显了发话者个性。当然，这个例子中也有类似于汉语的字面性表达：someone could be heard talking and laughing，不过，字面性表达远少于转喻性表征。

上述这些转喻中 voice 的主人没有直接出现，有时，这个转喻还有另一种重要的、看起来更"啰唆"的表征，其中说话人直接现身了。如第 21 回，贾琏和平儿正隔着窗说话，王熙凤从外边来了：

(4) Just at that moment Xi-feng stepped into the courtyard and saw Patience standing outside the window.
'If you want to talk,' she said, 'why not talk inside the room? What's the idea of running outside and bawling through the window?'
'Don't ask her!' said Jia Lian's voice from inside.

转喻出现在最后一句：said Jia Lian's voice。这样说似乎多余——完全可以直接说 said Jia Lian。汉语文本也没有这个转喻（"贾琏在内接口道"），但英语如此表达有其道理。从王熙凤的角度而言，她刚从外边回来，看不到屋内的贾琏，只能听到丈夫的声音，而且这是她熟悉的声音，所以 said Jia Lian's voice。引人瞩目的是，英语文本中有 26 例类似 somebody's voice 突显或指代 somebody 的转喻性表达，可见这一"啰唆"的表征常规性很强。这一转喻的另一种变体是 voice of somebody，英语文本中有 12 例。小说第 34 回，已经熄灯准备就寝的黛玉听到有人（晴雯）进屋，就问了一句：

(5) The voice of Dai-yu, lying awake in bed, spoke to her out of the shadows: Who is it?

由于屋子黑，黛玉看不到晴雯，只能听到她的声音，所以用了这个转喻。汉语文本还是没有这个转喻："黛玉已睡在床上，问：'是谁？'"

看来，voice 构成的转喻与叙述视角（narrative perspective）或聚焦（focalization）有关。聚焦所涉及的就是谁在作为视觉、心理、精神感受的核心，叙述信息是通过谁的眼光与心灵传达的，文本中所表现出的一切受到谁的眼光的"过滤"。(Genette, 1986；司建国, 2016：200) 若从言者角度叙述，一般不会出现转喻；从听者角度出发，多会使用转喻。例 (5) 中，英语从听者晴雯的角度描写，使用了转喻。汉语则从说者黛玉出发，所以使用了字面意义。英语此类转喻多于汉语，这可能意味着两种语言的叙事角度有别：英语青睐听者视角，汉语多用言者视角。当然，这需要更多的、来自叙述学研究的论证。

一般而言，**转喻话声激活/突显发话者**（VOICE FOR SPEAKER）的语言表征中有一个鲜明的特征：都含有一个言说类动词（或动名词），voice 充当这个动词（动名词）的逻辑主语。

2. 话声激活/实显言辞

第二种频率比较高的转喻为**话声激活/突显言辞**（VOICE FOR SPEECH），它总共出现了 22 次。第 39 回，荣国府南院马厩突然失火，王夫人和大家一起安抚受到惊扰的贾母：

（6）By now Lady Wang had arrived with the younger women, and added her voice to the others' in assuring the old lady…

其中，added her voice to the others' 中的 voice 激活了言辞（speech）——安抚之语，描写了言辞行为——（王夫人）随着大家一起安慰（贾母）。可见，转喻有效地表达了作者的意图，字面性表达（声音）则没有这个功效。此外，added her voice to the others' 还有一个隐喻基础：**话声即实物**（VOICE AS A PHYSICAL OBJECT），因为它可以添加、与其他话声混合。所以，这一表征实际上是转隐喻复合体。

再看一例。第 54 回，芳官与干娘争吵，大家都埋怨芳官，宝玉则不然。自古说："物不平则鸣。"（"Any departure from the straight or even causes things to give voice."）他这样与袭人谈论芳官：

（7）'You can hardly blame her for **giving voice** about it! How much does she get a month, anyway?' he asked Aroma.

这里的 giving voice 激活了言辞行为"鸣"即"抱怨、谴责与抗争"，voice 突显怨言或抗争之语。

最后一例。小说第 78 回，贾政向幕友讲述了林四娘如何动员众女将御敌的故事。她动之以情，晓之以理，最后让大家选择：

(8) Those who feel as I do, follow me. Those who do not are free to leave now, while there is time. 'We will follow you!' the girls cried **with a single voice**.

显然，with a single voice 激活了转喻 "众口一词"，voice 凸显了言辞内容，可以看作 We will follow you! 的同位语。所以，这是两个转喻构成的复合体。类似的转喻复合体还出现在第 119 回：they replied with one voice。

3. 话声激活/实言辞行为

转喻话声激活/突显言辞行为（VOICE FOR SPEECH ACTION）在我们语料中也比较突出。Voice 本义为声音，多用作名词，但它可以激活言语行为，表示 "说出" 这一动作。这一转喻醒目的原因是，出现频率不低（6次），与汉语区别显著，因为汉语基本上没有此种转喻。① 就语法而言，6个转喻之中，有 4 次用作谓语动词，两次用作非谓语动词（to voice, voicing）。

我们来看这一转喻的例子。小说中有个广为人知的情节：刘姥姥初进荣国府，开了眼界，得了款待。随后，小说写道：

(9) Grannie Liu came back from the other room having already finished eating, smacking her lips and sucking her teeth appreciatively, and **voicing her thanks** for the repast.

voicing her thanks 之中，voicing 显然不是 voice 的本义或字面义，也不再是名词，而是激活了 "表达（谢意）" 这个言辞行为。

第 99 回，贾政领命到地方公干时，古板中正，不谙俗情，使得当地的和从京城带来的随从们发财捞钱的期望落了空：

(10) When these locals **voiced** their concern to the newly arrived staff whom Jia Zheng had personally recruited in the capital, they met with an indignant response.

在 locals voiced their concern 中，voiced 突显了 "说出" 这一言辞行为，用作谓语动词。其中的 concern 指勒索、发财欲望。

---

① 汉语的 "声" 不但不能单独作动词使用，而且意义也迥异于用作动词的 voice。

最后一例发生在第 95 回。宝玉的玉石丢了之后，有人声称找到了，送上门来，王熙凤看了，不辩真假。一旁的袭人心中存疑，但于心不忍，不愿明说：

（11）Aroma was standing at her side, and had managed to have a look at the stone. Her eyes told her that it was not the one, but her heart was too full of hope to allow her to voice her misgivings.

其中的 her 指王熙凤。袭人的 eye 与 heart 在"打架"。前者看到了事实，后者不愿承认。不定式 to voice 同样突显了言辞行为"说出（疑虑）"。

4. 隐喻复合体

前面讨论的大多是单一概念化的转隐喻，即只有一个转喻或隐喻。事实上，许多修辞性（figurative）表达包含了两个或更多概念化过程，要么两个隐喻，要么两个转喻，要么转喻与隐喻混合。这种复杂概念结构我们称之为转隐喻复合体。（司建国，2015b，2017）先看隐喻复合体。

《红楼梦》英语文本中有一个频率较高（33 次）的隐喻复合体。请看下例：

（12）Xi-feng addressed some words of encouragement to Qin-shi, after which, **dropping her voice to a murmur**, she engaged in a long and intimate conversation with her.

这是在小说第 11 回，王熙凤与病重的秦氏交谈。她先朗声鼓励，后私语安抚。dropping her voice to a murmur 涉及了两个概念隐喻：①**话声即移动的实物**（VOICE AS AN MOVING OBJECT），可变换位置；②**垂直隐喻**（VERTICAL METAPHOR），声音变化在空间进行，更准确而言，在垂直方向进行。声音变大即声音由下向上移动，声音变弱即动体向下移动。dropping her voice 显然属后者。这是实物隐喻与垂直隐喻叠加，从而构成了隐喻复合体。英语文本中，此种复合体比较典型的表征为：to lower/drop voice to a whisper/murmur。

当然，声音的垂直变化是双向的，声音可以由大到小，也可由小变大。第 66 回，湘莲退婚致使尤三姐自刎。湘莲没想到尤三姐如此刚烈，追悔不迭：

（13）'I didn't know she was like this,' he said, weeping. 'She had a noble heart. It wasn't my luck to have her.' He **lifted up his own voice** then and wept, as if he had been weeping for his bride.

lifted up his own voice 中同样有实物隐喻和垂直隐喻合成的隐喻复合体。这一复合体另一个常见的表征是 to raise one's voice。

5．转隐喻复合体

英语文本中有不少转隐喻复合体，即在某些表征中，既有转喻基础，也有隐喻参与，是两种概念化方式的结合。第16回，旺儿嫂子给王熙凤送"利银"来，平儿怕刚刚回家的贾琏发现，便谎称来人是香菱。待贾琏离开，她这样给王熙凤解释：

（14）'It wasn't Caltrop!' said Patience. 'I had to make something up and hers was the first name that came to mind. That wife of Brightie's is such a stupid woman! Just imagine,' — she drew closer to Xi-feng's ear and **lowered her voice**— 'of all the times she could have chosen to bring you the interest on that money, she had to pick on the very moment when the Master has just got home!'

如前所述，**lowered her voice** 含有两个隐喻：**话声即实物**，以及**话声变小即动体（声音）向下移动**。除此之外，这一表征还是转喻：它明显①激活了一种私密、亲切的言辞行为方式，平儿之前的肢体动作（she drew closer to Xi-feng's ear）便是佐证。所以，这个表达是转喻与隐喻复合体的综合。

第59回有一类似的、不尽相同的复合体。春燕被姑妈当众教训：

（15）'Little baggage!' she said. 'How dare you answer me back! Your own mother hates you so much she's itching to get her teeth in you. Don't you go **raising your voice at me**!'

She 即姑妈。我们讨论的对象是最后一句中的 **raising your voice at me**。前面已经说明，**raising your voice** 属于隐喻复合体范畴，含有实物隐喻和垂直隐喻。它并非只是字面意思"大声跟我说话"，而是激活了言辞行为"对

---

① 当然，任何一个言辞行为都可能激活某种言辞行为方式，但程度有别，突出明显的不多。所以，讨论这种转喻才有意义。

我（言语）不恭"或"与我争执"等，属言辞行为转喻。这也是姑妈对春燕大光其火的一个原因。

最后一句，汉语文本是"你还和我梆子似的"，也是转隐喻复合体："梆子似的"即嘴像打更的梆子一样硬，属于典型的传统修辞学中的明喻。在认知隐喻框架中，所有表示相似关系的、以 A 言 B 的都属于隐喻（metaphor）。同时，"你还和我梆子似的"也是转喻，激活了"你还和我争执"。

6．通感隐喻

我们在此只讨论与 voice 相关的通感隐喻。从认知角度而言，通感隐喻（synesthetic metaphor），即"不同感知域（sensory domain）之间的映射"，(Yu, 2003：20) 它以一种感觉为源始域，投射到了作为目标域的另一感觉域或概念域。(司建国, 2017：201)

先看触觉这一最低级别的感觉形成的通感。第 24 回，贾芸来荣国府找宝玉，未遇，正在书房闷等，忽听得外面有人来：

(16) 'Tealeaf!'
A soft and thrilling voice was calling from outside. Craning out to look he saw a fifteen-or sixteen-year-old maid standing near the entrance to the study.

这是宝玉屋里的丫头在叫焙茗。soft 本义为"柔软"，属触觉域，现在转移到听觉域，以触觉言听觉，构成了通感隐喻，描述言语特征。显然，这一隐喻还与前面讨论过的转喻**话声即言者**紧密结合。voice 有一个谓语动词 was calling，由此看出它突显了发话者，而非只是本义。所以，事实上，这一通感隐喻还与另一个转喻共现，构成转隐喻复合体。

再看一例由味觉构成的通感。第 75 回，贾珍赏月饮酒，雅兴大发，命佩凤以竹箫伴文花吟曲：

(17) [H]e called to them for some music, and Flower sang for them **in a clear, sweet voice**, accompanied by Lovey on the vertical bamboo flute.

首先，sang 也是一种言辞行为，一种用言语交流信息的特殊行为。sweet voice 以味觉投射到听觉，说明歌声特质，属通感隐喻。另外，in…voice 还以容器隐喻为概念基础：**声音即容器**（VOICE AS A CONTAINER）。

所以，这个看似简单的表达也是隐喻复合体。英语文本中味觉作为源始域形成的通感隐喻为数有限，只有 3 次。和汉语相比，差距较大。

投射到听觉的通感隐喻之中，视感最为活跃。英语文本中有 34 个之多。一般而言，以视感为源始域构成的隐喻，往往与空间隐喻或垂直隐喻相关。前面我们讨论了动词参与的垂直隐喻，现在我们看一下介词短语中的通感隐喻。我们发现，这类隐喻之中比较典型的是 in a low voice（出现了 5 次）和 at the top of voice（出现了 4 次）。① 第 72 回，鸳鸯来问候身体不适的王熙凤，刚好平儿从里头出来：

（18）'She's just eaten and now she's having an afternoon nap,' she said in a low voice. 'Come into the other room and we'll have a chat.'

说话者为平儿，被谈论的 she 自然是熙凤。in a low voice 中以视觉域中的 low 投射到听觉域，描述了平儿言辞的声音特征：小声（汉语文本为"悄声"）。

再看另一种表征。第 62 回，宝玉生日，荣国府大庆，湘云与宝玉猜拳喝酒：

（19）Xiang-yun, unwilling to wait longer, was already in the midst of a game of guess-fingers with Bao-yu. The two of them were both shouting at the tops of their voices.

at the tops of their voices 以视觉域中的 low 的另一极 top 投射到听觉域，描述两人亢奋大声的言辞行为。汉语文本为"乱叫"，没有用隐喻。

（二）汉语文本中的转隐喻

现在来看汉语文本中"声"参与的言辞行为转隐喻。通过检索与甄别，我们发现按照出现频率，最为活跃的依次是：①转喻**话声突显言辞**（VOICE FOR SPEECH），共有 276 次之多，如"众声不一"。这类转喻中包含"声"作为动词宾语构成的转喻，如"还有二位姨奶奶，他出不出也问一声儿"。

---

① Williams（1976）将传统的视觉一分为二：色彩（color）与维度（dimension）。前者包含"明（亮）""黑（暗）"，后者指高、低、深、浅、大、小等概念。（参阅司建国，2017：248）我们的语料中色彩构成的隐喻缺失，所以，我们集中讨论的是维度中高低形成的隐喻。

(曹雪芹，219)"一声"即一句话。这种转喻有 82 次。还有一些这个转喻的习惯性表达，如"巴不得一声""一叠连声"，等等。位居频率第二的是视觉隐喻或垂直隐喻（17 次），如"大声""低声"等。②转喻**话声突显言辞行为**（VOICE FOR SPEECH ACTION），如"声张""声明"等，共 13 次。③隐喻**话声即食物**（VOICE AS FOOD），如"吞声"。当然，大多转喻或隐喻都涉及多种认知或概念化过程，严格而言，都是言辞行为转隐喻。

1. 转喻话声突显言辞

这一转喻有几种情况。从语法角度而言，其中的"声"可以是（逻辑）主语，也可是（逻辑）宾语。就认知维度而言，可能是单纯的转喻，但大多为多种认知机制的融合。如与实物隐喻、垂直隐喻（空间隐喻）、视觉隐喻（通感隐喻）等结合，从而构成转隐喻复合体。

（1）简单转喻

前面提到的"众声不一"出现在小说第 9 回，茗烟与金荣等两拨小童在家学里大打出手，乱作一团：

（20）外边几个大仆人李贵等听见里边作反起来，忙都进来一齐喝住，问是何故，**众声**不一，这一个如此说，那一个又如彼说。

其中的"声"并非只是描写声音，声音本身没多大意义，也非作者意图。这里，"声"是指话语或言辞。"**众声**不一"即大家说的话不一样，各执一词，而非众人的物理性声音特征不一样。与之类似，汉语还有成语"众口不一"。

下面是一个转喻意义相反的例子。第 17 回，一干人在刚完工的大观园内边走边商议各处景致的命名题匾之事，来到一个颇具田园之趣的地方，有人建议题"杏花村"：

（21）宝玉冷笑道："村名若用'杏花'二字，便俗陋不堪了。唐人诗里，还有'柴门临水稻花香'，何不用'稻香村'的妙？"
众人听了，越发**同声**拍手道妙。

所谓"**同声**"并非众人的声音（特征）或音质一样，而是大家说出的话一样。显然，这是转喻**话声突显言辞**在起作用。

上述之"声"都充当了句子主语。"声"作宾语的出现在第 21 回，宝钗与袭人闲谈：

(22) 一时宝玉来了，宝钗方出去。宝玉便问袭人道："怎么宝姐姐和你说的这么热闹，见我进来就跑了？"问**一声**不答。

"问一**声**不答"之"声"激活了言辞"一句（话）"或"一个问题"，"问一声"即"问一句或一个问题"。

（2）转喻复合体

转喻**话声突显话语**单独出现的数量有限，大部分与其他认知方式结合，如与其他转喻交互，组成转喻复合体。第 27 回，得知伶牙俐齿的小红是林之孝的女儿，王熙凤的反应是这样的：

(23) 凤姐听了，十分诧异，因说道："哦，是他的丫头啊。"又笑道："林之孝两口子，都是**锥子扎不出一声儿来的**。"

"锥子扎不出一**声**儿来的"含有 3 个转喻，是一个转喻复合体。"声"突显了话语；"锥子扎"突显强烈、突然的刺激或酷刑；基于这两个转喻，"锥子扎不出一**声**儿来的"自然激活了人物的言辞行为特点：不善言辞。用王熙凤的话讲，那两口子"一个'天聋'，一个'地哑'"。

（3）转隐喻复合体

有些转喻与隐喻结合，构成转隐喻。第 43 回，宝玉私自出门，荣国府上上下下都不得安宁。贾母最为担心，责备了许多人，连跟宝玉一起出去的也未能幸免：

(24) 这里贾母又骂跟的人："为什么都听他的话，说往那里去就去了，也不**回一声儿**！"

"回一声"之"声"不是指说话的声音，而是在转喻**话声突显言辞**的支持下突显了话语，即宝玉外出的信息。同时，"回一声"还涉及隐喻**话声即物品**（VOICE AS GOODS）以及隐喻**交谈即交换物品**（CONVERSATION AS EXCHANGE OF GOODS）。基于此，会话时有来言就有去语，有问就有答。贾母认为宝玉出门，意味着一系列问题的出现：去哪？干什么？何时回来？等等，回答这些问题就是必须的。所以，她用了"回一声"。

（4）含有转喻的固定用法

转喻**话声突显话语**还体现于一些出现频率很高的固定表达之中。"声"不是单独出现，而是与其他词共现，如**风声**（22 次）、**名声**（18 次）、**口声**

(12次)、**巴不得一声**（8次）、**声名**（6次）等。

"**风声**"频次最多"。**风声**"指"传播出来的消息。"（《现代汉语词典》，408）比较典型的转喻出现在第64回，贾琏对尤二姐动了心思，贾蓉在一旁撺掇说：

(25) 买上一所房子及应用家伙，再拨两拨子家人过去服侍，择了日子，人不知鬼不觉娶了过去。嘱咐家人不许**走漏风声**，婶子在里面住着，深宅大院，那里就得知道了？

"**走漏风声**"这是两个转喻构成的转喻复合体。它激活了概念"泄露信息"。其中"**风声**"本义为"刮风的声音"，现经过概念突显，激活了"话语所传递的信息"。"**风声**"这种用法很常规，我们语料中的绝大部分表示此意。下面"**风声**"的用法比较少见：

(26) 王夫人正因他**风声**不雅，深为忧虑，见他今行此事，岂有不乐之理？于是尤二姐自此见了天日，挪到厢房居住。

第69回，王熙凤带着已经与贾琏在外面同房的尤二姐拜见了贾母及太太们，王夫人颇感欣慰。"他"指王熙凤。"**风声**"此处激活的依然是言辞信息，但与上例不同，指的不是私密性信息，而是路人皆知的有关王熙凤个人的信息。"**风声**不雅"指王熙凤无法生育而又阻止贾琏纳妾引起的负面议论。这个"**风声**"类似于下面要观察的另一转喻"**名声**"，英语文本此处用了 reputation，与转喻无关。

频次第二的常用词语是"**名声**"。第69回，平儿看不过尤二姐在园中受虐待，有时会弄好吃的与她同享。这引得秋桐在熙凤面前说平儿的不是：

(27) 只有秋桐碰见了，便去说舌，告诉凤姐说："奶奶**名声**生是平儿弄坏了的。这样好菜好饭，浪着不吃，却往园里去偷吃。"

"**名声**"之"**声**"突显了言辞或言辞所含的信息，即人们对某人的看法和评价。此外，"**口声**"也有"**名声**"之意：

(28) 你们素日那眼里没人、心术利害，我这几年难道还不知道！二奶奶要是略差一点儿的，早叫你们这些奶奶们治倒了。饶这么着，得一点空儿，还要难他一难，好几次没落了你们的**口声**。

这是第 55 回，探春与赵姨娘起了争执，平儿了断之后，这样告诫屋里的其他妇人。与二奶奶作对，结果只是败坏了她们的"口声"即名誉。只不过，"口声"在绝大多数情况下，意味着大家的议论，或"舆情"，往往有负面含义。

第 4 回，贾雨村授了应天府，一到任即遇到一件人命官司。正欲按理审断，一谙熟衙门常规的门子悄然进言，要他枉顾事实，偏袒权贵薛家。贾雨村吃惊之余，不敢贸然答应：

(29) 雨村笑道："不妥，不妥。等我再斟酌斟酌，压服得**口声**才好。"

"口声"即大家对此案的议论，尤其是错判之后可能面临朝野的批评。其中之"声"依然激活了言辞（信息）。此外，"压服得口声才好"还涉及隐喻**言辞即实物**，"口声"可以压，可以掩盖。英语不同，表达类似意思的 fame 及 reputation 都与声音无关，与转喻无关。

另一个与"声"相关的转喻表征"巴不得**一声**"出现频率也较高（8 次）。第 70 回，一个断线的风筝落到院里的竹梢上，有人想留着玩，宝玉要还给主人。此时，黛玉发话了：

(30) 黛玉笑道："把咱们的拿出来，咱们也放放晦气。"丫头们听见放风筝，**巴不得一声儿**，七手八脚，都忙着拿出来，也有美人儿的，也有沙雁儿的。

其中的"一声儿"突显了黛玉的那句话"把咱们的拿出来，咱们也放放晦气"。

2. 转喻话声突显言辞行为

与英语不同，汉语的"声"本身不能激活言辞行为，它往往和其他词共同激活或指代言辞行为。这分为两种情况：一种是"声"作动词用，本身就是转喻，但须与其他（动）词连用，如**声张**（12 次）、**声明**（1 次）。这类转喻频次共有 13 次，比较常见。另一种"声"用作名词，如"**则声**"（6 次）、**作声**（16 次）、**做声**（3 次）、**出声**（6 次），"声"本身突显言辞,与前面动词连用,表示言辞行为。两种转喻基本上都出现在否定句内,负面评价倾向明显。

先看"**声张**"。我们发现,"声张"基本都出现在否定式中(11 次),偶尔出现在条件式(1 例),没有肯定句中的例子。第 94 回,宝玉随身佩带的玉石丢了,王夫人如此应对:

(31) 王夫人便吩咐众人道:"想来自然有没找到的地方儿。好端端的在家里的,还怕他飞到那里去不成?只是不许**声张**。"

其中的"他"同"它",指玉。之所以"不许**声张**"是怕惊动了老太太贾母。此处"**声张**"激活了言辞行为:说出(发生的事)。

有一个著名的情节发生在第 12 回。贾瑞去赴王熙凤的情约,半夜到了荣国府:

(32) 贾瑞侧耳听着,半日不见人来。忽听咯噔一声,东边的门也关上了。贾瑞急的也不敢**则声**,只得悄悄出来,将门撼了撼,关得铁桶一般。

"人"指王熙凤,"东边的门也关上了"意味着他出不去了,贾瑞再急,"也不敢**则声**"。"**则声**"①激活了言辞行为,意即说话。

第 57 回有"声"用作名词的转喻。紫鹃偶然说起黛玉要回苏州之事,宝玉听到如丧考妣:

(33) 宝玉听了,便如头顶上响了一个焦雷一般。紫鹃看他怎么回答,等了半天,见他只不**作声**。

宝玉反应强烈的表现之一是言辞行为"不**作声**",即完全沉默。表示同样意思时,汉语文本偶尔也使用"**做声**"。第 41 回,刘姥姥酒后醉卧怡红院,醒来后,看到袭人:

---

① "则声"已见于宋周密《癸辛杂识续集·徐渊子词》:"道学从来不则声,行也《东铭》,坐也《西铭》。"除了否定句外,"则声"还出现在条件句中,如元无名氏《朱砂担》第二折:"你但则声,我就杀了你。"参阅百度: https: //www.so gou.com/tx? query = % E5%88%99% E5% 3% B0&hdq = sogou-site-706608cfdbcc1886-0001&ekv = 2&ie = utf8&cid = qb7. zhuye&。我们的文本中没有后者。

(34) 因问道："这是那个小姐的绣房？这么精致！我就象到了天宫里的似的。"袭人微微的笑道："这个么，是宝二爷的卧房啊。"那刘老老吓的不敢**做声**。

"**做声**"与"**作声**"并非完全同义。"做"一般指涉及具体物件的行为，如"做衣服""做家具"等；而"作"的对象多为抽象概念，如"作孽""作乐""作弊"等等。(《现代汉语词典》，1830) 因此，"**做声**"多了一个隐喻**话声即实物**，属转隐喻复合体，概念结构更复杂。

另一个转隐喻复合体是"**出声**"。第 95 回，宝玉身体、精神出了状况，贾母想让他搬来和自己住一起，问宝玉可否：

(35) 那宝玉见问只是笑。袭人叫他说好，宝玉也就说好。王夫人见了这般光景，未免落泪，在贾母这里，不敢**出声**。

王夫人"不敢**出声**"即不敢说话。"**出声**"这一转喻突显言辞行为的同时，还有一个隐喻基础：**人体即容器**（HUMAN BODY AS A CONTAINER），声音是从人体这个容器发出来的。

3．通感隐喻

汉语牵扯到"声"的通感隐喻似乎比英语丰富，共有 17 次。其中，"**大声**" 6 次（"小声"缺失），"**高声**" 8 次，"**低声**" 3 次。前面指出，这种隐喻并非只是单一的隐喻化过程，而是多种概念过程交织在一起的结果。它往往涉及实物隐喻、视觉隐喻以及垂直隐喻等。英语文本中无与上述汉语表征对应的 big voice，high voice，small/little voice 等表达。汉语中则无味觉（嗅觉）形成的通感隐喻。

"**大声**"以视觉（大）投射到听觉（声），描述言辞行为特点，属于强式通感隐喻。小说第 77 回，晴雯生病，宝玉去她家探视，被晴雯嫂子碰见，这妇人便没轻没重，向宝玉"**大声**"发问：

(36) "你一个做主子的，跑到下人房里来做什么？看着我年轻长的俊，你敢只是来调戏我么？"宝玉听见，吓得忙赔笑央及道："好姐姐，快别**大声**。他伏侍我一场，我自私来瞧瞧他。"

宝玉完全被惊到，不止是妇人骇人的言辞内容，还有其不管不顾、"**大声**"的言辞方式。同样，"**高声**"也以视觉（高）投射到听觉（声），描述

言辞行为特点。第40回,刘姥姥在荣国府用餐:

(37)贾母这边说声"请",刘老老便站起身来,**高声**说道:"老刘,老刘,食量大如牛。吃个老母猪,不抬头!"说完,却鼓着腮帮子,两眼直视,一声不语。众人先还发怔,后来一想,上上下下都一齐哈哈大笑起来。

刘姥姥让人忍俊不禁的不光是言辞内容,还有言辞方式"**高声**说道"以及其后的作态:"鼓着腮帮子,两眼直视,一声不语。"其中"**高声**"的言语方式与平日荣国府众人的言辞习惯反差极大。

我们考察了"**高声**"和"**大声**",现在看一个"**低声**"的例子。第22回,宝玉一时失言,开罪了黛玉,心中不安:

(38)宝玉没趣,只得又来找黛玉。谁知才进门,便被黛玉推出来了,将门关上。宝玉又不解何故,在窗外只是**低声**叫好妹妹好妹妹,黛玉总不理他。

宝玉之所以"**低声**",除了理亏之外,还由于这是晚间,他也怕别人听见。

4. 实物/人体接触物隐喻

实物即具体的、人体可以接触到的物件。所谓实物隐喻指将话声视为实物。这类表达往往牵涉不止一种概念隐喻,包括**话声即言辞**,只不过实物概念比较突出罢了。我们将要观察的是"**叠声**""**连声**"以及"**一片声**"。它们出现频率总和较高,达到25次。其中,"**连声**"最为常见,出现了12次。

第75回,贾家在荣国府饮酒做诗。贾环拿出一首,因"词句中终带着不乐读书之意",不得贾政赏识,贾赦却有不同看法:

(39)贾赦道:"拿诗来我瞧。"便**连声**赞好,道:"这诗据我看,甚是有气骨。想来咱们这样人家,原不必寒窗萤火,只要读些书,比人略明白些,可以做得官时,就跑不了一个官儿的。"

"**连声**赞好"之"**连声**"将"声"视为原本分散、现逐个相连的实物。这一隐喻是关于言辞行为"赞好"的方式的。"**连声**赞好"即称赞了好几回。

另一个类似的隐喻表征为"**叠声**"。如果"**连声**"是实物的水平延伸，那么，"**叠声**"则是垂直连接。第94回，怡红院里的海棠花突然盛开，惊动了荣国府上上下下。为了迎接众人赏花，大奶奶叫人清扫园内落叶。紫鹃闻到动静，却不明就里：

(40) 紫鹃出来倒茶。只听园里一**叠声**乱嚷，不知何故。一面倒茶，一面叫人去打听。

"**叠声**"即一声连着一声、一声高过一声，也是言辞行为"嚷"的方式。汉语文本中还有将"声"的水平与垂直方向发展结合起来的说法："一**叠连声**"。它的常规性较强，出现了6次。第83回，袭人如此述说晚上睡不安稳的宝玉：

(41) 袭人道："昨日晚上睡觉还是好好儿的，谁知半夜里一**叠连声**的嚷起心疼来。嘴里胡说白道，只说好像刀子割了去的似的。

"**一叠连声**"所描述的言辞行为的速率（speed）与强度（intensity）应该超过了单向的"**连声**"或"**叠声**"。宝玉"好像刀子割"的苦痛是他"**一叠连声**"言辞行为的原委。

5. 食物隐喻

食物隐喻属于实物/人体接触物隐喻范畴。由于汉文化有"民以食为天"的倾向，它在汉语中频率极高，明显有别于英语，所以，我们将它拿出来单独讨论。基于隐喻**话声即食物**（VOICE AS FOOD），将"声"视为可以吞吃的食物，汉语文本中有个常用的说法"**吞声**"，常规性较强，出现了7次。此"声"也可看作突显言辞的转喻。同时，"**吞声**"本身也是转喻，突显了"将到嘴边的话收回"这一言辞行为，所以，实际上，"**吞声**"涉及了多个概念化机制，是典型的转隐喻。

第10回，金荣在学房与秦钟起了冲突，被迫向对方认了错，回到家还愤愤不平。他母亲如此教训他：

(42) "你如今要闹出了这个学房，再想找这么个地方儿，我告诉你说罢，比登天的还难呢！你给我老老实实的玩一会子睡你的觉去，好多着呢！"于是金荣忍气**吞声**，不多一时，也自睡觉去了。

对于母亲的指摘，金荣并不服气，也不是无话可说。他"忍气**吞声**"，强行"吞"下想说的话，乃是迫于贾家的权势。"**吞声**"与"忍气"常常连用，构成成语。汉语文本中只有一次"**吞声**"单独出现，而且还是在有字数限制的标题中（第 83 回　省宫闱贾元妃染恙　闹闺阃薛宝钗**吞声**）。

6. 转喻话声突显发话者

与英语不同，汉语文本中这一转喻极少出现，只有 2 例。第 28 回，宝玉正和蒋玉函（琪官儿）交换汗巾儿：

（43）二人方束好，只听**一声**大叫："我可拿住了！"只见薛蟠跳出来，拉着二人道："放着酒不喝，两个人逃席出来，干什么？"

"一声大叫"之"声"激活了发声之人，只有人可以"大叫"。以"声"写人，激活的是"声"先于人的突兀。第 64 回，贾琏正在与尤老娘谈事：

（44）只听得院内是贾蓉的**声音**说话。须臾进来，给他老娘姨娘请了安。

其中的"**声音**"实际上突显的是发话者贾蓉，"贾蓉的**声音**"即贾蓉。如此"多此一举"的表述，是因为从贾琏与尤老娘的角度而言，贾蓉此时还未现身。

（三）Voice 与"声"比照

我们分别考察了英汉两种文本中由听觉概念 voice 和"声"构成的言辞行为转隐喻，现将已有信息进行综合对比。

我们发现，就前四位的转隐喻而言，英语依次为：①**转喻话声激活/突显发话者**（VOICE FOR SPEAKER），出现频率达到 90 次；②通感隐喻，有 34 次之多，其中作为源始域的视觉最为活跃；③转喻**话声激活/突显言辞**（VOICE FOR SPEECH），共出现 22 次；④转喻**话声激活/突显言辞行为**（VOICE FOR SPEECH ACTION）也比较引人瞩目，出现了 6 次。

汉语文本频次最多的 4 个转隐喻是：①转喻**话声突显言辞**，共 276 次；

②**通感隐喻**，17 次；③**话声突显言辞行为**，13 次；④**食物隐喻**，7 次。此外，还有转喻**话声突显发话者**，出现了 2 次。汉英文本转隐喻模式的整体对比，见表 3-1。

表 3-1　汉英"声"与 voice 构成的前四种言辞行为转隐喻对比

语种	概念转隐喻	频次	典型表征
英语	话声突显发话者	90	a voice spoke out
汉语	话声突显言辞	276	众声不一
英语	通感隐喻	34	flower sang for them **in a clear, sweet voice**
汉语	通感隐喻	17	高声、大声
英语	话声突显言辞	22	added her voice to the others'
汉语	话声突显言辞行为	13	声张 声明
英语	话声突显言辞行为	6	these locals **voiced** their concern
汉语	食物隐喻	6	忍气**吞声**

总体而言，以 voice 和"声"构成的言辞行为转隐喻，汉语和英语两种文本有同也有异。同表现在：①两者主要的转隐喻类型基本相似。前四种最为频繁的转隐喻类型，两种文本有三种共享，它们是**话声突显言辞**、**通感隐喻**、**话声突显言辞行为**。实际上，包含于通感隐喻之中的实物隐喻、垂直隐喻以及视觉隐喻也是两个文本共有的，而且频次也相当。②就通感隐喻而言，英语、汉语都以视觉为主。③两个文本都有大量的转隐喻复合体，也都集中在通感隐喻之中。

两者的不同也比较醒目，主要在于：①汉语转隐喻频次远多于英语（337∶152）[1]，两倍多于后者。②英语文本最频繁的转喻**话声突显发话者**在汉语文本中最少，而汉语中的食物隐喻在英语文本中完全缺失。③英语 voice 本身就可突显言辞行为，但汉语"声"不行，必须和其他词联合才能构成言辞行为转喻。

（四）汉英转隐喻对应情况

我们发现，即便汉英两种语言都有同样的转隐喻，两种文本中的某种转隐喻频次相当，也不意味着两种文本对应地使用了这个转隐喻。换言之，

---

[1]　汉语的转隐喻总数包含了实物隐喻（25 次）。

转隐喻共享并不等于两种文本中这个转隐喻的对应。当然，如果某个转隐喻只出现在一个文本中，就更谈不上它在两个文本中的对应。所以，汉英两个文本转隐喻完全对应的情况极少。

二、"气"与 air、"腔"与 accent 及"调"与 tone 构成的转隐喻对比

除了"声"与 voice 以外，听觉系统可以感知到的言辞特质还有"气"与 air、"腔"与 accent 以及"调"与 tone 等。总体而言，和"声"与 voice 情况大致类似，汉英这些特质形成的转隐喻的差异比较明显。这首先表现在频率上。"气"与 air 的区别主要体现在转隐喻频次上。汉语有 8 次，英语只有 1 次。英语文本中没有用 accent 构成的转隐喻，汉语则有 9 例"腔"形成的转喻。"调"与 tone 相比，英语转隐喻（20 次）多于汉语（5 次），这是比较罕见的情况。这可能说明，就言辞行为而言，"气""腔"的转隐喻生成能力强于 air 及 accent，而 tone 则强于"调"。

"调"与 tone 的差异不仅体现于出现频率上，还在于汉英修辞性的认知方式不同：汉语以转喻为主，英语以隐喻为主。

（一）"气"与 air 的比较

这两者的区别主要体现在转隐喻频次上。汉语有 8 次，英语只有 1 次。先看英语文本：

(45) Bao-chai thought he would probably come in later, and said with **an air** of affected nonchalance: "Very well then. I'm going to sleep. Aroma can look after you."

这是小说第 109 回，黛玉去世后，宝玉想在外间睡，渴望与黛玉梦里再见。宝钗假装不在意：said with **an air** of affected nonchalance。转喻 air 此处突显或激活了言辞方式，表明了宝钗说话的方式（语气）。汉语文本比英语简洁得多，with an air of affected nonchalance 对应的中文是"假意"："宝钗料他必进来的，假意说到：'我睡了，叫袭人姑娘伺候你罢。'"

汉语尽管频次很多，但转喻种类不繁，只有两种表征——"口气"和成语"**低声下气**"，绝大部分集中在常规性极强的前者，后者只有 2 例。

作为名词，"口气"本义为嘴里呼出的气息，如"口气难闻"。但这个用法现在反而比较罕见，连新版的《现代汉语词典》都没有收入。"口气"

的转喻义反而大行其道。由于言辞器官"口"的缘故,"口气"基本都与言辞行为相关。它有3种概念拓展路径。①激活言辞方式,表示"说话的气势",如"口气大";②突显言辞意义,意为"言外之意",如"谈谈他的口气";③突显言者的情绪,如"严肃的/诙谐的口气",类似于英语的 tone。(参阅《现代汉语词典》,1110)

在《红楼梦》的汉语文本中,绝大多数"口气"与第二种拓展意义"言外之意"有关,共有7例。此外,"口气"还表示"情感"。第一种拓展意义,即现代口语中常见的表示言辞方式的用法反而在汉语文本中缺失。

我们来看汉语文本中的实例。第10回,尤氏与贾珍抱怨给儿媳(秦可卿)看病的大夫:

(46)如今且说媳妇这病,你那里寻一个好大夫给他瞧瞧要紧,可别耽误了!现今咱们家走的这群大夫,那里要得?一个个都是听着人的口气儿,人怎么说,他也添几句文话儿说一遍。

"一个个都是听着人的口气儿"之中的转喻表达"口气"激活的是言辞意义,尤其是没有明说的、间接的、隐晦的意思。"听着人的口气儿"这个表达本身也是一个转喻,以"听"激活"理解、探究",以事态核心(the CORE)突显"事态后果"(the AFTER)(Panther and Thornburg, 1999:337)。"听着人的口气儿"即揣摩别人的言辞、别人的意见。所以,这是一个转喻复合体。宁国府请来的大夫都没有主见,个个都在重复别人的话,这也是尤氏看不上他们的原委。

与"口气"搭配,比"听"更常用的是"探"。小说第85回,袭人即将被许配给宝玉,她心里有点不安,不知将来宝玉的正室黛玉会如何待她。她想打探一下黛玉的想法,来到潇湘馆后又有顾虑,终究没有开口:

(47)原来袭人来时,要探探口气,坐了一回,无处入话。又想着黛玉最是心多,探不成消息再惹着了他倒是不好。又坐了坐,搭讪着辞了出来了。

"探探口气"即试着打听(黛玉)的说法或看法。"口气"此处甚至都不是指说话的语气,而是言辞之外隐含的意义和情绪。汉字动词叠用如"探探",往往有增加动作强度和频次的意思。

再看一例,第22回,熙凤与贾琏商量如何给宝钗过生日:

(48) 贾琏道："这么着，就比林妹妹的多增些。"凤姐道："我也这么想着，所以讨你的**口气**儿。我私自添了，你又怪我不回明白了你了。"

"讨你的**口气**儿"之"**口气**"，激活了"想法""看法"等言辞信息。王熙凤以"讨"字自降身段，显示了其特别的会话策略。

上面"**口气**"这一转喻突显了言辞意义。下例不同，"**口气**"激活的是言辞中蕴含的情感。第70回，大家一起赏景读诗，看到一首《桃花行》，宝玉深有感触：

(49) 宝琴笑道："你猜是谁做的？"宝玉笑道："自然是潇湘子的稿子了。"宝琴笑道："现在是我做的呢。"宝玉笑道："我不信。这声调**口气**，迥乎不象。"

宝玉之所以不信宝琴之言，是因为他熟悉诗中的"**口气**"——幽怨细密的情思，那是黛玉独有的，是别的女子无法模仿的。

"气"与 air 构成言辞行为转喻的频次都不多，尤其是 air，两者形成的转喻都比较中性，无明显评价倾向。汉语典型的表征为"口气（儿）"，多作为动词宾语出现，其突显意义大致有两个：言辞未明说的隐含意义和情感。

(二) "腔"与 accent 的对比

英语文本中没有 accent 构成的转隐喻，汉语则有 9 例与"腔"有关的转隐喻。

"腔"形成的转隐喻有两种：①基于概念转喻**腔突显言辞**（ACCENT FOR SPEECH），"腔"大多数情况下突显了言辞及其信息；②以隐喻**腔即实物**（ACCENT AS PHYSICAL OBJECT）为概念基础，"腔"多充当动词"拿""装"等的宾语，具有强烈的负面含义。

先看第一种。第1回，空空道人与石头对话，石头说道：

(50) 至于才子佳人等书，则又开口"文君"，满篇"子建"，千部一**腔**，千人一面，且终不能不涉淫滥。

"千部一**腔**"之"**腔**"即言辞和言辞内容。"千部一**腔**"类似于其后的

"千人一面",指大多才子佳人类书籍的内容雷同,无什么特色。

第80回,薛蟠酒后与宝蟾打情骂俏,不小心打碎了茶碗,两人又佯装互相埋怨,一个说茶碗没递好,一个说对方没接好。一旁的金桂忍不住揭穿了他们:

(51)金桂冷笑道:"两个人的**腔**调儿都够使的了。别打量谁是傻子!"

这里,"**腔**调儿"不光指说话的声音特征,更突显了言辞内容。金桂的意思是,你们别再说谎了,别拿我当白痴。

现在看涉及隐喻意义的"腔"。第27回,王熙凤与李氏谈话,在肯定小红言语得体、会说话的同时,狠狠贬损了其他人:

(52)嫂子不知道,如今除了我随手使的这几个丫头老婆之外,我就怕和别人说话:他们必定把一句话拉长了,作两三截儿,咬文嚼字,**拿着腔**儿,哼哼唧唧的。急的我冒火。

"**拿着腔**儿"有很明显的隐喻基础。"拿"是一个动作性较强的词,表示"用手握住或抓取",(《现代汉语词典》,1381)动作对象一般是实物,如"拿着扇子"。"**拿着腔**儿"意味着"腔"是可以摆弄的实物而非抽象的声音特征。"**拿着腔**儿"表示故意装出一种腔调,作出一种姿态,借以引人注意或以此吓人、骗人,贬义昭然。其实,王熙凤的这句话中,含有丰富的言辞行为转隐喻。"把一句话拉长了,作两三截儿"将"话"视为实物,"咬文嚼字"将言说看作"吃",将"文"与"字"视为食品。

小说第46回,邢夫人与王熙凤商量将贾母身边的丫头鸳鸯要来给贾赦做小,邢夫人想要王熙凤先找鸳鸯打探一下虚实,王熙凤表面应承,心里不愿意。她如此寻思:

(53)我先过去了,太太后过去,他要依了,便没的话说;倘或不依,太太是多疑的人,只怕疑我走了风声,叫他**拿腔**作势的。

其中的第一个"他"指鸳鸯,第二个"他"指邢夫人。"**拿腔**"喻指言语行为特征,即虚张声势、夸大其词的说话方式,也可指一般的行事方式。王熙凤不愿先去,以免给多疑的邢夫人留下把柄,也免得后者借此

"**拿腔**作势",即胡言乱语,搞得满城风雨。

与"拿腔"类似的另一个转隐喻表征是"**装腔**"。第 34 回的主要事件是宝玉被贾政暴打,薛姨妈埋怨薛蟠"都是你闹的":

(54) 薛蟠见说便怔了,忙问道:"我闹什么?"薛姨妈道:"你还**装腔**呢!人人都知道是你说的。"

"**装腔**"既与言辞行为有关,即说谎,也与非言辞行为相关。第 73 回,为了应付贾政"盘考",宝玉秉烛夜读,小丫鬟们也都无法睡,"都困倦起来,前仰后合",这引得晴雯大为不满:

(55) 晴雯骂道:"什么小蹄子们!一个个黑家白日挺尸挺不够,偶然一次睡迟了些,就**装出**这个**腔调**儿来了。"

"**装出**这个**腔调**"显然与言辞行为无关。"**腔调**"突显的不是言语的声音特征,也不是言辞行为方式,而是"困倦"之态。作为转喻,"**装出**这个**腔调**"写活了丫鬟们夸张的、"前仰后合"的睡态。

(三)"调"与 tone 对照

"调"与 tone 的差异主要表现在频率以及概念化方式上。英语文本中的这个转隐喻(20 次)多于汉语(5 次),这是比较罕见的情况。此外,汉语以转喻为主,英语以隐喻为主。两者的概念化方式都比较单一。英语以中性的容器隐喻为主,汉语中负面性的转喻"**妖调**"居多。

1. "调"构成的转喻

汉语文本中"调"的转喻性比较单一,以"**妖调**"为主。"调"不再单纯地描述言辞声音,而是突显言辞行为方式,甚至突破到言辞行为以外的行为特征。如第 78 回,王夫人与贾母谈起原先被贾母看好的晴雯:

(56) 俗语又说:"女大十八变。"况且有本事的人,未免就有些**调歪**,老太太还有什么不曾经历过的?

此处的"调"激活的不单是言辞概念,而且是包含了言辞行为在内的"言、知、行"三个概念域。(沈家煊,2003)"**调歪**"还涉及了视觉隐喻以及概念**调即实物**。"歪"即不正,不合传统与常规。所以,这是典型的转隐喻复合体，表示言辞、思维及行为的出格。下面的"**妖调**"与"**调歪**"基本同义，只是贬义更重。"调"也突显了整个行为域。第 21 回，作者如此描写荣府厨子多官儿的媳妇：

(57) 因这媳妇**妖调**异常，轻狂无比，众人都叫他"多姑娘儿"。

"**妖调**"突显的显然不限于言辞行为方式，而是综合的为人处世风格。"妖"即"邪恶而迷惑人的"。(《现代汉语词典》，2226)"**妖调**"即（言行）不雅甚至邪恶。

"**妖调**"的变体"**妖妖调调**"概念化路径基本没变，只是叠字连用，增加了强调意味。小说第 77 回，借着宝玉去晴雯家探访，作者顺带介绍了晴雯的家人，其中说到了她姑舅哥哥吴贵的媳妇：

(58) 那媳妇却倒伶俐，又兼有几分姿色，看着贵儿无能为，便每日家打扮的**妖妖调调**，两只眼儿水汪汪的。招惹的赖大家人如蝇逐臭，渐渐做出些风流勾当来。

显然，"**妖妖调调**"与言语声调或言辞方式无关，它激活的是"那媳妇"的穿着打扮，是外表。与"**妖调**"不同的是，"**妖妖调调**"在汉语文本中也有突显言辞行为（并只限于此）的转喻。第 100 回，备受薛蟠冷落的金桂有点行为失常：

(59) 有时遇见薛蝌，他便**妖妖调调**、娇娇痴痴的问寒问暖，忽喜忽嗔。丫头们看见都连忙躲开，他自己也不觉得。

这里的"**妖妖调调**"与"问寒问暖"直接相关，表示一种夸张、谄媚的言辞行为方式。

2. tone 形成的隐喻

英语文本中 tone 的转隐喻也比较单一，但概念结构并不简单。以隐喻**调即实物**（TONE AS A PHYSICAL OBJECT）为基础，它形成了两种隐喻复合体。其一的基本表征格式是 in a certain tone，这涉及了容器隐喻即 TONE AS A CONTAINER（**调即容器**）。其二的基本表征为 to raise tone，这与视觉隐喻以及垂直隐喻相关。

先看第一种。第19回,宝玉赖在黛玉那儿不走,后者有点不耐烦。宝玉便开始瞎编故事,还果然有效:

(60) 'There's a famous story that took place near Yangchow. I wonder if you know about it.'
This was delivered with so straight a face and **in so serious a tone** of voice that Dai-yu was quite taken in.

in so serious a tone 显然将 tone 视为实物容器,言辞则为容器中的动体。宝玉那不苟言笑的语调,加上一本正经的表情(so straight a face),黛玉果然上当了(was quite taken in)。容器概念的表征有时稍有不同。第21回,宝钗与袭人交谈之后,越发对这个姑娘刮目相看:

(61) And she sat down on the kang with her for a chat. In the course of conversation she inquired casually about her age, family, and various other personal matters, paying careful attention to her answers and gaining from them and from **the tone in which** they were uttered an increasing respect for this uneducated maid.

She 指宝钗,her 为袭人。其中的容器概念没有直接出现,而是通过后置从句表达:the tone in which they were uttered。宝钗之所以觉得这个不识字的丫头(uneducated maid)不可小视,一是源于其话语内容(her answers),二是源于其会话方式(the tone)。

现在看第2种隐喻复合体。第117回,贾芸、贾蔷等在外书房聚众喝酒,有人提议叫几个戏子来助兴,贾蔷另有主意:

(62) 'This is turning into a downright orgy!' protested Jia Qiang playfully. 'I suggest we have a drinking game to **raise the tone a little**.'
Everyone agreed that this was a good idea.

他提议的 drinking game 无非是借酒赌博,他认为这样可以 to raise the tone a little。此处的 tone 激活的并非言辞的声音概念,而是酒场的氛围和参与者的情绪。to raise the tone a little 即活跃气氛、让大家"嗨起来"。除了这一转喻，还有垂直隐喻和视觉隐喻的参与。据此，tone 是可以 "上下移动"的实体，氛围及情绪的变化即 tone 在垂直方向的"移动"。所以，to raise the tone 实际上是典型的转隐喻复合体。

四、小结

这部分我们讨论了与听觉相关的三个源始域（气、腔、调）形成的转隐喻。它们出现的频次都不高，常规性不强。需要指出的是，与前面的范围不同，我们不仅考察了目的域为言辞行为的现象，还关注了一些非言辞行为表征，如"**妖调**异常"，to raise the tone，等等。由于源始域属于言辞行为范畴，所以，这类转隐喻依然与我们研究的主题一致。我们发现，和"声"与 voice 的情况大致类似，"气"与 air、"腔"与 accent 以及"调"与 tone 的差异比较明显。差异首先表现在频率上。"气"与 air 的区别主要体现在转隐喻频次上。汉语有 8 次，英语只有 1 次。英语文本中没有 accent 构成的转隐喻，汉语则有 9 例"腔"形成的转喻。"调"与 tone 相比，英语的转隐喻（20）多于汉语（5），这是比较罕见的情况。这可能说明，就言辞行为而言，"气""腔"的转隐喻生成能力强于 air 及 accent，而 tone 则强于"调"。

另一个差异体现在概念化方式上。如"调"以负面性的转喻为主，往往激活言辞行为以外的概念，英语 tone 以中性的容器隐喻为主，基本囿于言辞范畴。

三、结论

这一章，我们关注了汉英两个文本中听觉概念产生的言辞行为转隐喻。听觉是人类认知世界的重要路径，声音是人类交往、言辞行为的必要元素。就"声"与 voice、"气"与 air、"腔"与 accent，以及"调"与 tone 而言，它们产生了大量言辞行为转隐喻。其中，以转喻为主，隐喻为辅，转隐喻复合体占一定比例，概念过程复杂，概念元素多元。许多转隐喻具有很强的文体功效。主要信息归纳于表 3-2。

总体而言，汉语中的转隐喻远多于英语（359：173），为后者的两倍多。在我们考量的 4 对听觉概念中，除了"调"与 tone，其他 3 对概念中的汉语转隐喻都远多于英语。这与前面讨论的言辞器官转喻类似。accent 在我们的语料中，没有构成言辞行为转隐喻。

表3-2 听觉形成的言辞行为转隐喻对比

汉语	频次	英语	频次
声	337	voice	152
气	8	air	1
腔	9	accent	0
调	5	tone	20
合计	359	合计	173

第二章　视觉特性形成的言辞隐喻

实物的视觉特质即人的视觉感知到的实物外观特质。作为源始域的视觉域投射到言辞域便形成言辞隐喻。我们的讨论拟以实物的5个视觉特质，即大小、高低、长短、粗细以及正斜（曲直）为出发点，对这些特征形成的言辞隐喻进行汉英对比。

一、言辞之大小

大小是实物最基本的视觉属性。这一视觉概念形成的基本隐喻，往往与重要性（importance）相关。（Yu et al., 2017）作为抽象概念，言辞本无大小。这一对视觉影像投射到言辞域之后，赋予了言辞可视感，使我们能更直观、清晰地表达和理解言辞意义。

小说第106回，眼看家中"寅年用了卯粮"，贾政心焦，有下人来劝，他不禁迁怒于他们：

（1）贾政嗔道："放屁！你们这班奴才最没良心的。仗着主子好的时候儿，任意开销，到弄光了，走的走跑的跑，还顾主子的死活吗？如今你们说是没有查抄，你们知道吗？外头的名声，连大本儿都保不住了，还搁的住你们在外头支架子说**大话**，诓人骗人？"

'What nonsense you talk！' cried Jia Zheng angrily. ' You servants are worthless rogues, every last one of you！ When your masters prosper, you spend their money as you please； and when there's nothing left to spend, you beat a retreat at the first opportunity. What is it to you if we live or die？ You say we are lucky not to have had everything confiscated—but what do you know？ Do you realize that with our reputation as it stands at present, we'll be hard put to it to avoid bankruptcy. And with you putting on airs, acting as if you were rich, **talking** as if you were important, swindling people left right and centre, we don't stand a chance.'

言辞本无所谓大与小，贾政借用了人们对实物物理特性的视觉感知。所谓"**大话**"，即夸张、失真的话。这里指下人由于虚荣心或其他原因，对贾府的财力奢华肆意夸大，到了"诓人骗人"的地步。英语文本无类似隐喻，没有出现"大话"现成的等值隐喻 big talk，或 boast。与"说**大**话"相对的有两个表述：with you putting on airs，以及 talking as if you were important。前者属于转喻，意为装腔作势，假模假样，后者由于有 as if，为隐喻性表达（即传统修辞概念中的明喻），不过与视觉无关。

与"大"相对的是"小"。第 56 回，宝钗如此劝平儿等人，不要与府中老佣人计较：

(2) 还有一句**至小的话**，越发**说破**了：你们只顾了自己宽裕，不分与他们些，他们虽不敢明怨，心里却都不服。

And there's another reason for this, if it doesn't seem too petty-minded to mention it'—Bao-chai turned to the women to explain—'If you think only of how much you can make out of this for yourselves and don't let the others have a share, they are sure to feel resentful even if they don't like to say anything.

显然，"**至小的话**"在语义上并非与"**大话**"相反，而是表示"小气的话""小肚鸡肠的话"。英语文本准确地传递了这一信息，也使用了隐喻，但不属言辞范畴：

petty-minded to mention 在语义上几乎等同于"有一句**至小的话**"，但两者概念结构和语法结构都不同。petty-minded 述说的是心理，尽管有 petty（法语，意为"小"），但不是"小的话"，而是 minded，意为小心眼，或心胸狭小，后面加了言语行为动词 to mention 才与言辞相关。汉语用的是汉语擅长的表存在意义的"有"字句，英语则用了其典型的"是"句型。①

我们的语料中，以大小描述言辞时，汉语有 5 例，"大"占 4 例，"小"

---

① 这与沈家煊的判断一致。沈家煊（2017：131；2020）指出：西方的语言（指印欧语）及对语言的研究以范畴的分立为常态；中国的语言（指汉语）及对语言的研究以范畴的包含为常态，前者视范畴"分立"为常态，是范畴的"是"观，强调逻辑理性，后者视范畴"包含"为常态，是范畴的"有"观，强调逻辑理性跟历史理性一致。

只此1例。现代汉语中,并没有与"**大话**"语义相对的"小话",《现代汉语词典》未收"小话"词条。① 以"大"喻言时,言辞隐喻"**大话**"有2例,其余表征为"**大言不惭**""**长篇大论**"以及"说得这样**重大**",这些都涉及言辞行为。英语文本有对应隐喻和转喻,无等值的表达 big talk。

二、言辞之长短

视觉特性"长短"投射到言辞域产生的隐喻比"大小"更活跃,我们的语料中有17例。其中出现最频繁的是"说(起)来(也)**话长**",共有7例。与"大小"隐喻类似,"长"构成的隐喻远多于"短"(14∶3)。不同的是,"长"之隐喻可单独出现,而"短"之隐喻则没有,后者都是与"长"隐喻共现的,如"把平儿之话**一长一短**告诉了晴雯"。汉语中非常活跃而我们语料中却没有的"**说长道短**"以及"**长话短说**"也是如此。

第66回,尤二姐对贾琏说起尤三姐有了心仪之人,且铁了心非此人不嫁,于是:

(3)贾琏问:"到底是谁,这样动他的心?"二姐儿笑道:"说来**话长**。五年前……"

'Well, come on!' said Jia Lian. 'Who is this person who has made such a powerful impression on her?' 'It's a **long story**,' said Er-jie. 'Five years ago…'

"**话长**"是以实物外观之长投射到言辞域,喻指话语之冗繁、故事之悠远。难得一遇,英语文本对之以等值隐喻:It's a long story 可以说与"说来**话长**"等值。其概念结构都是外观特性"长"/long 修饰言辞"话"/story,意义也一致。我们发现,汉语的所有隐喻"**话长**"都有与之相配的英语 long story,而且,英语文本中的 long story 还比中文的"**话长**"多3个。这意味着,有3个地方,即便汉语没有使用"**话长**",英语还是出现了 long story。

言辞之"短"出现在小说第52回。平儿告诉宝玉坠儿"小窃"首饰之事,宝玉听后感慨颇多,并把话详细传给了晴雯:

---

① 但在南方,主要在湖北等地,有"小话"这一说法,表示"闲话,无关主题之言",如"上课时不要讲小话"。也指悄悄话,或少数人之间的小声谈话。

(4) 宝玉听了，又喜又气又叹：喜的是平儿竟能体贴自己的心；气的是坠儿小窃；叹的是坠儿那样伶俐，做出这丑事来。因而回至房中，把平儿之话**一长一短**告诉了晴雯。

Bao-yu had listened to what she said with conflicting emotions: pleasure at discovering that Patience understood him so well; anger that Trinket should be a thief; regret that so intelligent a person should be capable of so ugly an action. Going back to Skybright, he **relayed to her everything** he had just heard…

"把平儿之话**一长一短**告诉了晴雯"即把平儿的所有话原封不动地告诉了晴雯。"一长一短"此处并非指言辞的冗长或简短，而是言语信息的林林总总、方方面面。英语文本无隐喻：he **relayed to her everything** he had just heard 之中的 everything 大致对应"**一长一短**"，但英语是字面性的。

另一涉及"短"的例子在第9回，贾府义学中，金荣嫉妒心作祟，乱说秦钟与香怜的坏话：

(5) 金荣只一口咬定说："方才明明的撞见他两个在后院里亲嘴摸屁股，两个商议，定了一对儿。"**论长道短**，那时只顾得志乱说，却不防还有别人。

'I ran into them in the back courtyard, kissing each other and feeling arses as plain as anything. I tell you they had it all worked out. They were just measuring themselves for size before getting down to business.' Reckless in his hour of triumph, he **made these wild allegations**, unmindful of who might hear them.

"**论长道短**"贬义明显，意义接近于"说三道四"。"长"与"短"与话语所占空间甚至时间的长短无关，而是指话语信息的各个方面：无论真假、虚实或雅俗，统统道来。英语文本中有关于这一隐喻的对应表达：**made these wild allegations** 对应"**论长道短**"，其隐喻基础也是**言辞即实物**，因为作为言辞的 allegation 是可以 made 的。但汉英隐喻的概念元素有别。虽然都是言辞行为描写，使"**论长道短**"成为隐喻的是名词性的"长"与"短"，但 **made these wild allegations** 则是动词 made。

以长短谈论言辞不但汉语擅长，在英语中也常见。我们语料出现了罕见的、比例极高的汉英等值隐喻对位的情形。最突出的是"**话长**"与 long story 的对应。

总体而言，长短这一视觉维度构成的言辞隐喻共有 17 例。其中，汉英文本共享 7 个等值隐喻和 3 个对应隐喻；对于其余 7 个汉语隐喻，英语为字面性表达。

三、言辞之粗细

以视觉影像的粗细谈论言辞时，我们的语料中有 16 例。其中，"粗"基本描述言辞，只有 5 例，如"**粗话**"，并常以"粗鄙"出现，如"诗虽**粗鄙**"等。"细"有 11 例，基本描述言辞行为，如"细述""细言"，还常常叠用，如"**细细**评论一回"。在视觉概念中，"粗"与"细"表示一对对立概念，非粗即细，但在言辞隐喻中并非如此。"**粗话**"意为脏话、低级之语，并非简略之言。而"细言"则为"详尽道来"，与优雅无关。

第 50 回，年关将至，荣府一干人作即景联句的游戏，轮到王熙凤时：

（6）凤姐儿想了半天，笑道："你们别笑话我，我只有了一句**粗话**，可是五个字的。下剩的我就不知道了。"众人都笑道："越是**粗话**越好。"

Xi-feng listened attentively and thought for some moments before speaking.

'You mustn't laugh if this sounds a bit **unpolished**,' she said at last, 'but at least I think it's the right length. Mind you, I've no idea how it could go on.' 'Never mind how **unpolished** it is,' they said.

"粗话"即"粗俗的话"（vulgar or coarse language）。（《现代汉语词典》，328）熙凤自知不是填词作诗的料，出口之前先言明自己的可能是"**粗话**"，即乡言土语，登不了大雅之堂。英语文本也是隐喻，不过，稍有不同：polish 本为物理动作 make smooth，投射到言辞域，意为 refine, make language better（*Longman Modern English Dictionary*，869）。unpolished 意为未经修饰的、未经打磨的（文字）。这与"**粗话**"在概念结构以及语义方面都有区别。

与"细"有关的言辞出现在第 117 回。宝玉欲随和尚而去，临行前说："你们这些人，原来重玉不重人哪。你们既放了我，我便跟着他走了，看你们就守着那块玉怎么样？"宝玉刚走：

(7) 王夫人宝钗等进来坐下，问起袭人来由。袭人便将宝玉的话**细细的说**了。

Lady Wang and Bao-chai meanwhile walked in to Bao-yu's apartment and sat down. They asked Aroma exactly what had happened and she **gave** them a **full account** of all that Bao-yu had said.

"**细细的说**"意为详尽地说，不漏掉任何细节。这个隐喻表述袭人言说的方式。与之相对的英语文本也有隐喻，但是类型不同：

gave them a **full account** of 即告知了（宝玉的讲）的所有话，没有遗漏任何字。这一表达与"**细细的说**"意义接近，但区别在于，前者是一动宾结构的言辞行为隐喻，give 这一物理性动词意味着这是物理行为形成的言辞行为隐喻。full account 含有容器隐喻：account（语词信息）为动体，话语（that Bao-yu had said）为容器。这一隐喻意为语词中包含的所有信息。"**细细的说**"强调述说的周详与细致，**full account** 则偏重信息的完整与周全。

尽管我们讨论的这两个例证汉英都有对应的隐喻，但总体而言，这种情形属于少数。据我们观察，汉语文本中16个"粗"与"细"构成的言辞（行为）隐喻，只有5个有相应的英语隐喻，但没有完全等值的隐喻，其余英语文本都与字面性表达对应。

四、言辞之高低

这一对视觉概念共形成了5个言辞（行为）隐喻。其中，"高"稍比"低"活跃，参与了3个隐喻过程。"高"与"低"不但构成了言辞隐喻（**高论**）和转喻（**矮话**），也形成言辞行为隐喻（**高谈阔论**、**低言**）。

先看第49回史湘云的"高谈"。香菱向她请教如何作诗，引得她谈兴大发，"**高谈阔论**"：

(8) 那史湘云极爱说话的，那里禁得香菱又请教他谈诗？越发高了兴，没昼没夜，**高谈阔论**起来。

Xiang-yun was only too willing to accede to her requests for instruction, and morning, noon and night the two of them were to be found together, always in animated discussion.

"**高谈阔论**"即"漫无边际地大发议论（多含贬义）"（indulge in loud and empty talk）。（《现代汉语词典》，644）同时，"高"与声音高低有关，是视觉域投射到听觉域的强式通感隐喻。与之类似，"阔论"也是同样概念过程形成的隐喻。所以，这里"**高谈阔论**"实际上是两个平行结构的隐喻复合体。而在英语文本中，这一言辞行为隐喻缺失。英语没有单独描述湘云的言辞行为，只描述两人一起热烈讨论：two of them were to be found together, always in animated discussion。

再看一例"**高论**"用作言辞隐喻（名词）的例证。第 115 回，贾宝玉与甄宝玉会面交谈。听了贾宝玉一番所谓"超凡入圣、洗净俗肠、重开眼界"的议论之后，甄宝玉内心折服，欲与他"作个知心朋友"：

（9）便说："世兄**高论**，固是真切。"
'I fully appreciate the sincerity of your remarks,' he began.

"**高论**"意为高明的见解、绝妙的议论。英语文本此处使用了程式化表达，其中没有概念投射：the sincerity of your remarks，这与"**高论**"在语义与概念结构上都不同。英语意在表达言者言辞之真诚，而非对方言论的高明或绝妙。

再看一例概念"低"形成的言辞隐喻。小说第 46 回，谈及出嫁之事，当着袭人、平儿的面，鸳鸯责骂了前来劝说的嫂子：

（10）他嫂子脸上下不来，因说道："俗语说的话：'当着矮人，别说**矮话**。'姑娘骂我，我不敢还言；这二位姑娘并没惹着你，'小老婆'长，'小老婆'短，人家脸上怎么过得去？"
'Huh!' said her sister-in-law in an unsuccessful attempt to retrieve her ruffled dignity. ' "One doesn't discuss **short legs in front of a dwarf**," they say. I make no comment on the nasty things you said about me, but what about these young ladies? They've done nothing to provoke you. This talk about concubines is not very nice for them.'

话语无所谓视觉意义上的高矮，俗语中的"**矮话**"既非字面意义，也非隐喻（指低级无趣之言、粗俗不雅之语），而是转喻，以话语视觉之矮激活话语内容或信息，指谈论"矮"的话语。之前的"**矮人**"也不是隐喻，而是字面意义，指小个子。尽管"**矮话**"不是隐喻，但显而易见的是，"当着矮人,别说**矮话**"是隐喻性表达,即不要在有缺陷的人面前谈论缺陷。视觉概念"矮"投射到抽象概念域,喻指某种缺陷。这位嫂子也不是善茬,能说会道,话中机锋重重。她把袭人、平儿都拉扯进来,狐假虎威来壮大自己。英语文本此处同样也使用了谚语:One doesn't discuss short legs in front of a dwarf,这与"当着矮人,别说**矮话**"在语义上有异曲同工之妙。dwarfs 与"矮人"等值,discuss short legs 也几乎与"别说**矮话**"等值。同样,整体而言,英语谚语也是隐喻性的,尽管单独而言,discuss short legs 不是隐喻。

汉语文本中有关"高低"概念的隐喻或转喻共有 5 个,英语文本有 1 个对应的修辞性表达,3 个为字面性表述,1 个缺失了相应隐喻。

五、言辞之歪直

视觉的另一对概念"直"与"歪"投射到言辞域时,前者往往与言辞行为方式关联,如"不敢**直言**""**直说**"。"歪"则基本上不参与言辞行为,只修饰言辞,如"**歪话**""**歪诗**"。这与上面讨论的"粗""细"相同。这一组概念形成了 7 个隐喻。"歪"形成的言辞隐喻共 4 个,其中"**歪话**"最频繁,达到 3 个。言辞行为隐喻 3 个,除了"**直**"参与的"**直说**""**直言**",还有一个"**说偏了**"的表征。

第 35 回,薛蟠酒后胡言,引得薛姨妈和宝钗伤心不已。宝钗日后埋怨他:"我知道你的心里多嫌我们娘儿们,你是变着法儿叫我们离了你就心净了。"薛蟠连忙辩解:

(11) 薛蟠听说,连忙笑道:"妹妹这从那里说起?妹妹从来不是这么多心说**歪话**的人哪。"薛姨妈忙又接着道:"你只会听你妹妹的'**歪话**',难道昨儿晚上你说的那些话,就使得吗?"

Xue Pan laughed deprecatingly. 'I don't know where you got that idea from, sis,' he said. 'It's very unlike you to make a snide remark like that.'

'Snide remark?' said Aunt Xue indignantly. 'If that's a "snide remark", I don't know what sort of remarks you were making to your sister last night. I think you must have taken leave of your senses!'

薛蟠把宝钗所言称为"**歪话**"。"歪"与"正"相对,投射到言辞域,

"歪话"即歪曲事实、违背常理的话。薛姨妈暗示薛蟠先前说的话也是使不得的"歪话"。针对这一隐喻，英语文本使用了另一隐喻 snide remark。snide remark 语法结构与"歪话"一致，都是形容词+名词（Adj. + N.），概念结构类似。snide 原义为 sharp, cutting of wind (*Online Etymology Dictionary*), 意在描写自然现象风的凌厉，投射到言辞域，英语有短语 snide comment/remark, 意为 one which criticizes someone in an unkind and often indirect way（对人的不友好而间接的批评）。(*Longman Modern English Dictionary*, 1049) 所以，汉英两个隐喻的源始域不同，意义也有出入。

类似的隐喻仍然出现在第35回。贾母盛夸宝钗，薛姨妈内心肯定受用，但当着众人，她连忙自谦：

(12) 贾母道："提起姐妹，不是我当着姨太太的面奉承：千真万真，从我们家里四个女孩儿算起，都不如宝丫头。"薛姨妈听了，忙笑道："这话是老太太**说偏了**。"

'Well now, if we're going to start comparing,' said Grandmother Jia, 'I hope your Aunt Xue won't think I am only saying this because she is here, but really and truly I do think that of all the girls in this family here Bao-chai is the one that I like the best.' Aunt Xue laughingly demurred. 'You mustn't say that. I'm sure you can't really mean it.'

"偏"即不正，与"歪"相仿，话"**说偏了**"即说的话有误，偏离了实情。这一隐喻在英语文本中缺失。英译文"You mustn't say that. I'm sure you can't really mean it."大概意思有了，但不见任何隐喻的影子。

现在再看一个与"直"有关的隐喻。第95回，宝玉的佩玉遗失，贾母拟为此悬巨赏（银一万两），并道出了原委：

(13) 若是靠着咱们家几个人找，就找一辈子也不能得！"王夫人也不敢**直言**。

'If we rely on our own people, we could go on searching for the rest of our lives.' Lady Wang did not dare voice her reservations about this plan of action.

王夫人有不同想法，但沉默不语："王夫人也不敢**直言**"。"**直言**"即"毫无顾忌地说出来"（speak bluntly）。(《现代汉语词典》，2462) 这是一个言辞行为隐喻，汉语还有类似的成语"直言不讳"。当然，"**直言**"也可以是名词短语，意义接近于"忠言"（not mince words）。英语如何表达这一隐喻呢？voice her reservations 无隐喻但有转喻。voice 先（13 世纪晚期）是名词，指 sound made by human mouth（人声），后（15 世纪中期）为动词，表示 to express a feeling, opinion, etc.（表达情感、观点等）。（*Online Etymology Dictionary*）所以，此处是以名词 voice 激活了言辞行为 to make voice, to speak out。

这一组概念形成的 7 个隐喻之中，有 3 个在英语文本中也同时出现了隐喻，有 1 个出现了转喻，其余 3 个为字面性表达。

六、结论

我们考察了视觉维度的五个方面——大小、长短、粗细、高低以及歪直——构成的言辞（行为）隐喻，并进行了汉英文本比照。这些成对概念在物理意义上具有两级性，表示两个极端。但在进入言辞隐喻之后，有些失去了相对性。比如，"**粗话**"与"**细说**"、"**高论**"与"**矮话**"，以及"**歪话**"与"**直言**"。在语义上，"**粗话**"表示粗俗之语，而"**细说**"并非意为"文雅地说"。从语法角度，有言辞行为"**细说**"和"**直言**"，但并无相对的动词"粗说""粗言"，或"歪言""歪说"。此外，"大话"甚至没有与其意义相反的"小话"。

此外，就成对概念而言，除了"歪直"，其余 3 组言辞隐喻的构成极不均衡。比如"大"与"小"的隐喻频次之比为 4∶1，"长"与"短"的这一比例为 14∶3，"细"与"粗"的是 11∶4。我们将检索到的汉英文本隐喻信息归纳于表 3–3。

这一组视觉维度在汉语文本中形成的言辞（行为）隐喻有 50 个。汉英文本同时出现隐喻（隐喻和等值隐喻）的比率很高，达到 21（14＋7）次，其中对应隐喻 13 次。这意味着，英语文本中这种隐喻的频次也不低，这是前面的语料所没有的情况。此外，英语文本有 7 个与汉语共享的等值隐喻（长话/long story），这种情况更是罕见。尽管如此，汉语隐喻总体上还是多于英语（50∶21），在大部分情况下，汉语使用隐喻时，英语以非隐喻性文字对应。

表3-3 汉英视觉概念构成的言辞行为隐喻对比

(单位:次)

概念及频次		隐喻	等值隐喻	转喻	字面	缺失
大小 5	大 4	2	0	1	1	0
	小 1				1	
长短 17	长 14	3	7	0	4	0
	短 3	0	0	0	3	
粗细 16	粗 5	2	0	0	3	0
	细 11	3			8	
高低 5	高 3	0	0	0	2	1
	低 2	1			1	0
歪直 7	歪 4	2	0	0	1	1
	直 3	1		1	1	0
合计 50		14	7	2	25	2

第三章 触觉特性形成的言辞隐喻

本章讨论实物的另一个物理属性——触觉特性。我们汉语语料中检测到的言辞隐喻，主要由源始域为"软硬""冷热"以及"利钝"等触觉概念形成。

一、言辞之软硬

软与硬是触感的主要特性。这对概念投射到言辞域，产生了如"**硬话**""**软语**"这样的言辞隐喻。我们的语料中有 6 个这种隐喻，"硬"有 2 个，"软"为 4 个。它们基本都是名词性的言辞隐喻。

先看出现在第 63 回的"**硬话**"。宝玉生日将至，袭人、晴雯拟从众丫头处筹钱庆贺。宝玉觉得不妥，说她们哪有钱啊。晴雯回答："这原是各人的心。哪怕它偷的呢。"袭人忍不住插话：

(1) 袭人笑道："你这个人，一天不捱他两句**硬话**村你，你再过不去。"晴雯笑道："你如今也学坏了，转会调三窝四。"

'If you were to go for one single day without feeling the **rough side of her tongue**,' said Aroma, 'I think you would feel deprived!' 'Aroma is getting quite expert in the art of stirring up trouble between other people,' said Skybright. 'I wonder who she picked it up from.'

晴雯随后的反唇相讥，又验证了袭人的判断。袭人觉得晴雯话难听，便笑言称她"一天不捱他两句**硬话**村你，你再过不去"。所谓"**硬话**"，即严厉的、伤人自尊的话。英语文本无隐喻，但有转喻，与"**硬话**"对应的 **rough side of her tongue**，属于我们前面考察过的由言辞器官（tongue）特性构成的言辞转喻，以器官的特性（rough）激活言辞的特性。汉语隐喻与英语转喻的意思大致相同。

"**硬话**"如此，"**软语**"如何？现在来看小说第 21 回的标题：

(2) 贤袭人娇嗔箴宝玉　俏平儿**软语**救贾琏

Righteous Aroma discovers how to rebuke her master by saying nothing

And artful Patience is able to rescue hers by being somewhat less than **truthful**

王熙凤离家几日，贾琏与一女子（多姑娘）颠鸾倒凤。熙凤回来，问平儿收拾屋子时有没有多出什么来，贾琏吓得"脸都黄了"，因为确有一缕青丝在平儿手里。"软语"指的是平儿笑着回答王熙凤的话："怎么我的心就和奶奶一样！我就怕有原故，留神搜了一搜，竟一点破绽儿都没有。奶奶不信，亲自搜搜。"与"硬话"反义，"软语"即温柔、平缓、不骄不躁之语。英语文本无此隐喻，甚至无对应表达：rescue hers by being somewhat less than truthful 有"救贾琏"之意，无"软语"之词；being less than truthful 即"没说实话"，其意义与"软语"显然有出入。

针对汉语文本中的 5 个隐喻，英语文本有一转喻（**硬话**/rough side of her tongue），3 个字面性表达，一处缺失了隐喻信息，没有隐喻表征。

二、言辞之冷热

触感的另一维度是温度，即冷（寒）热温凉。汉语语料中，投射到言辞域时，"温"最为活跃，形成了 3 个言辞隐喻。"冷"参与了 2 个隐喻。"冰冷""寒"也构成了隐喻。没有检索到"热"和"凉"构成的隐喻。第 67 回，受尤三姐去世消息的刺激，外加道人的"**冷言**"，柳湘莲出家了：

(3) 柳湘莲见三姐身亡，痴情眷恋，却被道人数句**冷言**，打破迷关，竟自截发出家跟随这疯道人飘然而去，不知何往。

As for Liu Xiang-lian, the human repinings felt by that somewhat cold young man when he realized the value of what he had lost were brought to an abrupt end (as we have shown) by the even **colder words** of the Taoist, which, by breaking through the Barrier of Confusion and opening his eyes to the vanity of human affections, caused him to renounce the world by symbolically severing his hair and following the mad holy man in his wanderings.

"冷言"即漠不关心、多含有讥讽意味的话。英语文本对应的是一等值隐喻，colder words 与"冷言"的语义、概念结构、语法构成几乎完全一致，唯一的细微差别是英语使用了比较级。我们还是可以将它们视为一对难得的等值隐喻。

第 105 回，贾政在荣府宴请亲友，锦衣府赵堂官不请自到：

(4) 贾政等心里不得主意，只得跟着上来让坐。众亲友也有认得赵堂官的，见他仰着脸不大理人，只拉着贾政的手笑着说了几句**寒温的话**。

Jia Zheng could only follow them helplessly back into the hall and ask them to be seated. Some of the guests were acquainted with Zhao, but he passed them by with his head in the air and ignored everyone except Jia Zheng, whom he eventually took by the hand and engaged in vague **small-talk**, smiling inscrutably all the while.

所谓"**寒温的话**"即不冷不热、无关紧要之言，可有可无，聊以应付。当然，也可理解为"问温寒的话"，即寒暄之语。若如此，"**寒温的话**"便是触觉温度激活言辞的转喻。赵堂官如此态度与做派，是因为他素与贾政无甚交情，更重要的是因为他知道贾家厄运将至、贾赦要被革职。英语文本对应的也有隐喻，不过不一致罢了：英语使用了 small-talk 这一源自视觉域"大小"概念的言辞隐喻。它指 polite conversation about unimportant things people make at social occasions (*Longman Modern English Dictionary*, 1046)，即社交场合人们的闲聊。这与汉语的"小话"不尽相同。

汉语文本总共有 5 个由温度构成的言辞隐喻，除我们看到的这两个之外，英语文本再无隐喻对应：2 个为字面性表达，1 个遗漏了隐喻信息。

三、言辞之利钝

所谓"言辞之利钝"指将语言视为带有锋芒的利器，这也可归于视觉之列，但"利"与"钝"往往单凭视觉难以细察，触摸刀刃是我们日常的、更可靠的做法。所以，我们将这一物理特征放在触觉范畴，这一对概念形成的隐喻较多，有 11 例。语言表征比较繁杂，有"**词钝**""这句**机锋**""言谈又**爽利**""**言语钝拙**""**话又锋利**""说出一句话来，**比刀子还利害**""这**话刺心**"以及"**一句话戳了……**"等 8 种。基本上每一种表征只出现 1 次，仅最后一个（即"一句话戳了"）例外，出现了 4 次。

第 60 回中有这一频率最高的隐喻。芳官以茉莉粉冒充蔷薇硝给了贾环，贾环之母赵姨娘知道了颇为生气，埋怨贾环"没刚性的，也只好受这些毛丫头的气！"贾环反唇相讥：

(5) "你不怕三姐姐，你敢去，我就服你。"**一句话戳了他娘的心**。

'Well, if you're not afraid of Tan-chun, why don't you do it yourself? Then perhaps in future I might take a bit more notice of what you said.' **His words touched Aunt Zhao on the raw**.

具备"戳"的功能的必有锋芒。"一句话戳了他娘的心"暗含了隐喻**话即利器**。贾环知道赵姨娘惧怕"三姐姐"，不敢找她们理论，所以，故意如此说。英语也用了触觉构成的隐喻，不过稍有区别：在 His words touched Aunt Zhao on the raw 中，touched 本身为最典型的触觉（touch）词，只不过不一定涉及利器罢了。此外，动作对象 raw 与汉语"心"也不同。raw 此处意为"人体及动物身体的擦伤处、红肿处"。所以，两个隐喻语义基本一致，甚至话语对受话者的伤害（程度）也十分接近。

第 61 回，林之孝家的在荣府撞见五儿，觉得奇怪，问起她为何在此。五儿答得含含糊糊，破绽百出：

(6) 林之孝家的听他**词钝意虚**，又因近日玉钏儿说那边正房内失落了东西，几个丫头对赖，没说儿，心下便起了疑。

Observing her confusion and the **halting nature of her reply**, Lin Zhi-xiao's wife remembered that Silver had lately reported some things missing from Lady Wang's apartment which none of the other maids would admit to having taken and wondered if Fivey might be the thief. It was unfortunate for Fivey that Ciggy and Lotus, together with a number of older servants, should have arrived on the scene at that moment and helped to confirm her suspicion.

"词钝意虚"含有两个并列的物理特性构成的言辞隐喻：以触感"**钝**"及"**虚**"为源始域、以言辞为目标域的"**词钝**"及"**意虚**"。"**钝**"即不锋利，"**词钝**"即言语迟疑、不清。"**虚**"即不实、不真，"**意虚**"即信息虚假。英语文本也有隐喻，halting nature of her reply 将言辞行为视为移动物体（moving objects）。halting nature 即磕磕绊绊、不大顺畅的话语。显然，这只对应了"词钝"而缺失了"意虚"。

触觉中的"利钝"这一对概念在汉语文本中形成了 11 个言辞隐喻，而英语文本中，对应的有 5 个隐喻和 4 个字面表达，还有两处意义缺失。

四、结论

在这一章，我们考察了汉英文本中三对触觉概念——软硬、冷热、利钝——构成的言辞隐喻，并对两种文本进行了比照。

与视觉域形成的隐喻不同，触觉延伸到言辞域之后，基本保留了源始域中对立的关系，如"**言谈爽利**"与"**言语钝拙**"，"**温言**"与"**冷言**"，以及"**硬话**"与"**软语**"，都是相互对立的。

表 3-1 集中了本章的相关数据。就汉英对比而言，尽管这一概念域构成的言辞隐喻有共享的等值隐喻（"冷言"/colder words），也有几乎三分之一（7∶22）的地方汉英文本都使用了隐喻，但汉语使用隐喻时，英语文本使用非隐喻（字面表达＋隐喻缺失）的情况依然占绝大多数（14∶22）。

表 3-4　汉英触觉概念构成的言辞行为隐喻对比

（单位：次）

概念及频次		隐喻	等值隐喻	转喻	字面	缺失
软硬 6	软 4	0	0	0	2	1
	硬 2			1	1	0
冷热 5	冷 2	0	1	0	1	0
	温 3	1	0	0	2	
利钝 11	利 9	4	0	0	2	3
	钝 2	1			1	0
合计 22		6	1	1	9	5

第四章 味觉（嗅觉）特性形成的言辞隐喻

味觉也是人们认识世界的主要路径。国人善于吃，中华文化一直有**生活即家庭盛宴**（LIFE AS FAMILY FEAST）的传统概念。味觉隐喻往往与嗅觉难以区分，所以我们将两者合而为一，为方便起见，简称为味觉。味觉与食物隐喻紧密相关。味觉投射到言辞域时，还常常与容器隐喻交织在一起。我们在汉语文本中检索到由味觉构成的言辞隐喻 11 例。为了论述方便，我们将其分为言辞之滋味、言辞之酸甜两部分，前者笼统地提及"味"，后者具体地道出了何种味道，除了酸甜，还有香、淡等。

一、言辞之滋味

味觉概念投射到言辞域，便形成言辞隐喻。有时，源始域中并不需要言明到底是甜、是酸或是苦，只是笼统地以"味"言之。汉语语料中出现了 4 个这种隐喻。

第 42 回，大家兴味盎然地议论着颦儿（林黛玉）说的话：

(1) 宝钗笑道："有趣！最妙落后一句是'慢慢的画'。他可不画去，怎么就有了呢？所以昨儿那些笑话儿虽然可笑，回想是没趣的。你们细想，颦儿这几句话，虽没什么，回想却有**滋味**。我倒笑的动不得了。"

'In like manner, "by gradual degrees",' said Bao-chai. 'I like that. The telling phrase at the end. The trouble with all those jokes we were laughing at yesterday is that they were funny enough at the time, but on recollection they seem rather stupid. Dai-yu's jokes on the other hand, though the words at first **appear colourless**, **are richly humorous** to remember. They certainly make me laugh a lot.'

宝钗的意思是黛玉的话听起来平淡无奇，实则意蕴丰厚，值得回味。所谓话中"有**滋味**"，即话语含有不少信息量、有幽默感，等等。英语文本无此隐喻，are richly humorous 对应"有**滋味**"，这一表达属字面性范畴。但之前的 the words at first appear colourless 含有一视觉隐喻，反过来，汉语则是通常的说法"虽没什么"。

再看一例与黛玉有关的隐喻。第 23 回，葬花之后，独自一人的黛玉听见女孩们演习戏文，笛韵悠扬，歌声婉转，不觉得心随歌动：

(2) 越发如醉如痴，站立不住，便一蹲身坐在一块山子石上，**细嚼**"如花美眷，似水流年"八个字的**滋味**。

It was like intoxication, a sort of delirium. Her legs would no longer support her. She collapsed on to a near-by rockery and crouched there, the words turning over and over in her mind：

Because for you, my flowerlike fair,

The swift years like the waters flow…

"细嚼"诗文的"滋味"不但涉及味觉形成的言辞隐喻，还包含了两个隐喻：**言语即食物**和**理解（言语）即咀嚼（食物）**。所谓"**滋味**"与上例类似，喻指戏文的含义。英语文本中无此隐喻，但出现了其他意义不同、源始域不同的隐喻，the words turning over and over in her mind 应该与"细嚼……的滋味"对应。但两者区别很大。首先，句式不同，汉语为主句，其动作发出者为黛玉，英语隐喻出现在状语从句中，动作由 words 做出；汉语隐喻为动宾结构，英语为动补结构，无宾语（turning over and over in her mind）。重要的是，隐喻不同。汉语以味觉与食物为源始域，英语则以 SPEECH AS PHYSICAL MOVING OBJECTS（**言辞即运动物体**）为基础。此外，还牵扯到了一个容器隐喻，即 MIND AS A CONTAINER（**心即容器**），words 为动体。

汉语文本以笼统的"味"构成了 4 个言辞隐喻，其中，有 2 个在英语文本中找到了对应隐喻，另外 2 个被英语字面性表达处理。

二、言辞之酸甜

味觉为源始域构成言辞隐喻时，大部分情况下是以具体的味道为出发点的。我们的语料中，"甜""蜜""酸""苦""香"以及"淡"均参与了隐喻过程。其中,"酸"最为活跃,形成了3个隐喻。

第109回,夜深了,宝玉还没睡意,要与五儿谈什么遇仙之事:"你挨着我来坐下我告诉你。"五儿红了脸,不肯。宝玉于是议论道:

(3) 大凡一个人,总别**酸文假醋**的才好。
What's wrong with it? People shouldn't be so **prudish**.

所谓"**酸文假醋**",意为虚伪、装模作样或无端的顾虑太多。其中"**酸文**"与"**假醋**"意同。"**酸文**"为言辞隐喻,文字、文章本无所谓酸,这一隐喻本指修饰过度或假模假样的文字,现在又转而用来描写人及其品行。"酸"进入言辞域时,往往喻指言辞(行为)令人不舒服、不真诚、迂腐等,如"酸溜溜地说""一派酸论"等。英语文本以字面性表达对应,prudish 意为 too easily shocked by things related to sex。(*Longman Modern English Dictionary*, 880) 即过分小心、拘谨,尤其在男女关系方面。这一表述的意思与汉语隐喻相近,但概念结构完全不同。

小说第3回,林黛玉初到荣府,与王夫人谈起宝玉,后者善意提醒她:

(4) "他嘴里一时**甜言蜜语**,一时有天没日,疯疯傻傻,只休信他。"黛玉一一的都答应着。
That is why I counsel you to ignore him. He can be **all honey-sweet words** one minute and ranting and raving like a lunatic the next. So don't believe anything he says. ' Dai-yu promised to follow her aunt's advice.

"甜"及有甜味的"蜜"能让人感到愉悦,但投射到言辞域之后,"**甜言蜜语**"便没有了原来积极正面的含义,转而变成了虚情假意、巧舌如簧甚至不怀好意的代名词。同一概念,在源始域与目的域意义截然相反,这是其他言辞隐喻没有的情况。王夫人在此说宝玉一时这样,一时又那样,没有定性,叫黛玉不要拿宝玉的话当真。英语是如何处理这一隐喻呢?all honey-sweet words 可以看作"**甜言蜜语**"的等值隐喻,也是味觉(形容词)+言辞(名词),也是前者修饰后者,意义也基本一致。唯一的不同是"**甜言蜜语**"是两个并列的隐喻组合,all honey-sweet words 只有一个概念和语法结构,但修饰性的味觉词有2个。

再看下面一例。它的看点是,在一个语段中,出现了前面讨论过的两种味觉隐喻。小说开篇，谈及《石头记》的缘起，便有大家耳熟能详的名句：

（5）满纸荒唐言，一把**辛酸**泪。都云作者痴，谁解其中**味**！
Pages full of idle words
Penned with hot and bitter tears；
All men call the author fool；
None his secret message hears.

本例中，既有具体的味觉词"**辛酸**"，也有笼统的味觉概念"**味**"，二者都在述说《石头记》这一故事，都是言辞隐喻。即便"**辛酸**"直接修饰了"泪"，但"**辛酸泪**"作为隐喻，突显了故事的悲剧色彩，仍在言辞范畴。而另一隐喻"谁解其中**味**"含有容器隐喻，《石头记》为容器，"味"为其中动体。而英语有"**辛酸泪**"的等值隐喻：hot and bitter tears，两者概念结构和语法结构完全一致。但英语中无第二个隐喻"**味**"的对应隐喻。secret message 属直接明说，没有概念变化过程。此外，英语也有容器概念，不过与汉语不同罢了，其容器是 pages，动体是 words。

这一部分讨论了 8 个隐喻，它们都有具体的味道参与。不管味道是好（甜）还是不好（酸、辛），构成的言辞隐喻都有贬义。为什么具有积极意义的"甜"进入言辞域后其含义变为反面？这需要进一步探究。针对汉语文本的隐喻，英语有 1 个等值隐喻，3 个其他隐喻，4 个字面性文字。应该说，与汉语对应的隐喻比例不低。

三、结论

汉语的味觉隐喻比较丰富，源于汉语"吃"文化的传统。进入言辞（行为）域之后，依然能感觉到这种倾向。常见的隐喻有：①将言辞信息视为"滋味"；②将虚假的、不切实际的话语看作"酸文/论"。值得注意的是，味觉形成的言辞隐喻大都具有负面意义，即使"甜"这样让人愉悦的"正面"味道参与的隐喻也不例外。有关信息归纳于表 3-5。

表3-5　汉英味觉概念构成的言辞行为隐喻对比

（单位：次）

概念及频次		隐喻	等值隐喻	转喻	字面	缺失
滋味 4	—	2	0	0	2	0
酸甜 8	酸 3	1	1	0	1	0
	其他 5	2	0	0	3	0
合计　12		5	1	0	6	0

这一由感觉系统构成的言辞隐喻，在汉英两种文本中区别依然明显。在总共12个隐喻中，有一半（隐喻和等值隐喻，6个）同时出现在两个文本中，另一半汉语有隐喻，英语没有。唯一的一对等值隐喻是"**辛酸泪**"与hot and bitter tears，两者的概念结构和语法结构都对应得极工整。

第五章 其他感觉特性形成的言辞隐喻

有些实物的物理属性很难被归类为某种感觉，比如新旧、虚实、轻重、清浊、数量等。它们在描述言辞（行为）时也积极活跃。本章讨论这些感觉特性形成的言辞隐喻。

一、言辞之新旧

新与旧是实物必有的感觉属性。这一对概念在言辞域也比较活跃，在我们的语料中，有 18 个相关的隐喻。其中，"旧"更引人注目，构成了其中的绝大多数（12 个）。就语言表征而言，"旧诗"出现得最频繁（11 次），"新文"次之（4 次），还有"新词""新诗"及"旧话"各 1 次。

先看"新文"。第 45 回，宝钗看了黛玉的药方，觉得太热气了，建议她吃点"滋阴补气"的燕窝，黛玉则说出了不便之处：

(1) 这会子我又兴出新文来，熬什么燕窝粥，老太太、太太、凤姐姐这三个人便没话，那些底下老婆子丫头们，未免嫌我太多事了。

If I now come up with some fancy new idea like asking to have bird's nest syrup made for me every day, then even though Grandmother and Aunt Wang and Cousin Feng may not say anything, the old nannies and maids on the staff are sure to resent the extra work.

所谓"新"，与"旧"相对，往往用来描写外观簇新、没有使用过的实物。投射到言辞域，则指刚刚产生的、出现不久的言语。在我们的语料中，"新文"基本指由文字表述的新消息、新信息，同"新闻"。唯一的例外便是黛玉口中的这个"新文"。此处，所谓"新文"指新想法、新要求。英语文本对应的是等值隐喻 new idea，它与"新文"的概念结构、语义及语法结构都一致。但多数情况下，"新文"等同于"新闻"。第 48 回，有一段平儿与宝钗的对话：

(2) 且说平儿见香菱去了，就拉宝钗悄悄说道："姑娘可听见我们的**新文**没有？"宝钗道："我没听见**新文**。"

As soon as she had gone, Patience seized Bao-chai's hand and asked her, in a low and urgent voice, whether she had heard 'their' news.

'No,'said Bao-chai.

此处"我们的**新文**"指"荣国府的新闻"。平儿想与宝钗谈论前几日宝玉挨打之事。英语文本自然使用了我们估计得到的 news 一词，news 实际上属转喻，以信息的显著特征（new）突显或激活信息。

现在来看"旧"构成的言辞隐喻。我们知道，频次最多的隐喻为"**旧诗**"。第17回，贾政率众人勘察、商议新建大观园内景致定名、题词之事。来到一处景观，宝玉建议题名"稻花村"，并引诗为证。众人"同声拍手道妙"之际：

(3) 贾政一声断喝："无知的畜生！你能知道几个古人，能记得几首**旧诗**，敢在老先生们跟前卖弄！方才任你胡说，也不过试你的清浊，取笑而已，你就认真了！"

[B]ut their cries of admiration were cut short by an angry shout from Jia Zheng：'Ignorant young puppy! Just how many "old poets" and "**old poems**" do you think you know, that you should presume to show off in front of your elders in this impertinent manner? We let you have your little say just now in order to test your intelligence. It was no more than a joke. Do you suppose we are seriously interested in your opinions?'

所谓"**旧诗**"之就"旧"不是指外观之陈旧，而是指时间之久远，"**旧诗**"即古诗。英语文本使用了同样的隐喻，与"**旧诗**"对应又对等 old poems 实则为 ancient poems。

这一对概念形成言辞隐喻时，汉英前所未有地一致。在18个隐喻中，汉英文本共享了10个等值隐喻。"旧"参与的隐喻有9个，"新"构成的有1个。另外，英语文本中与这些隐喻对应的还有3个转喻，字面性表达只有

5 例。

二、言辞之虚实

"虚"与"实"为另一对重要的感觉属性。"虚"即稀松、空虚,与"实"相对。"实"即"内部完全填满,没有空隙"(《现代汉语词典》,1026),或瓷实、扎实。投射到言辞域,"虚"与"实"形成了一负一正两种含义相反的言辞隐喻。我们语料中,共有17例这一对概念构成的隐喻,"实"参与了14例,"虚"涉及3例。

在言辞隐喻中,概念"实"以"**实说**""**实话**""**实言**"以及"**实心实意的话**"为语言表征出现。其中,言辞行为隐喻"**实说**"常规性最强,出现8次,"**实话**"次之,出现4次。

第89回,黛玉身体渐弱,宝玉下学时,常抽空问候:

(4) 宝玉欲将**实言**安慰,又恐黛玉生嗔,反添病症。两个人见了面,只得用**浮言**劝慰,真真是"亲极反疏"了。

> Bao-yu for his part would have liked to talk with her sincerely and offer her some genuine comfort; but he was afraid of aggravating her illness by offending her in some way, and so when he did see her, he merely inquired politely how she was feeling and added a few words of encouragement. Theirs was a true case of estrangement in the very extremity of love.

除了"**实言**",这里还有一个隐喻"**浮言**"。"**实言**"即"真实的话"。"浮"即漂浮在表面,没有触到底部(实处)。"**浮言**"不一定是假话,此处指过于客气、小心,只说应付场面的话,而不说实质性的、切中要点的话。英语文本中没有隐喻,与"**实言**"对应的 talk with her sincerely 和 offer her some genuine comfort,以及与"**浮言**"对应的 inquired politely 都属于字面性表达。

下面的例证还是两个相对的隐喻。第67回,王熙凤风闻贾琏"在外头弄了人",便先审问跟班下人兴儿。她先警告后者:

(5) "你要**实说**了,我还饶你;再有一句**虚言**,你先摸摸你腔子上几个脑袋瓜子!"

'I am willing to overlook that if you tell me the truth. But woe betide you if you tell me a single word that is false! If you had a dozen heads, I should have each one of them!'

"**实说**"即说真话、老实话,此为言辞行为隐喻,"**虚言**"即假话、骗人之语。英语文本依然没有隐喻对应,言辞行为 tell me the truth 是字面性的,与"**虚言**"对应的言辞特质 false 也是非隐喻性的。紧接着上面的场景,兴儿知道王熙凤的厉害,立马说出了全部实情。还保证道:

(6) 奴才刚才说的,字字是**实话**。**一字虚假**,奶奶问出来,只管打死奴才,奴才也无怨的。

I've told you **all I know**, madam, and every word I've told you is true. You can ask other people. If you find a word of **a lie** in what I've told you, you can beat me to death and I shan't complain.

"虚"与"实"这一对概念仍然同时出现。所谓"**实话**"即真实可信之言,与其后的"**虚假**"相对。英语还是没有隐喻,all I know 与"**实话**"不一定同义。a word of a lie 倒与"一字**虚假**"十分吻合,但它没有概念投射过程,不是隐喻。

汉语语料中"虚"与"实"构成的言辞(行为)隐喻中的评价性倾向比源始域中的显著。"虚"原本无明显负面含义,"实"也没那么大的正面意义,但进入言辞(行为)域之后,"**虚言**"变成了众人不齿的谎言,"**实话**""**实说**"成为了诚实的标配。此外,这一对概念形成的一正一负言辞隐喻常常在一个语段中同现,这是其他隐喻少见的现象。最后,"虚"与"实"的所有汉语隐喻都没有在英语文本中找到对应的隐喻,无一例外,后者全部以字面性表达传递了汉语的隐喻信息。

三、言辞之轻重

凡实物必有重量或质量,轻与重也是可以感觉到的重量或质量指标。轻即"重量小、比重小(与重相对)"。(《现代汉语词典》,1565)"重"是与"轻"相对的概念。这一对概念投射到言辞域,在我们的语料中形成了不多(4例)的隐喻。

小说第64回,黛玉身体一日不如一日,宝玉探望时,说到伤心处,两

人免不了相对而泣:

(7) 黛玉起先原恼宝玉**说话不论轻重**,如今见此光景,心有所感,本来素昔爱哭,此时亦不免无言对泣。

Dai-yu, sensing that he was about to make one of those **extravagant statements** that she always found so irritating, had indeed been on the point of getting angry; but when she saw his internal struggle and the tears which followed it, she felt not angry with him but moved, and being herself of a tearful disposition, was soon sitting there in silence and weeping with him for company.

"**说话不论轻重**"即言辞行为不妥、不当、不得体,大多数情况下即使不过分也不到位。可见,言语(行为)不论重与轻,都不是好事,都带有负面倾向。宝玉话语鲁莽、造次,与他不谙世事有关,也与黛玉多愁善感有关。英语文本只有"重",没有"轻",且为字面表达,extravagant statements 意为夸张、过分之言,而且往往 so irritating。这一表达对应了"说话**重**"。

下面看一个单独的"轻"构成的言辞隐喻。第74回,王夫人说晴雯有点"狂",王熙凤不得不打圆场:

(8) 凤姐道:"若论这些丫头们,共总比起来,都没晴雯长得好。论举止言语,他原**轻薄**些。"

'Skybright is certainly the best-looking of the maids,' said Xi-feng cautiously, 'and as regards her behaviour and **manner of speaking**, I suppose you could say she is inclined to **be a little too free**'.

所谓言语"**轻薄**",即说话不稳重,言辞刻薄、轻佻。英语里没有这种隐喻,谈到 manner of speaking 的 a little too free 更加轻描淡写,意味着说话有点随意。

概念"重"形成的言辞隐喻不一定有"重"字出现。第31回,晴雯因故无端闹事,宝玉一气之下,说要"回王夫人",让她"出去"。后者又气又悲:

(9) 晴雯哭道:"我多早晚闹着要去了?饶生了气,还**拿话压派**我。只管去回!"

'When have I ever agitated to leave? 'said Skybright, weeping now in earnest. 'Even if you're angry with me, you ought not to twist things round in order to **get the better of me**. But you go and tell her!'

"**拿话压派我**","话"可以压人,就必然是有重量的。"压"是自上而下的动作。话之所以压人,不但因为宝玉与她属主仆关系,还因为这里提到了王夫人,其家族地位远在晴雯之上。"**压派我**"便是宝玉之言含有的威胁意味。在处理这一隐喻时,英语用了 to twist things round in order to get the better of me。尽管与上下文贴切,但与隐喻"**拿话压派我**"出入明显。汉语隐喻含有借王夫人胁迫之意,英语则截然不同,根本没提王夫人,只是说宝玉 to twist things round in order to get the better of me。to twist things round 有颠倒黑白、混淆视听之意,是肢体动作进入言辞行为的隐喻。to get better of me 即"胜过我",属于非隐喻言辞。所以,此处的英语译文有隐喻对应,但远不是等值隐喻。

对于这 4 个由"轻重"概念形成的言辞(行为)隐喻,英语只有 1 个隐喻勉强对应,其余都使用了字面性词语。我们的语料中没有出现由 light 或 heavy 构成的言辞隐喻。

四、言辞之数目

实物的另一个特质是可数的,有数目的。数目投入到言辞(行为)域,在我们的语料中形成了不少隐喻,计有 7 种、14 例语言表征。有些隐喻常规性较强,如"**三言两语**"(5 次)、"**千言万语**"(2 次)、"**七言八语**"(2 次)等,早已是汉语中的成语。其中,还有一些"**三言两语**"的变体,如"**言三语四**""**三言倒忘两语**"。

第 25 回,宝玉、王熙凤莫名"魇魔法"。与黛玉谈话时,突然"宝玉大叫一声,将身一跳,离地有三四尺高,口内乱嚷,尽是胡话"。而凤姐更可怕,"手持一把明晃晃的刀砍进园来,见鸡杀鸡,见犬杀犬,见了人瞪着眼就要杀人"。荣国府乱作一团。

(10) 当下众人**七言八语**,有说送祟的,有说跳神的,有荐玉皇阁张道士捉怪的。

Although no one knew what to do themselves, there were **a great** many opinions about what ought to be done. Some said an exorcist should be called in to expel the malignant spirits, some that it required a dancing medium to draw them out, some offered charm-sheets invoking the demon-quelling powers of the Heavenly Master and issued under the hand of the Taoist pontiff.

"**七言八语**"中的数字并非具体、准确的言辞数目,而是强调人多言杂,莫衷一是。英语只是用了 a great many opinions 这一表述。与汉语"**七言八语**"对位的 a great many opinions 不含数词,只是笼统地强调 many,属于字面性描述。

如果"**七言八语**"强调的是话多、话杂,那么,"**三言两语**"则要表示的是话少但高效。第 67 回,薛蟠在家请客,席间有人问起柳湘莲,薛蟠说他跟着一个道士出家了。

(11) 怪不的前儿我们在店里,仿仿佛佛也听见人吵嚷说:"有一个道士,**三言两语**,把一个人度了去了。"

'Now I understand what they were shouting about yesterday outside the shop,' said one of them. 'It was something about a man having been converted by only **two or three words** spoken to him by a Taoist.'

道士只用了"**三言两语**"便把柳湘莲这个极有头脑的人"度了去了",说明道士之言道法奇大。与"**七言八语**"一样,"**三言两语**"绝非言辞的确切数字描写,而是突出话语之少、之干练。英语文本有无隐喻呢?**英语中的 two or three words** 与"**三言两语**"在概念结构及语义上基本等值,但常规性有别。"**三言两语**"为成语,使用频率较高,two or three words 则不是。再则,为了突出汉语这一隐喻言简意赅的意义,英语在 two or three words 之前加了 only。

汉语数词参与的隐喻有 14 例之多,英语只有 3 例,其中一个可视为汉语的等值隐喻,其余 11 例英语都以字面性文字表述。

五、言辞之洁秽

洁与秽也是人体能感知到的实物的固有属性。这一对概念也可投射到言辞域,形成言辞隐喻。我们的语料中,只有负面性隐喻,有两个"**腌臜**

话",我们看看其中之一。第 93 回,贾政早上出门时,发现异样,下人告诉他,有人在家门上贴了字条:

(12) 贾政道:"那里有这样的事!写的是什么?"门上的人道:"是铁槛寺的**腌臜话**。"
Jia Zheng: 'What's this? What sort of thing do you mean?'
Servant: 'Something about **sordid goings-on** at the Temple of the Iron Threshold, Sir.'

所谓"**腌臜话**"即脏话、不雅不洁之语。其实,"水月庵的**腌臜话**"是关于水月庵不雅之事的话语。话语本身无所谓"**腌臜**"与否,铁槛寺的"窝娼聚赌"可谓腌臜,有伤风化,或许可以说事体的腌臜导致了话语的腌臜。而英语是 sordid goings-on,即腌臜之事,而非腌臜之言。Sordid 本意为 dirty,此处也是隐喻用法,**sordid goings-on** 意为 immoral, dishonest goings-on。(*Longman Modern English Dictionary*, 1057)

即便出现了"干"与"净"字样,前面加了否定词之后,依然表示"秽"。第 10 回,尤氏与金氏聊天,说起学堂里秦钟与金桂的冲突:

(13) 谁知昨日学房里打架,不知是那里附学的学生,倒欺负他,里头还有些**不干不净的话**,都告诉了他姐姐。
It seems that yesterday there was a fight at the school. One of the external students—I don't know which one it was—had been bullying him; and there were a lot of other **very nasty things** as well. So he had to go and tell all this to his sister.

所谓"**不干不净**的话"显然不是人体感觉意义上的不洁净,而是抽象性的言辞不雅,或含有侮辱人之词。英语文本有隐喻,但没有涉及言辞,**nasty things** 也是隐喻表征。nasty 意为 dirty,但 **nasty things** 喻指 unpleasant happenings or behaviors,things 此处不是实物,也非言辞,而是指比较宽泛的"发生的事情"。

这一组概念产生的隐喻不多,只有 4 例。它们都是消极性的,英语都有隐喻对应,但都对事不对言,都不是言辞隐喻。

六、结论

这一章我们讨论了其他人体感觉属性构成的言辞（行为）隐喻，共有5组基本相对的概念：新旧、虚实、轻重、洁秽以及数目。相关信息归纳于表3-6。

表3-6 汉英其他感觉构成的言辞行为隐喻对比

（单位：次）

概念及频次		隐喻	等值隐喻	转喻	字面	缺失
新旧 18	新 6	0	1	1	4	0
	旧 12		9	2	1	
虚实 17	虚 14	0	0	0	14	0
	实 3				3	
轻重 4	轻 2	0	0	0	2	0
	重 2	1			1	
数目 14	—	2	1	0	11	0
洁秽 4	洁 1	1	0	0	0	0
	秽 3	3				
合计 57		7	11	3	36	0

我们发现：①汉语有57个隐喻，英语只有18个隐喻，其余基本上为字面性表达，汉语隐喻是英语的数倍。②负面概念在隐喻中更为活跃。比如，"旧"构成的隐喻多于"新"（12∶6），"虚"多于"实"（14∶3），"秽"与"洁"对比也是如此（3∶1）。③新旧概念是汉英等值隐喻最集中的所在，多达10例，几乎是这一章等值隐喻的全部。

第六章　汉英人体接触物形成的言辞隐喻对比

除感知特性作为源始域外，人体直接体验的实物或接触物（physical entities）也可以为概念投射的出发点形成言辞（行为）隐喻。我们的语料中，食物、成套器皿、容器、交换物、花朵等具体接触物在言辞（行为）隐喻中比较活跃。此外，还有一些比较模糊的接触物也构成了一些隐喻。

一、言辞即食物

如同体育在美国英语中为隐喻的源始域首选一样，食品是汉语最为偏爱的源始域。我们的语料中，食物在形成言辞（行为）隐喻时十分活跃，形成了 9 例修辞性表征。这一隐喻与各种表示"吃"的动词联系紧密，最常见的是"噎""咽"和"嚼"。

第 32 回，湘云与袭人聊天，谈起以往两人如何亲近，后来生疏，袭人说："你既拿款，我敢亲近吗？"湘云喊冤。袭人忙笑劝道：

(1) "说玩话儿，你又认真了。还是这么性儿急。"湘云道："你不说你的**话噎人**，倒说人性急。"

'Don't take it to heart so, it was only a joke. You shouldn't be so excitable.'

'Don't, whatever you do, admit that what you said was wounding,'said Xiang-yun. 'Say I'm "excitable" and put me in the wrong!'

"噎"本意为"食物堵住食管"（《现代汉语词典》，1332）。"**话噎人**"显然把"话"视为食物了，表示"话""使人受窘无法接着说下去"。（同上）正如我们估计的那样，英语文本无食物隐喻，但 what you said was wounding 也属于隐喻范畴。wound 本意为 to hurt someone with something sharp,（Longman Modern English Dictionary，1272）指的是刀具等对人身体的伤害，现在言辞（what you said）被视为刀具，受话人的情感、情绪被视为身体。

再看一例。第 37 回，荣府有了诗社之后，众人诗兴勃勃。宝钗与湘云谈起作诗之道，颇为专业地说：

(2) 诗固然怕说**熟话**，然也不可过于求**生**。
Certainly one wants to avoid clichés; but one can easily go too far in the pursuit of **novelty**.

显然，"熟"与"生"本意都直接与食物相关。"熟""本意为食物加热到可以吃的程度"。（《汉字源流字典》，1833）"生"指食物"没有煮过的或火候不到煮的不够的"。（同上，169）现在，宝钗将诗中用语视为食物，"**熟话**"指大家用过的、熟悉的词语，"生"则相反，指新奇的、生僻词语。对应的英语语段没有食物隐喻，但有其他隐喻。Cliché 来自法语，原意为 electrotype, stereotype（铅板印刷），与言辞相关的修辞性意思 worn-out expression（陈词滥调）出现于 19 世纪晚期。（Online Etymology Dictionary）novelty 属于字面意义。

汉语这种隐喻的表征还有"拿这个话**堵噎我**""话有些难说，连忙**咽住**""你们娘儿两个在背地里**嚼说起我来**""他又**咽住不往下说**"，等等。大多负面含义明显。与汉语隐喻对应的英语无一食品隐喻，不同的隐喻有 3 例，其余 6 例为字面性表达。

二、言辞即成套器物

汉语文本中有一种言辞隐喻比较活跃，出现了 12 例。这就是**言辞即成套器物**，将言辞看作一套实物。所谓"套"，作"量词，用于成组的事物"。（《现代汉语词典》，1112）基本都为名词性言辞隐喻，如"**套**话""编这么一**大套**""话头又近了禄蠹的**旧套**""**旧套**陈言"等，也有 2 例动词性的言辞行为隐喻："**套叙**""这是**套**的'书成蕉叶文犹绿'"。我们名词、动词各看 1 例。

第 56 回，探春、平儿、李纨、宝钗等商议整治园子之事，别人提议屡屡被平儿否定，于是：

(3) 宝钗忙走过来，摸着他的脸笑道："你张开嘴，我瞧瞧你的牙齿舌头是什么做的？从早起来到这会子，你说了这些话，一**套**一个样子：也不奉承三姑娘，也不说你们奶奶才短想不到；三姑娘说**一套话**出来，你就有**一套话**回奉。"

Bao-chai walked over and began feeling Patience's face: 'Open your mouth, Patience: I want to see what your teeth are made of. Ever since early this morning you've been **keeping up this tune.** You never give Miss Tan credit for anything. You never admit that Mrs Lian is less than perfect and that there are things she may not have thought of. Whenever Miss Tan has finished **saying something,** you come back at her with the **same refrain.**

这里同一隐喻出现了3次。所谓"**一套话**"即前后呼应、结构、意义完整的话语。这里，我们可明显看到器物的影子。英语会使用我们最先想到的 set 这一概念吗？显然一个 set 也没有。英语文本分别使用了 this tune, something 以及 the same refrain 三个不同说法。它们没有概念投射，全是字面性语言。其中，refrain 意为 a comment or saying people often repeat, (*Longman Modern English Dictionary*, 935) 即人们经常重复的话。

现在来看动词性的言辞行为隐喻。第 115 回，贾宝玉、甄宝玉在荣府相见：

(4) 彼此**套叙**了一回，诸如久慕渴想的话，也不必细述。

[T]here was a certain amount of **conventional chat**, with references to this 'long-awaited and much anticipated meeting', details of which we need not record here.

所谓"**套叙**"即谈话时用了老套话、大家常说的话，并无新奇之语。英语没有这一隐喻；英语句型不同，不是主谓结构（彼此**套叙**），而是表示存在的 there be 结构。conventional chat 属名称短语，conventional 语义上与"套"类似。但这一短语不是隐喻。

"套"这一概念形成的 12 个言辞（行为）隐喻中，没有对应的英语隐喻——全部为字面性英语。

三、言辞即容器

容器为重要的意象图式，也是文学家偏爱的隐喻源始域之一。容器一般由区别内外的界限以及囿于其中的动体（trajector）构成。论及言语时，容器可以有不止一种隐喻。最常见的有两类：以人体器官为容器，言辞为动体，如"口中之言"；以言辞为容器，信息为动体，如**"话内有因"**。我们主要关注第二种。

言辞为容器时，其中动体信息可以为"因"（4例），可以是"文章"（4例），也可以是"话"，或"佛性"。我们语料中这类隐喻表征共12例。

第35回，王夫人打发人送了两碗菜，指名给袭人。后者诧异道："从来没有的事，倒叫我不好意思的。"

(5) 宝钗抿嘴一笑，说道："这就不好意思了？明儿还有比这个更叫你不好意思的呢！"袭人听了**话内有因**。

Bao-chai's lips puckered up mockingly.

'Embarrassed? Before very long you're going to have much more than this to feel embarrassed about！'

Aroma sensed **something behind this remark**.

"话内有因" 即通常说的**"话中有话"**，即"说的话除了表面的意思之外，还包含着另外的意思。形容语带双关，意在言外"。（《汉语成语大词典》，454）"因"即与"果"相对之"因"（reason）。这里"话"为容器，"因"为其中动体。处于容器之内，动体"因"不一定外示，至多若隐若现。袭人感到了"因"的存在，但到底是什么，她也不清楚。英语没有出现容器图式，与**"话内有因"**对应的 something behind this remark 采用了另一种空间图式"前—后"。言辞（remark）在前，something 在后。remark 在明处，something 在暗处。所以，英语"前—后"隐喻与汉语容器隐喻所传达的意义异曲同工。

第19回，听到袭人说她漂亮姨姐姐将要"出嫁"，宝玉有点"不自在"。这当儿，

(6) 又听袭人叹道："我这几年，姊妹们都不大见。如今我要回去了，他们又都去了！"宝玉听这**话里有文章**。

[B]ut worse was to follow. 'I haven't been able to see much of my cousins during these last few years,' she said with a sigh, 'and now it looks as if they will all have left home when I do go back.'

There was obviously **a good deal more that lay behind this remark**.

此处"文章"并非指文字,而是指"暗含的意思"(implied meaning)。(《现代汉语词典》,2008)其本身就是修辞性的(figurative)。严格而言,**"话里有文章"**包含了两个概念投射,属于隐喻复合体范畴。与上例一样,对应的英语还是采用了图式"前—后"构成的隐喻,a good deal more that lay behind this remark。言辞 remark 依然在前,具有强调意味的 a good deal more 居后。

看来,描写言辞时,汉语惯于使用容器隐喻,英语惯于使用"前—后"隐喻。我们的语料中有10例这样的情况,只有两次英语使用了字面说法。

四、言辞即交换物

言语在汉语中往往被视为交换物(SPEECH AS AN EXCHANGED OBJECT),有来言,就有去语;有问询,就有回应。这与会话分析理论中的"毗邻对"(adjacency pair)概念是一致的。这种隐喻往往涉及动词"还(言)""回(话)"以及"(无言可)对",与言辞行为相关。此外,这类隐喻往往以否定形式出现,表示言语交际的不正常或戏剧性。第8回,雪雁按宝玉吩咐,给黛玉带来了紫鹃送的小手炉,黛玉责怪雪雁:

(7)笑道:"也亏了你倒听他的话!我平日和你说的,全当耳旁风,怎么他说了你就依,比圣旨还快呢。"宝玉听这话,知是黛玉借此奚落,也无**回复之词**,只嘻嘻的笑了一阵罢了。

'I am glad you are so ready to obey her. Generally when I tell you to do anything it goes in one ear and out the other; yet anything she tells you to do is followed out more promptly than an Imperial Edict!'

Bao-yu knew perfectly well that these words were really intended for him, but **made no reply**, beyond laughing good—humouredly.

"回复之词"即针对黛玉之语的回应。黛玉之言,表面上指责雪雁,实为影射宝玉,宝玉知道这一点。但黛玉言后,他并没有作声,因为他知道黛玉的话不必当真。可见,宝玉"无**回复之词**"是有意的。英语文本无此隐喻,但有其他类型的概念投射:reply 为字面性语言,但 made no reply 涉及了物理性动词构成的言辞行为隐喻:**言辞行为即物理行为**。

第46回,贾赦欲纳贾母身边的鸳鸯为妾,贾母大怒,当众责怪起在场的王夫人:"你们原来都是哄我的!外头孝顺,暗地里盘算我!有好东西也来要，有好人也来要。剩了这个毛丫头，见我待他好了，你们自然气不过，弄开了他，好摆弄我！"

(8) 王夫人忙站起来，**不敢还一言**。

Lady Wang had risen to her feet as soon as Grandmother Jia addressed her, but dared not **defend** herself.

面对贾母的责怪，虽然鸳鸯之事几乎与王夫人无关，但她也不敢作任何辩解。"还一言"的概念基础还是**言辞即交换物**。这里，英语无任何隐喻，defend herself 属于字面性语言。上例宝玉"无回复之词"出于不愿，而王夫人的沉默是由于"不敢"。

汉语文本这种隐喻共有 21 例。与之相对，英语文本出现了 6 例不同类型的隐喻，但无一为等值性的，其余 15 例都是字面性表达。就我们的语料而言，可以说英语缺乏"交换物"这一言辞隐喻。这与我们之前的估计有所不同。作为商品经济出现较早、商品经济成熟的西方社会，英语应该比汉语更善于使用交换物这一概念。可能的原因首先是英语其他类型的隐喻中交换物更为频繁，其次，我们语料库容积有限。

五、言辞即花

这一隐喻的典型语言表征是成语"**花言巧语**"；既然是成语，常规性便强。值得注意的是，"花"是美好的、让人愉悦的，但进入言辞域之后，"**花言巧语**"负面意义极强，专指"虚假而动听的话（fancy words and fine promises）"。(《现代汉语词典》，830）我们的语料中有 4 例这一隐喻，其中 1 例名词性的言辞隐喻，3 例动词性的言辞行为隐喻。第 69 回，尤二姐抑郁而病，夜间半醒半梦之际，她死去的妹妹飘然而至，提醒她：

(9) 休信那妒妇**花言巧语**，外作贤良，内藏奸猾。

Don't trust the **honied words** of that jealous woman! Outwardly she seems kind and virtuous, but she is treacherous and cunning underneath.

"那妒妇"自然指王熙凤。尤三姐还给出了"休信"的理由："外作贤良，内藏奸猾。"这也可看作是对"**花言巧语**"的进一步阐释。英语此处使用了另一种隐喻：honied words 也是实物隐喻，与动物（蜜蜂）和味觉（甜）有关。语义与"**花言巧语**"类似，只不过没有那么明显的贬义。

应对汉语的其他 3 个隐喻时，英语都使用了字面性文字。

六、言辞即手工制品

言辞还可视为手工制品。这一隐喻往往与人体行为动词相关，如"造""编（派）"等，也含有浓重的负面意味，基本上指不足采信的虚假之言。我们有 5 例这种隐喻。第 102 回，人们传说大观园出了妖怪：

（10）那些看园的没有了想头，个个要离此处，每每**造言**生事，便将花妖树怪**编派**起来，各要搬出，将园门封固，再无人敢到园中。

　　The Garden's caretakers saw nothing to be gained by staying. They all wanted to leave the place, and **invented** a whole series of incidents to substantiate the presence of diabolical tree-imps and flower sprites. Eventually they achieved their goal; they were all evacuated, the garden gate was securely locked, and no one dared go in at all.

这一语段中有两个同一隐喻的不同表征："**造言**"及"将花妖树怪**编派**起来"。前者指凭空**制造**谣言，后者意味着**编造**有关"花妖树怪"的虚假信息唬人。与这两个隐喻对应的英语文本只有一个谓语动词，且没有发生概念投射。在 invented a whole series of incidents 中，动词 invented 属于字面性语言，它对应"**造言**生事"，其后的非谓语动词（不定式）to substantiate the presence of diabolical tree-imps and flower sprites 针对的是"将花妖树怪**编派**起来"，其中也没有隐喻。汉英的另一不同在于，汉语的"每每**造言**生事"，意味着这是"看园的"的惯常做派，不是或不限于这一次。这一次具体的做法是"将花妖树怪**编派**起来"。而英语文本将"**造言**生事"视为这一次的行为。

英语文本没有隐喻对应汉语的这一类表达，全部为字面性语言。

七、言辞即其他接触物

除了上面讨论的具体接触物，汉语文本中还有一些难以界定或无须道明的物件，也被用作言辞（行为）隐喻的源始域。这类隐喻有些为言辞行为，如"**提起话**""**留下话**""**用/拿话掩饰/（遭塌）人**""**话头儿活动了**"，等等，总共19例；有些隐喻为带修饰语的名词性言辞，如"说了**两车话**""**没要紧的散话**""**娇音嫩语**""**浓词艳诗**"，等等。所以，我们分别来进行考察。

（一）言辞即动作对象

即便是言辞行为，也是基于**言辞即实物/接触物**这一概念隐喻的。就与动词的关系而言，参与言辞行为的接触物概念，用作动作对象的，频次最多（如"**提起话**"），共有10例；少量用作工具［如"**用/拿话掩饰/（遭塌）人**"］，有6例；个别为动作发出者（如"**话头儿活动了**"），只3例。先看常规性最强的第一种隐喻。

第58回，宝钗、黛玉和湘云正在议论"岫烟才说的当票子"，忽报探春等人来了：

(11) 话说他三人因见探春等进来，忙**将此话掩住不提**。

Our last chapter concluded with Tan-chun's and Xi-chun's arrival at the Naiad's House, which **put a sudden stop to the discussion** of Xiu-yan's affairs by the other three.

言辞"话"可以"**掩住**"，可以按下"**不提**"，这分明是个物件。"**掩住**"和"**不提**"也与视觉相关，都是不让看见。"**提**"还涉及由下至上的垂直图式，上则外露示人，下则匿于暗处。此处这两个叠加的意象表示了同一意思：停止议论，有意不让探春等知道她们的谈话内容。

"**提**"参与的表征是这类隐喻中最为活跃的，常规性极强，占5例。英语无此隐喻，**put a sudden stop to the discussion** 没有汉语"忙**将此话掩住不提**"包含的丰富意象和概念转换，基本属于字面性文字。英语句式、主语也与汉语不同。

再看一例新奇性很强的隐喻。第68回，王熙凤劝尤二姐搬进荣府同住，说了一大堆话，在劝后者不要听信外人之言时，说道：

(12) 至于那起下人小人之言，未免见我素昔持家太严，背地里**加减些话**，也是常情。

I expect the servants **say all sorts of nasty things** about me behind my back. It is their way of having their revenge on me for being strict. I suppose it is only natural.

"加减些话" 与实物相关，可以添加，也可以减少。显然，它也涉及数目或数学概念。**"加减些话"** 负面含义明显，无论是"加"还是"减"，都改变了原来的话语及其意义，有恶意地歪曲其义的意思。英语也有隐喻，不过不同类：say all sorts of nasty things 中的 nasty 原义为 dirty，也是将言辞视为实物，现引申为 unpleasant，（*Longman Modern English Dictionary*，740）说明言辞特质。这与汉语 **"加减些话"** 所表示的歪曲事实有所不同。

言辞作为动作对象时，汉语隐喻远多于英语，汉语有 10 例，英语只有 2 例。

（二）言辞即行为工具

除了动作对象，言辞还可看作行为工具或手段，用于实施主要针对人的行为。第 34 回，宝玉被贾政暴打之后，前来探视的宝钗问袭人事情的起因，袭人提到了薛蟠，宝玉"惟恐宝钗沉心，忙又止住袭人道：'薛大哥从来不是这样，你们别混猜度。'"

(13) 宝钗听说，便知宝玉是怕他多心，用话**拦袭人**。
Bao-chai knew that it was out of respect for her feelings that he **was silencing Aroma.**

"用话**拦袭人**"，言辞"话"成为了"拦"的工具，这一工具同时还有行为对象（袭人）。英语无此用法，silencing Aroma 在语义上对应"用话**拦袭人**"，但略去了言辞工具隐喻。silence 本为名词（始于 13 世纪），后来（16 世纪）才有动词用法。（*Online Etymology Dictionary*）因此，这里含有与言辞行为相关的转喻。

再看一例。第 103 回，金桂想害香菱，却莫名其妙毒死了自己。宝蟾与金桂母亲相互怪罪，前者披露了一些后者之前说过的话：

(14) 金桂的母亲恨的咬牙切齿的骂宝蟾，说："我待你不错呀，为什么你倒**拿话来葬送**我呢？
Jin-gui's mother cursed Moonbeam again, and gnashing her teeth said bitterly: 'Haven't I treated you well? Are you trying to **drive me to the grave?**'

"**拿话来葬送**"即使用言辞置人于死地。言辞的力量竟然如此之大,其工具性特质昭然。而英语文本此隐喻缺失。字面性表述 drive me to the grave 与"**拿话来葬送我**"意思相近,但几乎看不到言辞的作用。

将言辞视为工具时,汉语有 6 例隐喻,英语没有隐喻,只有 1 例转喻,其余全为字面性语言。

(三) 言辞即动作(发出)者

言辞不但可以作为被动的工具,而且可以主动实施有影响的行为,尽管这样的隐喻常规性不强。我们的语料中,这类隐喻常与人的情绪相关。下面的例证都出现在小说第 113 回。

王熙凤病重,刘姥姥来看她。谈到死去的赵姨娘还留下了一个儿子,平儿说,不用担心,他还有老爷太太照顾呢。刘姥姥道:"姑娘,你那里知道!不好死了,是亲生的;隔了肚皮子是不中用的。"

(15) **这句话又招起凤姐的愁肠**,呜呜咽咽的哭起来了。
This coincided with another of Xi-feng's keenest anxieties, and she broke down and began sobbing.

刘姥姥之言"**招起凤姐的愁肠**",使凤姐想起身后的女儿巧姐儿,不由得愁绪万千。言辞"**这句话**"作句子主语,为动作发出者。英语没有这种隐喻,英语文本的概念结构以及语义都与汉语有别。与"**招起**"这一肢体性突出、后果明显的动词不同,coincided with 及物性不强,几乎没有什么后果或影响,意思也显然不同。

此后不久,宝玉半夜来看紫鹃,后者劝他回去,说"二爷有什么话,天晚了,请回罢,明日再说罢"。宝玉在回与不回之间徘徊:

(16) **这一肚子的隐情,越发被紫鹃这一句话勾起**。
[I]f he went back, how would the emotions that seethed within him find an outlet, emotions that his short exchange with Nightingale had only served to intensify?

这个被动句中,动作的实施者还是言辞"**紫鹃这一句话**"。这里含有隐喻**言辞即带"钩"的实物**。英语与汉语差异较大,汉英在句式、概念结构以及语义上都有不同。英语以 exchange with Nightingale 取代了"**紫鹃这一句**

话", 用 had only served to intensify 这一比较抽象的字面表达应对极具形象性的"勾起"。

总之, 汉语的3例这种隐喻都没有在英语文本中找到对应的隐喻。

(四) 言辞即实物/接触物

前面讨论了源于其他不明接触物或实物形成的动词性的言辞行为隐喻, 现在来看基于同一概念的名词性的言辞隐喻。这类隐喻主要表征有"**浮词**""**散话**""**现成话儿**""**浓词艳诗**", 等等, 共8例。第26回, 宝玉在家看书, 贾芸来访:

(17) 那宝玉便和他说些没要紧的**散话**。
Bao-yu made conversation on **a number of unimportant topics**.

所谓的"**散话**"包括"谁家的戏子好, 谁家的花园好, 谁家的丫头标致, 谁家的酒席丰盛, 又是谁家有奇货, 又是谁家有异物"等等。"散"与"聚"相对, "**散话**"即没有重点、漫无边际的话。英语文本使用了其他方式表达这个意思: 在 a number of unimportant topics 之中, 对应"**散话**"的是 a number of...topics, 即多个话题。这里缺失了实物概念, 完全是字面描写。

下面第56回的例子含有两个"**浮词**"。谈起家中用度, 探春感叹, 原来一草一木都是要花钱的。宝钗因此提及朱夫子有一篇"不自弃"的文章:

(18) 探春笑道:"虽也看过, 不过是勉人自励, 虚比**浮词**, 那里真是有的?"宝钗道:"朱子都行了虚比**浮词**了?"
'Yes,' said Tan-chun, 'but in that essay isn't he merely urging the people, in a fairly general sort of way, to exert themselves? And isn't it all rather **empty and rhetorical**? Surely he didn't mean every word of it to be taken literally?'
'Zhuxius **empty and rhetorical**?' said Bao-chai.

所谓"浮"指飘在(液体)表面、没有深入内部。"**浮词**"即只应付表象但不切实际的空话。探春与宝钗在"不自弃"之文上观点对立, 前者认为它属"**浮词**", 不管用, 后者不同意。英语文本使用了字面表达, empty and rhetorical 基本上传递了"浮词"的语义信息, 但是缺失了其中的实物意象。相对于这一节中的汉语隐喻, 英语文本全部以字面语言处理, 无一隐喻出现。

八、结论

这一章我们关注了一些具体的人体接触物,以及难以界定的接触物构成的言辞(行为)隐喻。汉语这部分言辞隐喻负面倾向显著,除容器构成的隐喻之外,几乎所有隐喻都含有明显的贬义,尤其是食物、成套器物、手工制品,以及参与动作的实物构成的隐喻。即便是花朵这样原本让人愉悦的正面概念,也是如此。

本章重要信息汇总如表 3-7。

表 3-7 汉英人体接触物构成的言辞行为隐喻对比

(单位:次)

概念及频次	隐 喻	等值隐喻	转 喻	字 面	缺 失
食物　9	3		0	6	
成套器物 12	0		0	12	
容器　12	10		0	2	
交换物　21	6		0	15	
花朵　4	1		0	3	
手工制品 5	0	0	0	5	0
动作对象 10	2		0	8	
行为工具 6	0		1	5	
动作者　3	0		0	3	
其他实物　8	0		0	8	
合计　90	22		1	67	

总体而言,汉语比英语更善于使用人体接触物来描述言辞(行为),汉语有 90 例这样的隐喻,英语应对的只有 22 例隐喻。汉英两种文本共享的等值隐喻为零。绝大部分情况下(67∶90),汉语出现接触物隐喻时,英语对应的是字面性语言。英语隐喻中最为频繁的是应对汉语容器隐喻时的"前—后"图式及其隐喻。它有 10 例,是数目最多的隐喻种类,几乎占所有此类英语隐喻的一半。

小　结

　　这一部分我们集中考察了人体感觉特性形成的言辞隐喻及其汉英差异。我们从听觉、视觉、触觉、味觉（嗅觉）、其他感觉特性，以及人体接触物出发，探讨了它们作为源始域形成言辞（行为）隐喻的过程及特点，以及汉英两个文本的差异。

　　听觉特性与其他感觉特性构成言辞行为转隐喻的路径不同，我们的讨论方法也略有不同。首先，在听觉特性所关注的 4 个方面（"声"与 voice、"气"与 air、"腔"与 accent 以及"调"与 tone），汉英对应得比较工整，这与言辞器官类似；其次，这些听觉特性本身大多没有成对的对立概念；最后，它们形成的修辞性表征中转喻和隐喻各有千秋，而非以隐喻为主。但听觉性与其他感觉特性有一重要的相同点：汉语中的转隐喻远多于英语（359∶173），为后者的两倍多。在我们考量的 4 个听觉概念中，除"调"与 tone 之外，其他 3 对概念中的汉语转隐喻都远多于英语。

　　其他感觉特性中，成对的感觉在构成言辞隐喻时往往失去了相对性。首先，语义不对立，比如，"**粗话**"与"**细说**"、"**高论**"与"**矮话**"，以及"**歪话**"与"**直言**"。在语义上，"**粗话**"表示粗俗之语，而"**细说**"并非意为"文雅地说"。其次，构成的隐喻频次不对等。如"长"与"短"的这一比例为 14∶3，"细"与"粗"的是 11∶4。其中，负面概念在隐喻中更为活跃。比如，"旧"构成的隐喻多于"新"（12∶6），"虚"多于"实"（14∶3），"秽"与"洁"对比也是如此（3∶1）。

　　汉语言辞隐喻负面倾向显著。在人体接触物形成的隐喻之中，除容器构成的隐喻之外，几乎所有隐喻都含有明显的贬义，尤其是食物、成套器物、手工制品以及参与动作的实物构成的隐喻。即便是味觉"甜"和花朵这样原本让人愉悦的正面概念，进入隐喻之后，也摇身一变，成为负面倾向明显的表达，如"**甜言蜜语**""**花言巧语**"等。

　　汉语文本与英语文本在视觉、触觉、味觉以及容器构成隐喻时，具有较高的对应性。汉英文本同时出现视觉隐喻的比率很高，达到 18 次，其中对应隐喻 11 次。此外，英语文本有 7 个与汉语共享的等值隐喻（长话/long story），这种情况罕见。触觉隐喻之中，有几乎三分之一（7∶22）的地方汉英文本都使用了隐喻。味觉隐喻中，更是有一半的隐喻（6个）同时出现在两个文本中。应对汉语容器隐喻时，几乎每次（10∶12）英语都使用了"前—后"图式及其隐喻，成为所有隐喻之中，两种文本对应程度最高的隐喻。

尽管如此，汉英文本在言辞隐喻方面的不同依然显著，请看表3-8。

表3-8 人体感觉形成的言辞隐喻汉英对比

（单位：次）

概念及频次	隐 喻	等值隐喻	转 喻	字 面	缺 失
视觉 50	11	7	1	29	2
触觉 22	6	1	1	9	5
味觉 12	5	1	0	6	0
其他感觉 57	7	11	3	36	0
人体接触物 90	22	0	1	67	0
合计 231	51	20	6	147	7

首先，在我们考察的5种隐喻之中，汉语隐喻频次都是英语的数倍。"人体接触物"作为源始域时，汉语隐喻是英语的4倍以上（90∶22）。两种文本这一参数比率最低的"味觉"中，汉语隐喻也是英语的两倍（12∶6）。整体而言，汉语文本的言辞（行为）隐喻远多于英语，为后者的3倍多（231∶71）。

纵向来看，汉语使用隐喻时，英语文本最为频繁的对应方式是字面性表达，占了所有转喻的六成以上（147∶231）；最少的对应方式为转喻（6次），用隐喻和等值隐喻方式对应的情形（共71次），占比少于字面性表达，却远多于转喻表达。另外，有7个隐喻传达的信息在英语文本之中缺失。

第四部分
人体行为形成的言辞行为隐喻

如前所言,《红楼梦》汉英两种文本中由言辞器官构成的言辞行为转隐喻多依赖概念转喻**言语器官激活言辞/言辞行为**,转喻特质明显。下面,我们将考查基于人体行为,以概念隐喻**言辞行为即物理/肢体行为**(SPEECH ACTION AS PHYSICAL ACTION)为基础的转隐喻。两者都是从人体出发来感知世界,以具体的人体经验来认识和描述抽象的言辞交际经验。

汉语中有这样一类表达法,它们与言辞器官无涉,字面上(literally)也不涉言语,而是纯粹的人体行为,或准确而言,是肢体行为(physical action)。但粗通汉语者一眼便可看出,这些表达不是指物理或肢体行为,而是描述言辞行为,如**抬举**、**开导**、**打趣**、**抱怨**等。

人体行为动词量大繁杂,这给选择和确定检索词项带来了困难,往往有挂一漏万之虞。我们参考了孟琮等人的《汉语动词用法词典》(2003),钟守满(2008)列出的汉语言辞行为动词(113 个),司建国(2017)有关言辞行为转隐喻的研究,以及 English Speech Act Verb: A Semantic Dictionary 中的 215 个言说动词。确定检索项时,有两个清晰的原则:只保留与言辞行为相关的行为动词,只选隐喻性表述。所以,"提高""谈论"等都不在我们的检索范围之内。

我们的语料中,汉语文本中行为动词形成的言辞行为隐喻非常丰富。据统计,计有 21 种之多,出现频次多达 196 例。① 反观英语,此类言语行为隐喻很少,只有区区 17 例,不及汉语的十分之一。

就隐喻的语法结构而言,汉语言辞行为隐喻的语言表征(linguistic representation)可归为两类:一类如"**顶撞**""**推敲**",构成隐喻的两个词都是动词,即 V+V 型(动词+动词)隐喻。另一类如"**抱怨**""**打趣**"等,由动词+(抽象)名词构成,即 V+N 型隐喻。

---

① 有些言辞行为隐喻表征在我们的语料中缺失,如"传达""揭发""揭露"等等。这可能与语料库容积以及语料产生的年代有关。

第一章　V+V 型隐喻

构成这类隐喻的两个字都是人体行为动词,都本属于纯粹的物理/肢体行为,且两者意义相近,可拆开单独使用,如"**斟酌**""**推敲**"等。两个词结合在一起时,不但构成了言辞行为隐喻,而且奇妙的是,两个词单独使用时的意思基本消失了。可以说其本义隐退,隐喻义突显。

一、斟酌

"**斟酌**"原为人体行为动作。"斟"本义为"往杯、碗里到茶或酒"。(《现代汉语词典》,2436) 与之接近,"酌"即"倒酒、饮酒"。(同上,2354) 这两个动作合在一起,投射到抽象概念域,"**斟酌**"则变为"考虑事情、文字等是否可行或是否适当"。(同上,2436) 显然,这一隐喻还有另一个食品隐喻的参与:**言辞即酒或茶**。我们只关注此隐喻与文字有关的用法,"考虑事情"不在本研究范围。

汉语文本中"**斟酌**"的隐喻性用法共 12 例,大多表示"考虑事情",只有一个与言辞行为有关。第 76 回,中秋佳节,大家相聚荣府,赏月对诗。听了湘云对出的诗句,黛玉如此反应:

(1) 黛玉笑道:"对得却好。下句又溜了,只管拿些风月来塞责吗?"湘云道:"究竟没说到月上,也要点缀点缀,方不落题。"黛玉道:"且姑存之,明日再**斟酌**。"

'Well capped!'said Dai-yu. 'But then in your next line you wander off the track. Is that the best you can do, padding out with that stuff about moonlight?'

'In point of fact we haven't said much about the moon yet,'said Xiang-yun. 'Surely a few words on the subject are in order? Isn't that what our poem is supposed to be about?'

'All right, let it pass,' said Dai-yu. 'We'll have another look at it tomorrow.'

显然，此处"斟酌"与酒、茶无关，也与肢体动作无关，而是对言辞范畴的湘云诗句所作的思考，看文字是否适当、用词是否精妙。英语文本无此隐喻，用 have（another）look at it 这一动作来表示"斟酌"，这实际上是言辞行为转喻。基于转喻**看指代思考**（LOOKING AT FOR CONSIDERING），（Kovecses，2002）have a look at 这一视觉动作激活了 think about 这一抽象的言语行为。这一转喻汉语中也常见，我们经常会说"让我看看"，即"让我想一想"。

"斟酌"这一隐喻在英语中变成了转喻 have（another）look at，一个源自肢体动作，一个视觉动作，但目标域一致，都是针对言辞（湘云诗句）的行为。

二、抬举

就字面而言，"抬"与"举"是典型的人体行为，都意为"将某种物体用力由下向上移动"。基于隐喻**言辞行为即肢体行为**，"抬举"由肢体动作域投射言辞交际域。值得注意的是，《现代汉语词典》里"抬举"词条的释义只有一个："看重某人而加以称赞或提拔。"其中，"提拔"不一定非涉及言辞行为不可，而称赞则是典型的言语行为（Searle，1962；Tsui，1994）。此外，"抬举"还与垂直隐喻（vertical metaphor）① 有关，描述一种自下而上的运动或移动。我们知道，在绝大多数情形中，"下"为卑、为负面，而"上"为尊、为正面，（司建国，2011）"抬举"因此暗含了由卑而尊、由负面到正面的变化，而且这种"称赞或提拔"往往言过其实或者名大于实。

小说第 27 回，凤姐认小红为干女儿，没想到后者反应并不热烈：

(2) 凤姐又向小红笑道："明儿你伏侍我罢，我认你做干女孩

---

① 构成垂直隐喻的要素为 UP/DOWN，它体现的是动体沿垂直坐标相对于陆标的位移和运动（Langacker，1987/2004：217）。它们构成的垂直隐喻（vertical metaphor）属当前国内外隐喻研究的焦点之一。Lakoff & Johnson（1980/2003：14）和 Kovecses（2002：36）认为，从认知功能角度看，垂直隐喻属典型的方向性隐喻（orientational metaphor），它源自于 UP/DOWN 等人类基本的空间倾向，具有两大特点：评价性和系统性。UP 往往具有正面意味（UP IS GOOD），而 DOWN 表示负面意义（DOWN IS BAD）。它们构成的大量隐喻相互连贯，自成一体（coherent system）（Lakoff & Johnson，1980/2003：41）。

儿。我一调理,你就出息了。"

小红听了,"扑哧"一笑。凤姐道:"你怎么笑?你说我年轻,比你能大几岁,就做你的妈了?你做春梦呢!你打听打听,这些人比你大的赶着我叫妈,我还不理呢,今儿**抬举**了你了。"

She smiled at Crimson again.

'How would you like to come and work for me and be my god-daughter? With a little grooming from me you could go far.'

Crimson suppressed a giggle.

'Why do you laugh?' said Xi-feng. 'I suppose you think I'm too young to be your god-mother. You're very silly if you think that. You just ask around a bit: there are plenty much older than you who'd give their ears to be my god-daughter. What I'm offering you is a very special favour.'

"**抬举**"此处指的是"我认你做干女孩儿"这一言辞行为,意思是高看了对方。显然,对应的英语中,"What I'm offering you is a very special favour."没有隐喻发生,只是字面意义 offering someone a very special favour。严格而言,汉语"**抬举**"中的"由下而上"的意象以及"过誉"含义都没有体现于英语的非隐喻表达中。

"**抬举**"在汉语文本中出现了7次,全是隐喻性用法,不过,大多为"提拔"义,明确的言辞行为("称赞")只此一例。

三、推托

"推托"由两个从手的动词构成,可知原本都属上肢动作,而现在唯一的意思为"借故拒绝"(offer as an excuse for not doing sth.)(《现代汉语词典》,1949)。可见它不但是重要的言语行为类型,而且是典型的言辞行为隐喻。其动作特性来自两个类似的动作。"推"即"向外用力使物体顺着用力的方向移动"(同上,1947),"托"则意为"手掌或其他东西向上承受(物体)(hold in the palm)"(同上,1955)。

这一隐喻的常规性(conventionality)(即在语言中的接受、普及程度)有限,汉语文本中只有1例。[①] 第28回,宝玉、薛蟠应邀来冯紫英处作客,

---

[①] 除此之外,"推托"与"推脱"还各有一次,但都属非言辞行为,所以不在我们的讨论范畴。

落座之后，才发现"上了一当"：

（3）宝玉擎茶笑道："前儿说的'幸与不幸'之事，我昼夜悬想，今日一闻呼唤即至。"冯紫英笑道："你们令姑表弟兄倒都心实。前日不过是我的设辞，诚心请你们喝一杯酒，恐怕**推托**，才说下这句话。谁知都信了真了。"

'Now come on!' said Bao-yu, as he picked up the proffered cup of tea. 'What about this "lucky accident" you mentioned yesterday? I've been waiting anxiously to hear about it ever since I saw you. That's why I came so promptly when I got your invitation.'

Feng Zi-ying laughed.

'You and your cousin are such simple souls — I find it rather touching! Afraid it was pure invention, what I said yesterday. I said it to make you come, because I thought that if I asked you outright to come and drink with me, you'd **make excuses**. Anyway, it worked.'

怕宝玉"**推托**"拒绝，冯紫英找了"幸与不幸"的借口，果然奏效。与"**推托**"对应，英语使用了 make excuses。实际上，make excuses 不但是言辞行为隐喻，而且是转隐喻复合体①，即两个以上隐喻和转喻的组合。物理性动词 make 意味着其隐喻基础是**言辞即实物**（SPEECH AS PHYSICAL OBJECTS）。同时，make excuses 还是转喻，它以**动作甲激活（相邻的）动作乙**（ACTION A FOR ACTION B），以**原因激活结果**（CAUSE FOR EFFECT），以 make excuse 激活 to decline。同时，make excuses 也是由物理性动词（make）参与形成的言辞隐喻，语义基本与"**推托**"吻合。不过，两者的构成元素不同，"**推托**"属 V+V 型隐喻，而 make excuses 中的 excuses 为抽象名词。这种结构类似于下一部分要讨论的 V+N 型隐喻。另外，此处英语的这一修辞性（figurative）表达比汉语的概念结构复杂，这比较少见。

四、顶撞

"**顶撞**"是强力的肢体动作。"顶"即以一物（由下向上）抵住另一物。

---

① 所谓言辞行为转隐喻复合体（Speech Activity Metonymic and Metaphorical Compound），指一个句子或段落中两个以上有关言辞行为的概念投射或激活过程。

"撞"从手,指用一物猛烈碰击另一物。投射到言辞行为域,"**顶撞**"表示"用强硬的话反驳别人(多指长辈或上级)"(contradict, talk back, usu. with one's elder or superior)。(《现代汉语词典》,456)与"**抬举**"一样,词典的释义只此一条。这意味着,其本义在现代汉语中已经基本消失了。此外,这里也有垂直隐喻元素,空间意义上的"下对上",意味着被"**顶撞**"的对象往往社会地位高于顶撞者。就物理特性而言,"**顶撞**"是一个快速、有力的动作,及物性①很强,这一特性投射到言辞行为,意味着言辞交际冲突的激烈。

这一隐喻在语料中也只有一例,它出现于小说第 6 回,刘姥姥女儿(刘氏)和女婿(狗儿)的生活颇不如意,于是:

(4) 狗儿未免心中烦躁,吃了几杯闷酒,在家里闲寻气恼,刘氏不敢**顶撞**。

By drinking to allay his anxiety, Gou-er merely put himself more out of temper. He returned home to **vent some of his spleen on** his long-suffering wife.

刘氏"不敢**顶撞**"酒后的丈夫,与中国古代传统家庭中妇女地位低于男人的事实一致。英语文本没有出现这一隐喻,也没有出现与"刘氏不敢**顶撞**"对应的句子,只是说 he returned home to vent some of his spleen on his long-suffering wife,即狗儿酒后回家把气撒在苦兮兮的刘氏身上。其实,vent some of his spleen on 也是言辞行为隐喻,由物理性动词 vent 和抽象名词 spleen 构成,表示 shout at sb. angrily(把怒气撒在某人身上)。

五、推敲

"推"与"敲"都是肢体性明显、动作性极强的人体行为,力度大,及物性很强。这一著名的言辞行为动词源自一段家喻户晓的文人传说。唐代贾岛作诗时,一度纠结于是"鸟宿池边树,僧敲月下门"还是"鸟宿池边树,僧推月下门",遂用手做推、敲的样子,还因此请教了大诗人韩愈,后者建议用

---

① 及物性表示"动作延伸"(verbal extension)的概念(Halliday, 1985/1994)。Hopper & Thompson(1980)认为它是人类各种语言的共有特征,它是关于参与者行为的,包括所为、所感、所言等;而且,它可以描述某一动作是否延伸或施加到其他的参与者,以及延伸和施加的效度。它主要从强度(intensity)、数量(quantity)、频率(frequency)、速度(speed)、有意与否 [(non) volitional] 以及持续时间(duration)等变量考察动作(司建国,2016:143;2017:213)。

"敲"。由此,"**推敲**"便意味着"斟酌字句,反复琢磨",(《现代汉语词典》,1949)其语义则基本上与具体动作无关,变成了典型、纯粹的言辞行为隐喻。

这一隐喻在汉语文本出现了两次。第 30 回,宝玉在大观园中偶遇一姑娘在蔷薇架下边流泪边写字,宝玉不便贸然打扰,但好奇是免不了的:

(5) 宝玉想道:"必定是他也要做诗填词,这会子见了这花,因有所感。或者偶成了两句,一时兴至,怕忘了,在地下画着**推敲**,也未可知。且看他底下再写什么。"

'The sight of the roses has inspired her to write a poem,' he thought. 'Probably she's just thought of a good couplet and wants to write it down before she forgets it; or perhaps she has already composed several lines and wants to work on them a bit. Let's see what she writes next.'

由于"**推敲**"这一隐喻源自汉语典故,一般而言,英语文本不会有对应的隐喻,甚至也没有意义相近的表达,只是笼统地说 wants to write it down before she forgets it,没有"在地下画着**推敲**"那般入微的细节。这一隐喻的另外一例出现在小说第 37 回,荣府诗社热闹开张,晚到的湘云被要求当即赋诗,这难不倒她:

(6) 湘云一心兴头,等不得**推敲**删改,一面只管和人说着话,心内早已和成,即用随便的纸笔录出。

Xiang-yun was much too excited for careful composition. Having, even while they were all talking, concocted a number of verses in her head, she took up a brush and proceeded to write them down, without a single pause for correction, on the first piece of paper that came to hand.

其中"**推敲**"的对象无疑是诗句,其意思也很明确:思考、琢磨文字。反观英语,很难找到与"**推敲**"对应的表达,最接近"等不得**推敲**删改"的应该是 careful composition 以及 without a single pause for correction,都属字面性语言,只有非肢体性名词 composition 和 correction,不见肢体动作,只见字面意义,没有隐喻含义。

六、开导

比起前面讨论的隐喻,"**开导**"出现的频率较高,共 8 次,常规性更明显。此外,这一隐喻往往连在一起重复使用,"**开导开导**"计有 3 次。"开"与"导"都是肢体特性很强的动词,但"**开导**"在《现代汉语词典》的唯一定义是"以道理启发劝导",属于典型的言辞行为范畴。

王熙凤巧舌如簧,所以,第 11 回,王熙凤提出要去探望久病卧床的秦氏,得到了王夫人和尤氏的赞同:

(7) 王夫人道:"很是。我们都要去瞧瞧,倒怕他嫌我们闹的慌。说我们问他好罢。"尤氏道:"好妹妹,媳妇听你的话,你去**开导开导**他我也放心。

'Certainly. You ought to go,' said Lady Wang. 'In fact, we should all like to go with you, but I am afraid it would be too much excitement for her. Please give her our love.'

'My dear,' said You-shi, 'I know she will always do anything you ask her to. See if you can **talk her into a more cheerful frame of mind**. It would be such a relief to me if you could.'

尤氏深知王熙凤的"**开导**"能力,她相信,用言语相劝让病中的秦氏振作起来,非王熙凤不可。对应的英语文本似乎缺乏行为动词,与"**开导开导**"对应的是 talk her into a more cheerful frame of mind。粗看起来,talk 本身就是言语动词,似乎没有意义投射发生。但是,仔细考虑,talk her into 同样暗含了**言辞行为即物理行为**这一概念:talk 是有力度的、可推动 her 位移的行为,使她进入一种状态(into a more cheerful frame of mind)。言说本身就是一种行为,发言即行事,尤其在形成某种后果时,尽管 talk 本身的及物性不如大多肢体性动词。同时,这一表达还涉及了容器隐喻①:frame of mind 为容器,her 为动体。所以,"**开导开导**"对应的英语是一个隐喻复合体,也传达了与其类似的意义。

---

① 沈家煊(2004:337)指出,人们感知和认识事物、动作和性状,事物在空间上、动作在时间上、性状在量和程度上都有"有界"和"无界"的对立。任何有界的,与世界其他部分分开的东西都是容器,包括行为、状态、人、视域等。容器图式是空间有界的区域,是一个突出了图式内部、界定内部边界为路标的结构,是动体连接内部物体的图像。(Lakoff & Johnson, 1999:31)

王熙凤善于说服别人的特点在小说的同一回又被提及。王熙凤按计划来到宁府探望秦氏,对后者"**开导**了一番":

(8) 凤姐儿于是和秦氏坐了半日,说了些闲话,又将这病无妨的话**开导**了一番。秦氏道:"好不好,春天就知道了。

Xi-feng sat for a long time chatting with her, and once more urged her to take a more optimistic view of her illness.

'We shall know the worst when the spring comes,' said Qin-shi.

这一次,英语中出现了难得一见的类似隐喻:首先,to urge 的本义并非我们印象中的言辞行为,而是肢体行为。此词来源于拉丁语动词 urgere,意为推、压、驱动。据 *Webster's Encyclopedic Unabridged Dictionary of the English Language*,其作为及物动词的第一个释义为:to push or force along, impel with force or vigor。而 *Longman Modern English Dictionary* 给出的首个意义类似:to compel to go in a specified direction。其后才有我们熟悉的词义:to attempt earnestly to persuade or encourage。可见,urge 原本是一个强有力的肢体行为,其及物性甚至强于"**开导**"。文本中的 urged 确实发生了向言辞行为域的概念投射,属于典型的隐喻用法。英语隐喻中动词的及物性强于汉语动词,这种情况在我们的语料中实属罕见。

实际上,汉语文本中所有的 8 个"**开导**",除这 3 个之外,其余 5 个都没有在英语文本中找到对等的隐喻。其中,4 个属于字面性表达,1 个没有对应的表达。

七、调停

"调"的动作特质不如前面考察的动词明显,其"本义为配合、和谐",后来有了"使和谐,消除纠纷"之义(《汉字源流字典》,1151)。"**调停**"意为"调解"(《现代汉语词典》,1902)其言辞行为隐喻特征也不如其他例证突出。这是因为"**调停**"由物理行为到言辞行为的转换过程不那么清晰,而且,"**调停**"也不一定总是用言语实施的。我们的汉语语料中,共有 11 例"**调停**",其中 3 例与言语无关。我们关注的当然是与言语行为相关的"**调停**"。

第 52 回,宝玉吩咐打发坠儿走,宋嬷嬷(即下文的"那媳妇")不满,非要在怡红院问个究竟。无奈之下:

(9) 晴雯道:"这话只等宝玉来问他,与我们无干。"那媳妇冷笑道:"我有胆子问他去? 他那一件事不是听姑娘们的**调停**?"

'You'll have to ask Bao-yu about that when he gets back,' said Skybright. 'It's nothing to do with us.' The woman sneered. 'You know perfectly well that I wouldn't dare. He always does what you young ladies want him to in any case.'

此处的"**调停**"不只是指协调、办妥,还含有安排、调遣,甚至唆使、摆布之意。"那媳妇"的意思是宝玉没有主见,全听"姑娘们"的。"听"字显示"**调停**"属口语实施的言辞行为。英语如何处理这一隐喻? 在 D. Hawkes 的文本中,最后一句"He always does what you young ladies want him to in any case."的意义与"他那一件事不是听姑娘们的**调停**?"基本吻合,但没有与"**调停**"类似的隐喻,完全是直白的字面意思。

第 22 回,湘云说戏班的某个小戏子像黛玉,引出了湘云和黛玉之间的纠葛。宝玉两头"**调停**",疲于安抚,皆不达目的。他来到潇湘馆,被黛玉一通怒怼,才发现自己好心得不到好报,不由得悲从中来:

(10) 宝玉听了,方知才和湘云私谈,他也听见了。细想自己原为怕他二人恼了,故在中间**调停**,不料自己反落了两处的数落。

When Bao-yu heard her say this, he knew she must have overheard every word of his conversation with Xiang-yun. He reflected that he had only acted in the first place from a desire to keep the peace between them; yet the only outcome of his good intentions had been a telling-off by either party.

"**调停**"在这里有说和、调解之意,与《现代汉语词典》的定义相符,此处指宝玉与湘云和黛玉分别"私谈"的一系列言辞行为。英语文本有此义,但无此隐喻;to keep the peace between them 的语义与"在中间**调停**"接近,但不一定是言辞行为,也不属隐喻。"**调停**"涉及变化,keep 维持原有状态,所以,前者动作的及物性也比后者明显。

看最后一例。第 40 回,荣府家宴,贾母欲要讨喜的刘姥姥坐在自己身边。王熙凤不好违贾母之意,但又怕刘姥姥说话没轻没重,闹出什么笑话,于是巧妙地吩咐鸳鸯"**调停**":

(11) 凤姐一面递眼色与鸳鸯，鸳鸯便忙拉刘姥姥出去，悄悄的嘱咐了刘姥姥一席话，又说：“这是我们家的规矩，要错了，我们就笑话呢。"**调停**已毕，然后归坐。

As the maids hastened to comply, Xi-feng tipped a wink at Faithful, who took the opportunity presented by this diversion to draw Grannie Liu aside and quietly brief her on the decorums to be observed by anyone eating with the family.

'It's part of the rules of this household,' she told the old woman in conclusion. 'If you don't do it properly, they will laugh at you.'

此处"**调停**"意为协调、化解矛盾。前面的"嘱咐""说"显然属言辞行为。再者，其中的"一席话"以及直接引语（"这是我们家的规矩，要错了，我们就笑话呢"）都说明这个"**调停**"是通过言辞完成的。所以，它无疑属于言辞行为隐喻。而英语文本中缺失了最后一句"**调停**已毕，然后归坐"，自然也没有这一言辞行为隐喻。

八、搪塞

"搪"即"抵挡"，（《现代汉语词典》，1866）"塞"即"堵住、阻挡"。这一动作可引申为抽象的"敷衍塞责"（do sth. off or perfunctorily），（同上，1866）也可投射到言辞域。汉语语料中，这一隐喻出现了 11 次，其中 8 次是用来描述言辞行为。

小说第 18 回，元妃省亲，"已而入一石港，港上一面匾灯，明现着'蓼汀花溆'四字"。这几个字原是出自宝玉之手。小说叙述者由此直接出面发问：

(12) 想贾府世代诗书，自有一二名手题咏，岂似暴富之家，竟以小儿语**搪塞**了事呢？

[Y]ou will say, a household as long established and highly cultivated as the Jias' must have had several well-known talents at its disposal which it could have called upon for such important purposes as these? These were no wealthy parvenus whose vulgarity would be satisfied with the effusions of a gifted schoolboy for **filling in the gaps** where inscriptions, are felt to be de rigueur.

在这个例句中，曹雪芹自问自答："使贾妃见之，知爱弟所为，亦不负其平日切望之意。"元妃和宝玉姐弟情深，贾府如此安排，并非敷衍，恰是为了取悦元妃而有意为之。"以小儿语**搪塞**"意味着"**搪塞**"使用的是语言，是一言辞行为。与之对应的英语也有隐喻，而且也是言辞行为隐喻，不过源始域略有不同。filling in the gaps 意为弥补、填补空缺。fill in 也是物理行为，原意为"填入、充满"，这意味着容器隐喻的介入：gaps 为容器，inscription 为其中动体。同时，where inscriptions are felt to be de rigueur 中的 inscription 意味着这一物理行为投射到了言辞行为。尽管汉英都出现了言辞行为隐喻，但 fill in 与"**搪塞**"在语义、及物性等方面的区别很明显。

这一隐喻的典型用法又出现在第 70 回。贾政即将回府，宝玉急忙补做功课，免得受罚，连王夫人也跟着着急起来。不过，宝钗、探春却有办法：

(13) 宝钗探春等都笑说："太太不用着急，书虽替不得他，字却替得的。我们每日每人临一篇给他，**搪塞**过这一步儿去就完了，一则老爷不生气，二则他也急不出病来。"王夫人听说，点头而笑。

Bao-chai and Tan-chun, who happened to be present, reassured her.
'We can't memorize his texts for him,' they said, 'but we could at least help him out with his calligraphy. If each of us copied a sheet of characters for him every day to add to what he has done himself, he ought to have enough calligraphy to get by with. That's one hurdle at least he'd be over. It would save Sir Zheng from getting angry and Bao-yu from making himself ill.'
Lady Wang smiled and nodded.

她们愿意替宝玉代笔临帖，以此"**搪塞**"（即应付）贾政。"临一篇"是书写行为，是书面的言辞行为，由此而"**搪塞**"贾政，也属言辞行为隐喻。[①] 此处"**搪塞**"与上例不同。首先，它是通过书面语而非口头语实施

[①] 以前，言语行为基本上只指口头交际，属于言语交际或语用学范畴。例如，魏尔兹比卡（1987）和古塔特（1998）给言语行为动词下的定义是：开口说话；给人解释或向人寻求解释；给别人建议或请求别人的建议；对他人进行批评、警告、嘱咐等。表达这些行为的动词都具有言说特征，其中一些动词的言说特征明显一些，另外一些动词的言说特征不那么明显，但它们都能以言行事。（钟守满，2008）

的，这也与绝大多数言辞行为有别；其次，"**搪塞**"意义不同，意即"应付、勉强度过"。英语文本没有与"**搪塞**"对等的隐喻，但英语中不乏隐喻，甚至言辞行为隐喻。其中的动词短语 get by 可以理解为"渡过（难关）""生存下来"，have enough calligraphy to get by with 有"以字求生"之意，所以，属言辞行为隐喻。"That's one hurdle at least he'd be over."也是隐喻性说法，将宝玉面临的难题喻为 hurdle，解决难题即 be over the hurdle，只不过与我们关注的言辞行为无关罢了。

总体而言，在 8 个"**搪塞**"之中，英语文本只有 2 个对应的言辞行为隐喻，4 个为字面意义，另外 2 个没有对应的表达。

九、小结

我们观察了汉语文本中 V+V 结构的言辞行为隐喻，及其英语文本中的对应表达。表 4-1 综合了上面讨论的主要信息。

从表中可以看出，汉语文本的 V+V 型言辞行为隐喻共有 12 种，一共出现了 29 次。其中，"**开导**"与"**搪塞**"用得最频繁，各有 8 次。对于汉语的隐喻，英语文本以字面性表达对应的频次最多（14 次），以转喻应对的最少。以不同类型隐喻处理的只有 8 次，有 6 次英语文本没有出现任何对应表达。可见，汉语言辞行为隐喻在英语中基本找不到对等隐喻，绝大多数情况下，汉语使用言辞行为隐喻时，英语要么使用了字面性表达，要么略去了隐喻表达内容。所以，我们暂且认为，汉语擅长以人体动作描述言辞行为，其概念结构和过程比英语复杂。

我们初步发现：①分开来看汉语中的两个动词，肢体性较强，及物性明显。它们投射到言辞行为域，延续了这些特征。②从语义而言，构成隐喻词组后，这些词组基本失去了单个动词的源始域意义，隐喻义突出，或在大多数情况下，只表示言辞行为意义（"遮饰"还有待观察）。③尽管英语文本也出现过言辞行为隐喻，但基本没有人体行为动词构成的隐喻。动词基本上都是 make 等，动作肢体特征不强。具体而言，汉英隐喻源始域中的动作在速率、力度、肢体参与程度等方面极为不同，汉语的动作性基本上都强于英语。这意味着，尽管汉英两种文本目标域相同（言辞行为），但源始域元素（动作特征）不同，从而形成了不同的隐喻或转喻。④没有发现两个文本隐喻完全一致的情况。⑤汉英两种文本都出现隐喻时，汉语这类表达的概念结构大多比英语复杂，涉及了更多概念及概念过程。⑥这类言辞行为隐喻的常规性有限，前 4 种和后 4 种都只有 1 例，其他的最多只有

8例。与下一部分讨论的 V+N 型隐喻相比,这一特点尤为明显。

表 4-1 汉英 V+V 型言辞行为隐喻对应

(单位:次)

概念及频次	隐喻	等值隐喻	转喻	字面	缺失
斟酌 1	—	—	1	—	—
抬举 1	1	—	—	—	—
推托 1	1	—	—	—	—
顶撞 1	1	—	—	—	—
推敲 2	—	—	—	1	1
开导 8	3	—	—	4	1
调停 3	—	—	—	2	1
搪塞 8	2	—	—	4	2
挑拨① 1	—	—	—	—	1
透露 1	—	—	—	1	—
遮饰 1	—	—	—	1	—
指出② 1	—	—	—	1	—
合计 29	8	0	1	14	6

---

① 等值隐喻借用了翻译学 equivalent 的概念,指两个或多个隐喻在目标域与源始域的概念元素、概念过程等诸方面都一致。就言辞行为隐喻而言,两个隐喻源始域中有同样的人体动作,而且它们在力度、速度、方向及效果等方面都一致。

② 隐喻"**挑拨**"与"**透露**"出现在后面的隐喻复合体中。隐喻"**指出**"将在下面与 point out 一起讨论。

第二章 V + N 型隐喻

与第一类隐喻不同，这种隐喻由一个人体动作动词和一个名词（往往是抽象名词）构成。另一个不同是，其意义与名词或动词的源始意义有关联，与名词的关联往往大于动词。最后，这类隐喻的常规性明显强于第一种。两类隐喻相同的是，其语法特征承续了动词词性，表示某种言语行为。英语文本依然缺乏对等的隐喻表达，基本上以字面意义的词语来应对汉语文本的这种隐喻。

一、抱怨

"抱"从手，为人体动作，即"用手臂围住"。（《现代汉语词典》，312）"怨"表示抽象情感，即"怨恨"。（同上，1412）**抱怨**唯一的意思是"心中不满，数说别人不对"。（同上，313）可见，其词性延续了动词"抱"，其意义则与这一动词几乎无关，与名词"怨"密切相关。这一隐喻的常规性极强，在汉语文本中高达57例，是所有人体行为动词构成的言辞行为隐喻中频次最多的。

小说中首个含"抱怨"的隐喻源自第1回中的封肃。封肃的女婿甄士隐"同着疯道人飘飘而去"，女儿"哭个死去活来"，还得依靠着他来度日，自然，他有怨而无奈：

(1) 那封肃虽然每日**抱怨**，也无可奈何了。
The latter still found daily occasion to complain, but there was very little he could do about it.

"**抱怨**"即说一些对女儿不满，尤其是对女婿不满的话，属典型的言辞行为隐喻。英语文本使用了我们大多可以猜到的 complain 来对应这一隐喻，句中 the latter 指封肃。complain 本身意为 to express dissatisfaction（表示不满）。(*Longman Modern English Dictionary*, 223) 译文没有概念投射或意义转移,属于字面意义。

第 66 回,兴儿谈起宝玉的种种出格行迹,以及他周围下人待他的方式,尤三姐听后如此反应:

(2) 尤三姐笑道:"主子宽了,你们又这样;严了,又**抱怨**:可知你们难缠。"

'You talk like this about someone who is easy-going with you,' said San-jie,'yet you **complain** just as much about someone who is strict. One can see that you are difficult people to employ!'

"又这样"与"**抱怨**"相反,指对主人不够尊重,也包括如此在背后议论主子。"**抱怨**"意味着"发牢骚、表达不满情绪"。英语文本与此隐喻相对的还是 complain。实际上,所有汉语隐喻"**抱怨**"在英语文本中都没有对等的隐喻,绝大多数(45 例)都以我们熟悉的 complain 应对,其余的 12 例则缺失英语文本。

二、撒谎

"**撒谎**"由肢体性动词"撒"和抽象名词"谎"构成。"撒"从手,义即"把颗粒状的东西分散着扔出去,散布东西"。(《现代汉语词典》,1648)"谎"从言,属言辞概念。显然,这一隐喻还以隐喻**言辞即物体**为基础。类似概念结构的言辞行为隐喻还有我们将要论及的"**推辞**""**起誓**"及"**搭讪**"等。"**撒谎**"是常用的言辞行为隐喻,在我们的语料中使用频率高达 29 次。英语文本没有与此对等的隐喻,绝大多数(26 次)以字面性表达应对之。

小说第 8 回,宝玉写了三个字贴在门眉上,心里没底,叫黛玉把把关:

(3) 一时黛玉来了,宝玉笑道:"好妹妹,你别**撒谎**,你看这三个字那一个好?"黛玉仰头看见是"绛芸轩"三字,笑道:"个个都好,怎么写的这样好了!明儿也替我写个匾。"

Just then Dai-yu arrived.

'I want you to tell me honestly, cousin,' said Bao-yu. 'Which of these three characters do you think is the best?' Dai-yu looked up at the three characters above the door:

RED RUE STUDY
'They are all equally good. I didn't know you could write so beautifully. You must do one for me some time!'

"撒谎"即"说假话,哄骗别人"。宝玉急于知道自己的字究竟好不好,所以恳求黛玉"别**撒谎**"。英语有现成的非隐喻动词 lie,不过 Hawkes 没用,没有出现这一隐喻的否定式("别**撒谎**"),而是采取了字面意义的肯定式表达:to tell me honestly。

这一隐喻的第二个例子发生在第 21 回,平儿帮贾琏藏起了后者风流之后遗落的一缕青丝,瞒过了王熙凤:

(4) 贾琏笑着央告道:"你好生收着罢,千万可别叫他知道。"嘴里说着,瞅他不堤防,一把就抢过来,笑道:"你拿着到底不好,不如我烧了就完了事了。"一面说,一面掖在靴掖子内。平儿咬牙道:"没良心的,'过了河儿就拆桥',明儿还想我替你**撒谎**呢!"

'All right, you look after it, then. But'—his tone became entreating—'Don't, whatever you do, let her find out!' He said this to **put her off her guard**. As soon as her defenses were relaxed he made a quick grab and snatched it from her. 'Perhaps you'd better not have it, after all,' he said with a grin of triumph. 'If I have it I can burn it, and then it's all over and done with.' He stowed the hair in the side of his boot as he said this.

Patience clenched her teeth in anger. 'You're mean! Burn the bridge when you're safely over the river—that's your way, isn't it? All right then, you needn't expect me to **tell lies** for you in future!'

贾琏采用缓兵之计抢过了其"罪证",平儿气愤不过,威胁下次不会再替他欺骗王熙凤了。此处的"**撒谎**"不是指平儿隐瞒贾琏出轨证据这一行为,而是指她之前对王熙凤说的一番假话:"怎么我的心就和奶奶一样!我就怕有原故,留神搜了一搜,竟一点破绽儿都没有。奶奶不信,亲自搜搜。"所以,无疑是为言辞行为。这次英语文本使用了我们熟悉的动词短语:tell lies。tell lies 也是典型的言辞行为,只不过属于字面意义,不是隐喻罢了。不过英语也有一个汉语没有的言辞行为隐喻:"He said this to put her off her guard."与前面讨论过的 urged her to take a more optimistic view of her illness 类似，said 属言语行为动词，本身不是隐喻，但由于其后有了言后意图或效果 to put her off her guard，因此有了物理行为特质。

三、打趣

"打趣"即"拿人开玩笑，嘲弄"。(《现代汉语词典》，350) 这一言辞行为隐喻承接了其中动词"打"的词性，但与其义"用手或器具撞击物体"（同上，345）关系不大，与其中名词"趣"即"趣味，兴味"（同上，1594）的语义联系更显著。

这个隐喻在汉语文本中出现了 12 例，常规性较强。第 21 回，湘云开了黛玉玩笑，黛玉想报复，被宝玉拦着了：

(5) 宝玉劝道："罢哟，谁敢戏弄你？你不**打趣**他，他就敢说你了？"

'Oh, really!' said Bao-yu. 'Who would ever have the nerve to make fun of you? Yun only said what she said because you mimicked her in the first place. She'd never have dared to otherwise.'

其中隐喻"**打趣**"指的是之前黛玉笑话湘云"爱""二"不分："偏是咬舌子爱说话，连个'二'哥哥也叫不上来，只是'爱'哥哥'爱'哥哥的。"可见，"**打趣**"指的是黛玉故意模仿湘云的"大舌头"，属于言辞行为范畴。英语文本使用了更为准确的非隐喻动词 mimicked。mimick 即 imitate, esp. in order to ridicule (*Longman Modern English Dictionary*, 709)，有"学舌"之趣。与之相比，汉语的"**打趣**"尽管属隐喻，倒显得笼统了。此外，英语文本中，宝玉的话中倒是有一类似的言辞行为隐喻：to make fun of，语法结构和语义与"**打趣**"都相似，只不过动作类型（"打"与 make）不同而已。这一隐喻对应汉语文本中的字面性词语"说"。如此，这里出现了罕见的"汉语用隐喻时英语用字面表达，英语用隐喻时汉语为字面表达"的"错配"(mismatch) 现象。

这种"错配"在下面得以纠正。第 48 回，听香菱长篇大论地谈诗，略感诧异之余，

(6) 探春笑道："明儿我补一个柬来，请你入社。"香菱道：

"姑娘何苦**打趣**我！我不过是心里羡慕，才学这个玩罢了。"

'I can see I shall soon be writing an invitation asking you to join our poetry club,' said Tan-chun smilingly.

'Don't **make fun of** me, Miss Tan,' said Caltrop. 'Writing poetry is something I've always wanted to do, and now I've got the chance, I'm learning for the fun of it. I don't expect I shall ever be any good.'

这一回，与"**打趣**"对应的是言辞行为隐喻 make fun of，这种隐喻对应十分难得。但这仅是隐喻对应，而非隐喻对等。尽管两者构成元素一样，都是 V+N，而且语义类似，概念投射路径一致，但汉英动词的及物性差异较大。"打"在强度、速率、力度等方面都远甚于 make，而后者的持续性（duration）超出前者。所以，两者并不完全对等。不过，据我们观察，"**打趣**"与 make fun of 是我们语料中最接近于对等的言辞行为隐喻了。

当然，英语文本将汉语这一隐喻完全忽略的也不乏其例。比如，第 63 回，大家在荣府夜饮，掷骰赏诗，当湘云抽出"只恐夜深花睡去"诗句时：

（7）黛玉笑道："'夜深'二字改'石凉'两个字倒好。"众人知他**打趣**日间湘云醉眠的事，都笑了。

'For "at dead of night" read "on a stone bench",' said Dai-yu.

The others laughed, remembering Xiang-yun's inebriation earlier in the day.

这里，黛玉之言"**打趣**"的是具体之事（"日间湘云醉眠"）。英语只是保留了此事，而略去了黛玉的言辞行为隐喻。

即便有 make fun of 这一语义十分接近的隐喻，汉语隐喻"**打趣**"只有 4 次在英语中找到相应隐喻，大多数（7 次）为字面性文字，1 次被省略。

四、抢白

"**抢白**"即"当面责备或讽刺"。（《现代汉语词典》，1546）"抢"属剧烈、快速的上肢动作，意为"抢夺、抢先"。投射到言辞行为域，"**抢白**"还含有不礼貌地、强行打断别人话语的意味。汉语文本中共有 6 例这一表征。英语文本中无一例与之对等的表达，大多以名词（短语）应之，既非隐喻，也非行为，有些语义也不尽相同。可以说，汉英两种文本在"**抢白**"

这一隐喻上完全不一致。英语中似乎本无此隐喻。《现代汉语词典》（汉英双语）"**抢白**"词条下的英语释义为：tell off; reproach or ridicule sb. to their face，这些解释都是非隐喻性质的。

我们来看两个例子。贾瑞在第9回成功"**抢白**"了香怜：

（8）今见秦香二人来告金荣，贾瑞心中便不自在起来，虽不敢呵叱秦钟，却拿着香怜作法，反说他多事，着实**抢白**了几句。香怜反讨了没趣，连秦钟也讪讪的各归坐位去了。

Qin Zhong's and Darling's complaint at first put Jia Rui in somewhat of a quandary, for he dared not openly rebuke Qin Zhong. He could, however, give his resentment outlet by making an example of Darling; so instead of dealing with his complaint, he told him that he was a trouble-maker and followed this up with so savage a **dressing-down** that even Qin Zhong went back to his seat humiliated and crestfallen.

汉语文本的言辞行为隐喻"**抢白**"在英语文本中变成了非隐喻性的名词短语 dressing-down，即 a severe and lengthy rebuke（*Longman Modern English Dictionary*, 314）。

再看发生在第46回的"**抢白**"：

（9）邢夫人便命人叫了他嫂子金文翔的媳妇来，细细说给他。那媳妇自是喜欢，兴兴头头去找鸳鸯，指望一说必妥，不想被鸳鸯**抢白**了一顿，又被袭人平儿说了几句，羞恼回来。

The laundress was duly summoned and Lady Xing carefully explained what was required of her. The woman was naturally delighted and went off in a great bustle of self-importance to look for Faithful, confident that she had only to state her mission for the matter to be successfully concluded. Not prepared, therefore, for Faithful's acrimonious rebuff or the strictures of Patience and Aroma which followed it, she returned to Lady Xing to make her report in a state of angry mortification.

此处，金文翔的媳妇"被鸳鸯**抢白**了一顿"，英语文本中与言辞行为隐喻"**抢白**"相对的是字面性的名词性短语 acrimonious rebuff（断然拒绝），两者语义也明显不同。我们语料中所有隐喻"**抢白**"在英语中都是以字面性语言处理的。

五、提醒

"提"意为"使事物由下向上移"（lift, raise）。（《现代汉语词典》，1880）显然，这一动词还涉及垂直概念。"醒"本为抽象名词，指睡眠前后、饮酒之后神志回复正常的状态，或觉悟、醒悟（being clear in mind）。（同上，2148）进入言辞行为概念域，"**提醒**"即使用言语"从旁指点，促使注意"（remind, warn, call attention to）。（同上，1882）这一隐喻在垂直维度由下自上的变化，投射出认知维度由无意识、没注意到有意识、注意到的变化过程。在我们的语料中，这个隐喻共有 15 例，属于常规性较强范畴。英语文本全部以字面性文字传达了这一隐喻。

第 23 回，王熙凤向王夫人建议，暂不遣散小和尚、小道士，安顿他们到附近寺庙，以备来日应承之用。

(10) 王夫人听了，便商之于贾政。贾政听了笑道："倒是**提醒**了我。就是这样。"

The suggestion pleased Jia Zheng when it was in due course relayed to him by Lady Wang.

'Of course. That is just what we should do. I am glad you **reminded** me.'

贾政原来打算打发了这一拨人，王熙凤之言"**提醒**"他，使他改变了主意。显然，"**提醒**"是贾政"听了"王夫人转述王熙凤之言实现的，是言辞行为的结果。英语文本无此隐喻，reminded 为非物理行为，本来就属于言辞范畴。再看一例。第 43 回，宝玉神神秘秘带着焙茗骑马到了郊外，突然提出要买香，无处可买：

(11) 焙茗见他为难，因问道："要香做什么使？我见二爷时常带的小荷包儿有散香，何不找找？"一句**提醒**了宝玉，便回手衣襟上挂着个荷包摸了一摸，竟有两星沉速。

But when he saw that Bao-yu was genuinely distressed, he added: 'What's it for? I've noticed that you often carry powdered incense in that sachet you wear. Why not see if you've got any in that?' Bao-yu, glad to be reminded, extracted the silk purse that he wore suspended from his neck underneath the front fold of his gown, felt inside it with his fingers, and was delighted to find that there was still a pinch or two of powdered agalloch in the bottom.

这次"**提醒**"宝玉的是焙茗的"一句"话:"我见二爷时常带的小荷包儿有散香,何不找找?"这一"**提醒**"使得宝玉想起了忘记的事实。英语还是使用了 to be reminded,它与"**提醒**"的区别不但在概念投射方面,还在于中文"提醒"是主动式而 to be reminded 是被动式。

六、推辞

"**推辞**"之"推"从手,属肢体性动作,意为"向外用力使物体或物体的某一部分顺着用力方向移动"(push, shove)。(《现代汉语词典》,1947)"辞"则有两个可能的意思:一个即"优美的语言、文辞、言辞",名词范畴;另一个为动词,即"躲避、推托"。(同上,317)我们倾向于取第一个解释,因为"辞"的本义为"讼词,口供",后引申为"借口,推脱掉、不接受"等义。(《汉字源流字典》,1613)隐喻的源始域概念即本义,而非引申义。如此,"**推辞**"符合我们这一部分讨论的隐喻构成规约,即 V + N,也是它与"**推托**"的区别。就语义而言,"**推辞**"即"表示拒绝(任命、邀请、馈赠等)"(refuse, turn down, decline)。(《现代汉语词典》,1948)这一隐喻的常规性较强,我们的文本中共有 8 例。

小说第 1 回,中秋之夜,甄士隐在家备了家宴,特来僧房邀贾雨村小酌,后者欣然接受:

(12) 士隐笑道:"今夜中秋,俗谓团圆之节,想尊兄旅寄僧房,不无寂寥之感。故特具小酌邀兄到敝斋一饮,不知可纳芹意否?"雨村听了,并不**推辞**,便笑道:"既蒙谬爱,何敢拂此盛情。"

'Tonight is Mid Autumn night,' said Shi-yin. 'People call it the Festival of Reunion. It occurred to me that you might be feeling rather lonely here in your monkery, so I have arranged for the two of us to take a little wine together in my study. I hope you will not refuse to join me.'

Yu-cun made no polite pretence of declining. 'Your kindness

is more than I deserve,' he said. 'I accept gratefully.'

"**推辞**"也是典型的、重要的言辞行为。（Searle, 1964; Tsui, 1994）何况，文中的"不**推辞**"之前是甄士隐的诚恳邀请（"故特具小酌邀兄到敝斋一饮，不知可纳芹意否？"），之后是贾雨村的肯定性应答（"既蒙谬爱，何敢拂此盛情"），可见这一隐喻的否定式执行了"接受（邀约）"这一言语行为。有点出人意料的是，英语不但用了否定式，而且使用了隐喻：made no polite pretence of declining。而这一隐喻也是物理性动词（made）+抽象名词（pretence of declining），只不过 made 比"推"肢体性弱、polite pretence of declining 比"辞"更复杂而已。

再看一例。第 16 回，贾琏外出多日回家，"问别后家中诸事，又谢凤姐的辛苦"，这引得凤姐长篇大论的自卖自夸。王熙凤之言，听似诉苦，实为显摆。其伶俐、其势利、其志得意满，等等，都可见一斑：

(13) 更可笑那府里蓉儿媳妇死了，珍大哥再三在太太跟前跪着讨情，只要请我帮他几天；我再四**推辞**，太太做情应了，只得从命。

And to crown it all, when Rong's wife died Cousin Zhen kept coming round to see Aunt Wang and begging her on his knees to let me help out for a day or two next door. I **said again and again that I couldn't do it**; but Aunt Wang agreed just to please him, so there was nothing for it but to do as I was told.

"再四（而非再三）**推辞**"依然推不掉，这说明为何自己这么忙，更重要的是，自己多么有能耐，别人多么离不开自己。英语如何"**推辞**"呢？英语没有简单地使用现成的 refuse 或 decline 来传达"再四**推辞**"，而是采用了复杂的句式："I said again and again that I couldn't do it."。主句里套了宾语从句，主句中的动词是最普通的言说动词 said，并非隐喻。但显然，"再四"这一概念由 again and again 得以充分强调。

针对 8 例"**推辞**"，英语文本出现了 3 个类似隐喻、5 个语义接近的字面性文辞。

七、搭讪

"**搭讪**"，意思是"为了想跟人接近或把尴尬的局面敷衍过去而找话说"

(strike up a conversation with sb., say sth. to smooth over an embarrassing situation).（《现代汉语词典》, 343）"搭"从手，为肢体性动词，"本义为挂，把（柔软的东西）挂或放在支撑物上"。（《汉字源流字典》, 1401）现在意为"支、架或连接在一起"（put up, build, connect）。（《现代汉语词典》, 342）"讪"从言，本义为谤，即讥笑、诽谤，（《汉字源流字典》, 198）后引申为"难为情的样子"（discomfited, redfaced）。（《现代汉语词典》, 1673）于是"搭讪"意味着把由于"讪"中断的联系重新连接起来，或消除由不当言行造成的尴尬局面。"搭讪"是一个常见的表达，我们语料中共出现了14例。

贾琏在小说第64回进入宁府尤二姐处，两人首次独处，略有些尴尬：

（14）二姐儿低了头，只含笑不理。贾琏又不敢造次动手动脚的，因见二姐儿手里拿着一条拴着荷包的绢子摆弄，便**搭讪**着，往腰里摸了摸，说道："槟榔荷包也忘记带了来，妹妹有槟榔，赏我一口吃。"

She merely smiled, keeping her eyes demurely downwards, and pretended not to notice. At this stage, he judged; a physical advance would be premature. He noticed that as she sat there her hands were continuously playing with a length of silk handkerchief to which a tiny embroidered bag was attached. **To fill in the embarrassed silence** that was developing, he pretended to be feeling for something at his waist. 'Oh, I've come out without my betel! Give me some betel, my dear, if you've got any.'

贾琏"**搭讪**"的目的是为了化解尴尬，接近尤二姐，这一言辞行为的内容是"槟榔荷包也忘记带了来，妹妹有槟榔，赏我一口吃"。没话找话的痕迹明显。英语文本中也有隐喻，相似却不完全相同：与"**搭讪**"类似，to fill in the embarrassed silence 也是言辞行为隐喻，因为其后说了话（Oh, I've come out without my betel!），也是物理行为（fill in）之后伴随抽象名词（the embarrassed silence）。不过，fill in 的肢体特征没有"搭"明显，名词概念也不一样。虽然都属言辞域，但"讪"为言语，silence 为无言的沉默。此外，就语法而言，"**搭讪**"在句中为谓语动词，而 to fill in the embarrassed silence 作目的状语。尽管如此，此处用 to fill in the embarrassed silence 来译"**搭讪**"，可谓神来之笔。

再看一例。第 85 回，贾政升职，荣府豪庆。王熙凤当着众人的面开了宝玉与黛玉的玩笑：

（15）招的大家又都笑起来，说："这从那里说起？"黛玉也摸不着头脑，也跟着讪讪的笑。宝玉无可**搭讪**，因又说道："刚才我听见有人要送戏，说是几儿？"大家都瞅着他笑。凤姐儿道："你在外头听见，你来告诉我们，你这会子问谁呢？"

There was a puzzled laugh from the others. Someone said:
'What are you talking about?'
Dai-yu was as much in the dark as they were and smiled awkwardly. Bao-yu extricated himself by launching off at another tangent:
'I heard just now that someone is planning to send over some players. When are they coming, does anyone know?'
They all stared at him in amazement and laughed. It was Xi-feng who replied:
'You're the one who's heard. Why ask us?'

宝玉与黛玉两人略显尴尬，对话也前言不搭后语起来。"**搭讪**"此处为说出切题、合适的话来化解尴尬场面，但偏偏"宝玉无可**搭讪**"，这才又说出招致另一个冷场的话题——"刚才我听见有人要送戏，说是几儿？"

英语文本无与"**搭讪**"对应的隐喻。但是，其中的 Bao-yu extricated himself by launching off at another tangent 考虑到了整个句子"宝玉无可**搭讪**，因又说道"。To extricate 即 to free sb. from difficult or serious situation（解救某人于困境），(*Longman Modern English Dictionary*, 325) 而 off at another tangent 意为 shift to a new topic（转向另一话题）。由于 tangent 意味着 topic, 所以，尽管与"**搭讪**"不对应，更不对等，英语这一表达也是言辞行为隐喻。

另一个"**搭讪**"出现在第 89 回。潇湘馆里的两个丫头背着黛玉议论宝玉的所谓定亲消息，正说到要紧处：

（16）只听鹦鹉叫唤，学着说："姑娘回来了，快倒茶来！"倒把紫鹃雪雁吓了一跳。回头并不见有人，便骂了鹦鹉一声。走进屋内，只见黛玉喘吁吁的刚坐在椅子上。紫鹃**搭讪**着问茶问水。

As she was speaking there was a loud squawk from the parrot:

'Miss Lin's back! Put the kettle on!'

The two maids had the fright of their lives and turned round expecting to see Dai-yu. But seeing no one, and realizing their mistake, they scolded the bird and went inside. They found Dai-yu at her chair. She was out of breath and had clearly only just sat down. Nightingale **asked rather awkwardly** if she wanted any tea or water.

紫鹃的**搭讪**源于担心刚才的议论被黛玉听到了，心里发虚。此处这一隐喻意在消除尴尬、重新建立正常联系。英语似乎以 awkwardly 应对这个隐喻，显然，"Nightingale **asked rather awkwardly** if she wanted any tea or water."对应"紫鹃**搭讪**着问茶问水"。我们认为，awkwardly 更接近于"讪讪地"，只描述行为"问"的方式，而"**搭讪**"本身为言语行为，有"接近某人、建立联系"之意。这是 awkwardly 所没有的蕴意。

由此看来，"**搭讪**"是一个汉语特质明显的隐喻，在英语中很难找到对等的表达。我们的语料中，英语文本只有 3 例与之大致同义的隐喻，其余要么为字面性语言，要么略去了对应的表达。字面性表达种类繁多，结构与语义也不尽相同。

八、起誓

与"推辞""搭讪"一样，"起誓"也是由物理性动作结合表示言辞的名词构成，暗含**言辞即实物**（SPEECH AS PHYSICAL OBJECT）这一隐喻，不同的是，"起誓"还牵扯到垂直隐喻，因为"起"意味着"物体由下往上升"（go up, rise）。（《现代汉语词典》，1516）"**起誓**"即"发誓、宣誓"（vow）。（同上，1518）

这一隐喻的常规性适中，语料中只有 3 例。英语全部以字面性文字对应。小说第 36 回，贾蔷买了只雀儿说是给病中的龄官解闷，不料后者不但不言谢，反而训斥起他来：

(17) 龄官道："你们家把好好儿的人弄了来，关在这牢坑里，学这个还不算，你这会子又弄个雀儿来，也干这个浪事！你分明弄了来打趣形容我们，还问'好不好'！"贾蔷听了，不觉站起来，连忙赌神**起誓**。

'You and your family!' said Charmante bitterly. 'It isn't

enough to take decent girls from their homes and shut them up in this prison to learn beastly opera all day. Now you have to bring a bird along to do it as well. I suppose it's to keep me reminded of my misery. And you have the audacity to ask me "do I like it?"'

Her words appeared to make Jia Qiang quite frantic, for he uttered a string of the most violent and passionate oaths in reply.

这是因为看到关在笼中的雀儿，龄官自然联想到身处贾府这个"牢坑"的自己，意识深处的此种隐喻思维，自然使她对雀儿产生同情，对把雀儿当玩物的行径怒不可遏。贾蔷不敢怠慢，"连忙赌神**起誓**"。英语文本中无类似隐喻，使用了 uttered…oaths 这一字面性短语。不过 oaths 有许多修饰语：a string of the most violent and passionate。这些汉语中没有的表达加强了贾蔷发誓的力度。

《红楼梦》人物中，最爱"起誓"的非宝玉莫属。其中之一发生在第 28 回，宝玉跟黛玉表白，黛玉不大相信，急得前者说了狠话（"天诛地灭，万世不得人身！"），黛玉应道：

(18) 黛玉道："你也不用**起誓**，我很知道你心里有'妹妹'。但只是见了'姐姐'，就把'妹妹'忘了。"宝玉道："那是你多心，我再不是这么样的。"

'There's no need for you to swear,' said Dai-yu. 'I know very well that Cousin Dai has a place in your heart. The trouble is that as soon as Cousin Chai comes along, Cousin Dai gets forgotten.'

'You imagine these things,' said Bao-yu. 'It really isn't as you say.'

黛玉依然不急，说出了精辟之言："我很知道你心里有'妹妹'。但只是见了'姐姐'，就把'妹妹'忘了。"让宝玉起先的"**起誓**"赌咒顷刻化为乌有。英语文本使用了非隐喻性的言语动词 swear 来表示"**起誓**"。除了言辞隐喻的区别，汉英明显的不同还在于汉语使用了笼统的、加引号的"姐姐""妹妹"，英语索性点出了名字 Cousin Chai, Cousin Dai，少了一些想象空间。

九、塞责

"塞""甲骨文从宝盖（房屋），从二工（表筑墙杵），从双手，会双手持杵筑墙将窗户堵住之意……本义为堵住，充实"。（《汉字源流字典》，1662）"塞"在现代汉语中意为"填入"（fill in）。（《现代汉语词典》，971）"责"意为"责任，职责"。（《现代汉语词典》，1430）"**塞责**"则意味着推脱责任，聊以应付职责，或勉强完成任务等。这一言辞行为隐喻常规性较强，语料中出现了11例。英语文本没有类似隐喻，9次使用了字面性语言，2次略去不译。第18回，元妃省亲，在大观园题一七言绝句：

(19) 题毕，向诸姐妹笑道："我素乏捷才，且不长于吟咏，姐妹辈素所深知，今夜卿以**塞责**，不负斯景而已。"

'There!' she said with a smile to the girls. 'I'm no genius, as you all well know, and I have never been much of a poet. But tonight I thought I really must write something, for this beautiful garden's sake. Later on, when I have more time to spare, I intend to write a Description of Prospect Garden and a set of verses to be entitled The Visitation in commemoration of this wonderful night.

"**塞责**"指题诗这一书面言辞行为达到的效果，即"聊以完成任务"。"责"一方面来自贾府上下的期待，一方面来自大观园的美景。英语文本没有隐喻，只有书面言辞行为。从 but tonight I thought I really must write something, for this beautiful garden's sake 之中，我们看到了字面性的言辞行为 write something，与"卿以**塞责**"对应的是 I thought I really must write something。

下一个"**塞责**"的是贾琏。第64回，为了接近尤二姐，他来到宁府：

(20) 贾琏进入宁府，早有家人头儿率领家人等请安，一路围随至厅上。贾琏一一的问了些话，不过**塞责**而已，便命家人散去，独自往里面走来。

Jia Lian turned into the gateway of Ning-guo House. The men-servants temporarily in charge there were waiting inside the gate to welcome him, with the other servants all lined up behind them. They clustered round him as he made his way up to the hall. There, **for form's sake, he asked them a few perfunctory questions** before dismissing them and continuing on his way to the inner apartments.

先看汉语。对于请安的家人，贾琏哪有心思搭理，他佯装问话，"不过**塞责**而已"。可见，"**塞责**"指的是"问话"这一口头言辞行为。再看英语。其中还是没有隐喻，只有言辞行为（he asked them a few perfunctory questions）。为了传达"**塞责**"的意味，前面加了 for form's sake，有"为了大面上过得去"之意，也算基本译到位。

十、传话

"传"从人，本义指人转换车马、传递公文等的驿站，后引申为动词，指一方交给另一方。（《汉字源流字典》，278）"**传话**"这一隐喻意为"把一方的话转告另一方"（pass on a message）。（《现代汉语词典》，299）这一隐喻的概念结构与"**起誓**"等类似，其中的名词明显属言辞范围。它在汉语语料中出现频率较高，达13次。英语基本没有出现相似的隐喻，转隐喻倒有两次，绝大部分（10处）为字面性文字，1处省略。

第36回，宝玉被贾政惩罚暴打之后，卧床将息。贾母探视之后：

(21) 因怕将来贾政又叫他，遂命人将贾政的亲随小厮头儿唤来，吩咐："以后倘有会人待客诸样的事，你老爷要叫宝玉，你不用上来**传话**。就回他说我说的：一则打重了……"

[S]he began wondering what would happen when he was well enough for Jia Zheng to start asking for him again. To guard against that contingency she had Jia Zheng's Head Boy brought before her to receive instructions direct from her own mouth.

'In future,' she told him, 'whenever the Master is entertaining guests or seeing anybody and asks for Bao-yu, you are to say, straight away, **without needing to see me about it**, first of all that Master Bao was very seriously injured by his beating…'

贾母禁止小厮传贾政的话，要他直接回话拒绝，并随后教了他如此这般回话。"**传话**"即把贾政传召宝玉的话告知贾母。英语文本无此隐喻，与

"你不用上来**传话**"对应的是 without needing to see me,无隐喻却有转喻。以**整体激活部分**(WHOLE FOR PART),以及**外围激活核心**。(Peirsman & Geeraerts, 2006:306) 小厮拜见贾母为整个事件,传话只是拜见过程中的一部分。整个拜见过程为事件的外围部分,传话为事件核心。所以, to see me 意味着 pass me on the message。

下个例子出现于小说第 94 回。怡红院的海棠罕见地在 11 月开了花,引得贾母兴致颇高,邀请大家赏花:

(22) 那贾母高兴,叫人**传话**到厨房:"快快预备酒席,大家赏花。"叫宝玉、环儿、兰儿:"各人做一首诗志喜。"

Grandmother Jia was unperturbed and determined to enjoy herself. 'Send someone to the kitchen,' she said. 'We want wine and some nice things to eat. We'll have a little party. I should like you, Bao-yu, Huan and Lan, each to write a poem to celebrate the occasion.'

汉语的隐喻"**传话**"在英语中没有对等表达,send someone to the kitchen 之中不含隐喻。与上例相似,英语使用了转喻,不过是不同的转喻:**部分甲激活部分乙**(PART A FOR PART B),用事件的"派人去厨房"部分激活"传话到厨房"这一部分事件。同时,从事态转喻角度而言,则基于**转喻事态前激活事态核心**(THE BEFORE FOR THE CORE)。(Panther and Thornburg, 1999:337) 派人在先,传话在后,传话属这一事态的核心。

十一、小结

我们考察了 V + N 型的汉语言辞隐喻及其英语对应部分,主要信息归纳如表 4-2。

表 4-2 汉英 V + N 型言辞行为隐喻对应

(单位:次)

概念及频次	隐喻	等值隐喻	转喻	字面	缺失
抱怨 57	—	—	—	45	12
撒谎 29	—	—	—	26	3
打趣 12	4	—	—	7	1
抢白 6	—	—	—	6	—

（续上表）

概念及频次	隐 喻	等值隐喻	转 喻	字 面	缺 失
提醒 15	—	—	—	15	—
推辞 8	3	—	—	5	—
搭讪 14	3	—	—	10	1
起誓 3	—	—	—	3	—
塞责 11	—	—	—	9	2
传话 13	—	—	2	10	1
合计 168	10	0	2	136	20

首先，V+N 型言辞隐喻常规性较强，有 168 例之多。其中，"**抱怨**"最频繁，达 59 例，"**撒谎**"次之，有 29 例。这两个最常用的隐喻在英语中没有对等隐喻。英语文本要么以字面性文字对应（绝大部分，分别为 45 例和 26 例），要么略去（极少部分，分别为 12 例和 3 例）。这两个"典型性"隐喻其实代表了 V+N 型隐喻的汉英格局。在 10 种共 168 例汉语隐喻中，只有 3 种隐喻（"**打趣**""**推辞**"和"**搭讪**"）共 10 次在英语文本中找到基本对应的隐喻。其中，"**打趣**"最频繁，有 4 次。这是因为英语有比较常规化的短语 make fun of。但即便如此，绝大多数情况下（7 例），英语依然使用了字面性表达。英语文本与"**推辞**"对应的 made no polite pretence of declining，与"**搭讪**"对应的 to fill in the embarrassed silence 等，尽管也是言辞行为隐喻，但显而易见，汉英在语义、概念结构、动词的及物性等方面都有差异，所以，还不是严格意义上的等值隐喻。引人注目的是，许多情况下，即便英语有与汉语相似的表达，如 pass a message 与"**传话**"，英语文本中依然没有出现隐喻。

所以，总体而言，汉语使用隐喻时，英语基本以字面性表达为主，共 136 例，占总隐喻频次的 80% 以上。主要原因是：①英语本身无与汉语对应的表达；②英语有类似隐喻，但没有使用。只有不到 6% 的情况下汉英都使用了隐喻，但远不是严格意义上的等值隐喻。就动词元素而言，英语比汉语笼统，及物性弱于汉语，通常都是使用 make，get 等，远没有汉语的"打""推"等那样具体、强悍。

第三章　言辞行为转隐喻复合体①

除单个的、只有一次概念投射的隐喻之外，一个语段（utterance）中常常会有多次概念投射或概念激活、多个隐喻和转喻共现的情形，我们将此称为转隐喻复合体。（司建国，2015：752）复合体是多种概念混合运作、多种修辞融会贯通的体现，蕴含了更多意象、概念及意味。言辞行为转隐喻复合体也是如此。（司建国，2017）表达言辞行为时，我们发现了以下由人体行为动作参与的言辞行为转隐喻复合体。

一、"抱怨"和"起誓"

对王熙凤起了歹心的贾瑞进了前者设的圈套，"先冻了一夜，又挨了打"，但是在第12回，贾瑞依然不死心：

(1) 此时贾瑞邪心未改，再不想到凤姐捉弄他。过了两日，得了空儿，仍找寻凤姐。凤姐故意**抱怨**他失信，贾瑞急的**起誓**。

Yet even now his infatuation remained unaltered. It never entered his mind that he had been made a fool of. And so two days later, as soon as he had some free time, he was back once more looking for Xifeng. She deliberately **reproached** him for having failed her, thereby so exasperating him that he **swore by the most terrible oaths** that he had been faithful.

这一语段中，出现了两个言辞行为隐喻，构成了隐喻复合体。一个是王熙凤"**抱怨**"，一个是贾瑞"**起誓**"。前为因，后为果。"**抱怨**"是假，"**起誓**"属真。两个隐喻的构成元素一样，都是肢体性动作结合描写言辞的名词。不过，"**起誓**"还涉及了垂直隐喻。所以，这一语段中有三个由概念

---

① 这里出现的隐喻，凡是前面讨论过的，其频次及对应情况已经统计过。

投射形成的两个言辞行为隐喻。这一复合体突显了两个人物截然不同的情绪与个性。

英语文本无此复合体，甚至无一隐喻；出乎意料的是，与"**抱怨**"相对的不是 complain，而是 reproach，后者比责怪严厉了许多。同样，swore by the most terrible oaths 也比"**起誓**"的语气重了许多。所以，尽管是字面表达，英语是汉语隐喻复合体意义、语气的加强版。

二、"打趣""指桑骂槐"和抱怨

第 16 回的隐喻复合体仍然与王熙凤有关。她向刚回家的贾琏诉苦，如此"**抱怨**"荣府的"管家奶奶"们：

（2）咱们家所有的这些管家奶奶，那一个是好缠的？错一点儿他们就笑话**打趣**，偏一点儿他们就**指桑骂槐**的**抱怨**，"坐山看虎斗"，"借刀杀人"，"引风吹火"，"站干岸儿"，"推倒了油瓶儿不扶"，都是全挂子的本事。

And you know what a difficult lot those old stewardesses are. The tiniest mistake and they are all **laughing at** you and **making fun**; the tiniest hint of favouritism and they are **grumbling** and **complaining**. You know their way of '**cursing the oak-tree when they mean the ash**'. Those old women know just how to sit on the mountain-top and watch the tigers fight; how to murder with a borrowed knife, or help the wind to fan the fire. They will look on safely from the bank while you are drowning in the river. And the fallen oil-bottle can drain away: they are not going to pick it up.

本例中有三个描述言辞行为的修辞性表达：**打趣**、**指桑骂槐**、**抱怨**。其中的"**打趣**"与"**抱怨**"属我们讨论过的隐喻类型，"**指桑骂槐**"则更复杂。它无疑也是一种言辞行为，也是"表面上骂这个人，实际上骂那个人（pretend to be telling one person off when it is another person one is digging at；point at one but scold another）"。（《现代汉语词典》，2469）首先，它有概念投射，表示一种相似关系，即所指与所骂不一致，就如同"**指桑骂槐**"。"桑"与"槐"既有联系（都是落叶乔木），又有明显区别（槐，羽状复叶，花淡黄色；桑，叶子卵形，花被黄绿色）。这是"**指桑骂槐**"喻义成立的前提：没有联系则难以扯到一起，没有区别则无法显现言者之意。此外，这一隐喻是建立在转喻之上的。此处的"桑"与"槐"都不是指这张两种植物，而是指既有联系又有区别的人或事。汉语类似的表达还有"指鸡骂狗"。所以，王熙凤短短几句话包含了多个言辞行为转喻和隐喻。

这一次，英语文本含有较多的对应隐喻和转喻。描述言辞行为时，英语中有字面性表达，也有转喻和隐喻。前者包括 laughing at，complaining；后者有 grumbling，making fun，以及 cursing the oak-tree when they mean the ash。

To grumble 为象声词，即"嘟囔、咕哝"，涉及转喻，以声音激活言辞行为，表示 to complain in bad temper。to make fun 属于我们讨论的 V + N 类型的隐喻，物理行为 make 投射到了言辞行为域，fun 为抽象名词。cursing the oak-tree when they mean the ash 只不过以西方常见的 oak tree（橡树）和 ash（白蜡树）取代了桑树与槐树，其概念结构与转换过程与汉语的"**指桑骂槐**"完全一样，属典型的转隐喻组合。

三、"遮饰""改口""透露"和"挑拨"

再看一个比较复杂的例证。第 91 回，金桂打发女仆宝蟾去薛家打探消息，哪知宝蟾也有自己的如意算盘，对于薛蝌，主仆二人皆怀心思。

(3) 金桂见事有些不大投机，便怕白闹一场，反被宝蟾瞧不起；要把两三句话**遮饰**，**改过口**来，又撂不开这个人。心里倒没了主意，只是怔怔的坐着。那知宝蟾也想薛蟠难以回家，正要寻个路头儿，因怕金桂拿他，所以不敢**透漏**。今见金桂所为先已开了端了，他便乐得借风使船，先弄薛蝌到手，不怕金桂不依，所以用言**挑拨**。

Jin-gui realized that she had miscalculated and that by pursuing such a strategy she would cause herself much pointless trouble and forfeit Moonbeam's respect. If she were to disguise her disappointment with a few words of feigned indifference, that would do nothing to relieve her own hankering after Xue Ke. Unable for the present to think of any other means of achieving her ends, she sat in moody silence. She was unaware that Moonbeam had been thinking along exactly the same lines as herself. Moonbeam too reckoned that Xue Pan might not be back for some time and felt in dire need of a substitute. She had only been **held back** from procuring one by the fear of being caught at it by Jin-gui. Now that Jin-gui had made the first move, however, Moonbeam was only too glad to cruise along in her wake. She would step in first and become Xue Ke's mistress, and Jin-gui would have no choice but to accept the fait accompli. Such was the reasoning behind her **provocative behaviour**.

这个语段中有一系列描述言辞行为的肢体性隐喻，即所谓的言辞行为转隐喻复合体。复合体由四个字面意义为人体行为的表达构成。其一为"**遮饰**"，本意即遮盖、掩饰某物，现在投射到言辞域，即用假言假语掩盖自己的真实想法。其二为"**改过口**"。这是涉及言辞器官的转喻，"口"激活言辞，"**改过口**"即改变说辞。其三是"**透漏**"，"透"即使得某物"显露、被看到"，"漏"即使液体由容器内流出。"**透漏**"有一个由暗到明、由内到外的变化过程。此处，"**透漏**"属言辞行为，即把自己隐秘的心思或打算说出来。最后是"**挑拨**"。这是明显的针对物体的人体动作，投射到言辞域（"用言挑拨"），此处意为使用言辞引诱或勾引。

汉语文本中出现的四个隐喻，只有第一个在英语文本中有对应语言。其余三个都或多或少不对等。"**遮饰**"与 disguise 都是物理行为，都因为言辞的参与（把**两三句话**遮饰，to disguise her disappointment **with a few words**）而变为描述言辞行为。所以，两者的意义、语法结构都比较一致。区别在于，"遮饰"只是遮盖，不让真相外露，而 disguise 不止阻隔真相，还可能以假象来替代真相：to change the normal appearance, sound etc. of, so as to conceal identity（为了掩盖身份改变外貌、声音等）。(*Longman Modern English Dictionary*, 299) 英语文本没有"**改过口**"这一句。与"**透漏**"所在的"因怕金桂拿他，所以不敢**透漏**"相对的英语是"She had only been **held back** from procuring one by the fear of being caught at it by Jin-gui."，其中尽管也有物理行为 held back，但它既非言辞行为隐喻，语义也不相同。它的意思是，害怕被金桂抓现行，暂停 procuring one（接近、引诱薛蟠或薛蝌）的行动。所以，第三个隐喻两个文本也不相互对应。最后一个隐喻"**挑拨**"在英语文本中缺失，与之相对的"Such was the reasoning behind her **provocative behaviour**."中，provocative 源自动词 provoke，意为 to rouse, to excite or call for deliberately（有意刺激、激发）。(*Longman Modern English Dictionary*, 899) 可见，这本身就不是物理行为，谈不上概念投射或意义转换,尽管与"**挑拨**"的意义相近。

就隐喻复合体而言,与简单的隐喻类似,还是汉语多于英语,汉语使用隐喻时,大部分情况下,英语使用非隐喻表达。

四、小结

我们考察了几个重要的言辞行为隐喻:**言辞行为即人体行为**。更准确地说,**言辞行为即肢体行为**。就概念结构和语法构成而言,这类隐喻在汉语中主要有两种类型:V+V(如"**推敲**")与V+N(如"**打趣**")。两者种类相似(12∶10),但出现频次大为不同(29∶168)。这说明后者的常规性远强于前者。前者原本由两个动作构成,但基本无关乎具体动作(本义),只指言辞行为(隐喻义)。后者中的名词有两种情形,言辞域的名词(如"辞")或其他概念域的抽象名词(如"怨")。方便起见,我们将这两类物理性隐喻汉英对比信息归纳于表4-3。

表4-3 汉英物理行为构成的言辞行为隐喻复合体对比

(单位:次)

概念及频次	隐 喻	等值隐喻	转 喻	字 面	缺 失
V+V 12种29例	8	0	1	14	6
V+N 10种168例	10	0	2	136	20
合计22种197例	18	0	3	150	26

从汉语对比角度而言,汉语隐喻远多于英语(197∶18),英语不及汉语的十分之一。在绝大部分情况下,汉语使用物理性动词构成的言辞行为隐喻时,英语首先使用了字面性表达(150次),其次还省略了隐喻内容(26次)。根据初步观察,这是因为英语本身缺乏物理性动作向言辞行为域的概念投射,本身没有"**顶撞**"之类隐喻性的说法。最后,即便英语有类似汉语的说法(比如 make fun/打趣),英语译者也疏于采用。

第四章　英语视角的人体行为动词言辞行为隐喻对比

前文我们以《红楼梦》及其英译本为研究对象，从汉语角度出发，讨论了由人体行为构成的言辞行为隐喻的汉英区别，主要关注了汉语有隐喻、英语无对应隐喻的情形。那么，有无汉语使用非隐喻表达而英语出现隐喻的情况？

为此，让我们换个视角，从英语角度出发来探讨英汉言辞行为隐喻差异。英语中同样也有肢体性、物理性行为向言辞域投射形成的隐喻，如 urge，turn down 等，尽管数量有限。在这样的英语隐喻中，个别的有汉语对应的隐喻，如 point out/指出，绝大部分则在汉语中没有对应表达。有些英语言辞行为隐喻，如 put forward，可能由于语料库容积有限，我们语料中没有。

与其他隐喻或修辞性表达的界定一样，英语言辞行为隐喻的认定与其本义相关，或取决于本义。某个词现在表示言辞行为，但本义为人体行为，这才符合我们对言辞行为隐喻的界定。许多英语词汇来自其他语言，如拉丁语、古法语，以及德语和斯堪的纳维亚区域的语言。有些外来的表示言辞行为的英语动词，尽管其在英语中的第一个意义（即从时间来看最早的词义）不是肢体行为，但其外语词根原本表示肢体行为，那么，它仍然属于隐喻。比如下面的第一个例证 to urge。

一、to urge

我们知道，英语的言辞动词 to urge 是人体行为形成的隐喻。它本来指及物性很强的肢体动作，来自 16 世纪中叶的拉丁语动词 urgere，意为 to press hard, push forward（用力压、向前推）。进入英语之后，摇身一变，它变得几乎与物理行为无关，只表示言辞行为：to attempt earnestly to persuade or encourage（极力劝说、鼓励）。（*Online Etymology Dictionary*）这与汉语中的言辞行为隐喻"顶撞"等有异曲同工之妙，但它与"顶撞"的不同也十分明显。to urge 在我们语料中出现了 52 次，常规性远远强于汉语中所有的

V+V型隐喻（如"**顶撞**"）以及V+N型隐喻中除"**抱怨**"之外的其他隐喻。第6回，刘姥姥初入荣府，急于拜见当家的王熙凤，周瑞媳妇给她出主意：

（1）As she was speaking, the little maid came back, her errand completed. 'They've finished serving lunch at Her Old Ladyship's. Mrs Lian is still there.'
Zhou Rui's wife hurriedly rose to her feet and **urged** Grannie Liu to do likewise.
'Quick! After she comes out from there she'll be free for a few minutes while she has her meal. We must try and catch her then.'

说着，小丫头回来说："老太太屋里摆完了饭了，二奶奶在太太屋里呢。"周瑞家的听了连忙起身，**催着**刘姥姥："快走，这一下来就只吃饭是个空儿，咱们先等着去。"

听说王熙凤正在贾母处用膳，周瑞媳妇 urged 刘姥姥快动身。urged 意思很明确：急切地提醒、催促。其说出的话（Quick! After she comes out from there she'll be free for a few minutes）也证实 urged 不是物理行为，而是言辞行为。汉语文本无此隐喻，"催着"属于字面性表达，本身就是言辞行为："叫人赶快行动或做某事。"（《现代汉语词典》，332）

第9回，学童们在学堂起了争执，大打出手，宝玉好友秦钟还挂了"彩"。有人让起事的金荣来赔罪，后者不情愿，不得已"只得与秦钟作了个揖"。但宝玉不答应：

（2）But Bao-yu said this was not enough. He insisted on a kotow. Jia Rui, whose only concern now was to get the matter over with as quickly as possible, quietly **urged** him to comply: 'You know what the proverb says:
He who can check the moment's rage
Shall calm and carefree end his days.'

宝玉还不依，定要磕头。贾瑞只要暂息此事，又悄悄的**劝**金荣说："俗语说的：'忍得一时忿，终身无恼闷。'"

贾瑞为了尽快息事宁人，quietly **urged** him to comply。此处的 urged 分明

是言辞行为，因为后面紧接着有直接引语 You know what the proverb says…。此 urge 义即 to persuade，to give advice（劝说、建议），这与上例略有不同。汉语文本还是没有相应隐喻，"**劝**""本义为勉励、鼓励人做好事，后引申为讲清道理使人听从，说服"。(《汉字源流字典》，125)"劝"属于典型的言语行为，没有概念投射发生，不是隐喻。

现在看来，被 urge 的对象往往处于困境或弱势。宝玉在小说第 17 回也被 urge 一回。大观园基本完工，贾政携宝玉及众人"试才题对额"，行至一处典雅清新的大堂：

(3) Jia Zheng was inwardly pleased. He stared hard at Bao-yu：
'How do you like this place, then?'
With secret winks and nods the literary gentlemen **urged** Bao-yu to make a favourable reply, but he willfully ignored their promptings.
'Not nearly as much as "The Phoenix Dance".'
贾政心中自是欢喜，却瞅宝玉道："此处如何？"众人见问，都忙悄悄的推宝玉**教他说好**。宝玉不听人言，便应声道："不及'有凤来仪'多了。"

贾政自己喜欢这种风格，他想看看宝玉的品味。众人怕宝玉的回答引得贾政失望或生气，便一边 with secret winks and nods，一边 **urged** Bao-yu to make a favourable reply。但宝玉全然不在意，依然我行我素。此处的 urged 依然有"督促、建议"的意思。汉语使用的是字面表达："**教他说好**"。这显然是言辞行为，但不属隐喻范畴。

第 22 回，在贾府过了年的史湘云欲告辞，被贾母留了下来：

(4) Shi Xiang-yun, having spent a considerable part of the New Year holiday with the Jias, was now on the point of returning home, but was **urged** by Grandmother Jia to wait for Bao-chai's birthday and not go back until she had seen the plays.
且说湘云住了两日，便要回去，贾母因说："等过了你宝姐姐的生日，看了戏，再回去。"

urged 此处还是表示"劝说、挽留"之意，属于言辞行为隐喻。汉语只是用了典型的言辞行为动词"说"，"说"肯定不属隐喻。不过其后是直接引语,而英语文本无此引语,而是以不定式表达引语的内容。

第25回,看到宝玉与彩霞嬉闹,贾环妒火中烧,于是,"故作失手,将那一盏油汪汪的蜡烛,向宝玉脸上只一推"。宝玉被烫伤,王夫人"又气又急":

(5) Torn between anguish for him and anger with Jia Huan, Lady Wang **urged** the servants to remove it as quickly as possible, while alternately berating the other boy for his carelessness.

王夫人又气又急,忙**命**人替宝玉擦洗,一面骂贾环。

此处,urged 为急切地催促之意。其中的 it 指代直接导致宝玉烫伤的 wax,the other boy 指贾环。这一次,汉语使用了"命人"。"命"作动词时,即发号施令、命令之意,有强制性,与 urge 属于不同的言语行为。"命"依然属于字面性表达。

再看一例。第26回,薛蟠在家请客,除了宝玉,还请了冯紫英:

(6) As he had now finished his tea, Xue Pan **urged** him to join them at table and tell them his story at leisure, but Feng Zi-ying rose to his feet again and **declined**.

薛蟠众人见他吃完了茶,都说道:"且入席,有话慢慢的说。"冯紫英听说,便立起身来说道:"论理,我该陪饮几杯才是,只是今儿有一件很要紧的事,回去还要见家父面回,实不敢领。"

这段话中有两个言辞行为隐喻:urged 以及 declined。urged 以肢体行为 push 来描述"极力劝说",declined 以人体行为 turn aside 表示"不搭理、拒绝"。我们将在本章后面专门讨论这一隐喻。此处,汉语没有使用隐喻表达,这两个言辞行为都以最普通的"说"来表达。两个"说"与 urged 和 declined 的意义有较大差异。不过,第二个"说"之后的直接引语表达了 declined 之意。

总之,英语有如此之多的言辞行为隐喻 to urge,与之相对的汉语全部为字面性表达,其中,大部分为"劝"或"催"等语义相近的动词,也有不少"说"等语义不大一致的言说动词。

二、to turn down

这是一个动词短语。turn 的本义是 to move sth. so that it is facing in a different or opposite direction, or is in a very different position（即移动某物，改变其方向或位置）。(*Longman Modern English Dictionary*, 1189) 显然，这是一种肢体行为。turn down 却往往与人体动作无关，表示典型的言辞行为：refuse or reject（拒绝）。我们的语料中，作为短语，to turn down 出现了 5 次，只一次与言辞无关（turn down the food），其余都是言辞行为隐喻。

第 55 回，平儿提醒急欲去找探春和李纨问月钱的秋纹，免得她碰钉子：

(7) 'You wait and see: they'll even **turn down** one or two requests from Mrs Lian before they've finished, just to stop certain people talking.'
Ripple stuck her tongue out in a grimace.

"你听听罢，二奶奶的事他还要**驳**两件，才压得众人口声呢。"
秋纹听了，伸了伸舌头。

探春和李纨暂代生病的王熙凤管理荣府家政，为了树立威信，他们公平办事，不徇私情。所以，平儿说，连王熙凤（Mrs. Lian）的话都可能会被 turn down，被驳回，你何必去找没趣呢？此处，turn down 的宾语为 requests，所以，可以断定，turn down 是言辞行为。汉语只有言辞行为，没有隐喻。

作动词时，"驳"本身就是言语行为："说出自己的道理或摆出事实，否定别人的意见"。(《汉字源流字典》, 535) 无所谓概念投射，属于字面性表达。

类似的例子出现在第 60 回，五儿托芳官在贾府寻事做，这日催问她有无消息，后者借用平儿的口气如此答复她：

(8) The fact is that Miss Tan is looking for someone to make an example of. She's already made an example of Mrs Lian by **turning down** two or three of her requests in a row.

如今三姑娘正要拿人作筏子呢。连他屋里的事都**驳**了两三件。

与上例的缘由类似，探春与李纨新官上任，不轻易答应别人，尤其涉及人事和钱财。这里还是拿 turn down 王熙凤来说事，turn down 的直接对象还是 requests。与上例一样，汉语使用的依然是"驳"。例句中的"三姑娘"即探春，"他"指平儿，王熙凤的贴身丫鬟。

三、to press

描述言辞行为时，to press 常规性较强，共有 14 例隐喻。作为动词，其最早的意义为 14 世纪早期的 push against（推向），14 世纪后期又有了 to squeeze out，to cluster，gather in a crowd（挤出、聚集）等意义。其"修辞性"即隐喻性意义出现于 16 世纪末：to urge，argue for（劝说、争论）。(*Online Etymology Dictionary*) 因此，to press 本是一个及物性很强的肢体动作。现在，投射到言辞域，形成言辞行为隐喻，表示 to try hard to persuade someone to do sth. or agree to you（极力劝说某人做某事、说服）。(*Longman Modern English Dictionary*, 885)

小说第 101 回，贾琏一大早出门办事不顺，回到家就很生气。王熙凤被摔碟骂人声惊醒，问他为何动怒，情急之下，贾琏回说："问谁！问你哥哥！"

(9) Xi-feng: 'But I had no idea he was in any kind of trouble! How extraordinary!'

Jia Lian: 'Of course you didn't. Even Aunt Wang and Aunt Xue don't know about it. I didn't want to worry them. And you're always telling me how ill you are, so I decided to try to keep the whole thing from you as well. The very mention of it is enough to put me in a rage. Even today I wouldn't have told you, if you hadn't **pressed** me. No doubt you think that brother of yours is a marvelous fellow!'

凤姐道："真真这就奇了，我连一个字儿也不知道。"贾琏道："你怎么能知道呢，这个事，连太太和姨太太还不知道呢。头一件，怕太太和姨太太不放心；二则你身上又常嚷不好：所以我在外头压住了，不叫里头知道。说起来，真真可人恼！你今儿不**问**我，我也不便告诉你。你打量你哥哥行事象个人呢。"

pressed 即逼我说出原委、说出实情。所谓的 pressed，指在此之前，王熙凤对贾琏说的一大通话："何苦来生这么大气？大清早起，和我叫喊什么？谁叫你应了人家的事？你既应了，只得耐烦些，少不得替人家办办，——也没见这个人自己有为难的事，还有心肠唱戏摆酒的闹。"不得已，贾琏才说出了她哥哥。汉语使用了最普通的言语动词："问"，这不但是字面表达，意义也与 pressed 相去甚远，几乎没有逼迫之意。

再看一例。第 32 回，宝钗与袭人谈到史湘云：

(10) I'm pretty sure that's why, whenever she's found herself alone with me on these last few visits, she's told me how tired she gets at home. When I **press** her for details, her eyes fill with tears and she answers evasively, as though she'd like to tell me but daren't.

为什么这几次他来了，他和我说话儿，见没人在跟前，他就说家里累的慌？我**再问**他两句家常过日子的话，他就连眼圈儿都红了，嘴里含含糊糊待说不说的。

I press her for details 即强求她、逼她讲出为何疲乏无力。宝钗在转述她与云姑娘之前的对话，后者的回应是言辞行为 answer，所以，此处的 press 显然是言语行为。汉语依然无此隐喻，"**再问**"的核心词是"问"，"**再问**"即又问了一次。意义比单独的"问"更接近 press，但两者还是有区别的。

用作言辞行为动词时，to press 表示催问、强求、要求某种信息等。对此，我们的语料中，汉语常常使用"（询）问"这类字面性文字。

四、to point out

与前面讨论的英语隐喻不同的是，to point out 有基本对等的汉语表达"**指出**"，两者的概念结构、语义等方面都一致，但出现频率大为不同。描述言辞行为时，point out 出现了 14 例，"指出"只一次。这不仅意味着"**指出**"在曹雪芹文本中不那么常用，而且意味着绝大部分情况下，英语使用 point out 时，汉语并没有如我们估计的那样使用"**指出**"。

to point 本属人体动作，伸出手指指向某物或某人，以引起别人注意。to point out an object or place（用手指向某物）意味着 to make people look at it（让人注意某物）。现在，用于言辞行为，to point out a fact（指出事实），指 tell someone about it or draw their attention to it（告诉某人事实或让某人注意事实）。(*Longman Modern English Dictionary*, 885)

第 8 回，宝玉想让秦钟一起上"家塾"，他把这一想法告诉了贾母：

(11) When Bao-yu and Xi-feng were back and had seen the others, Bao-yu told Grandmother Jia of his wish to have Qin Zhong admitted to the clan school. He **pointed out** that a congenial study-companion would stimulate him to greater effort.

话说宝玉和凤姐回家，见过众人，宝玉便回明贾母要约秦钟上家塾之事，自己也有个伴读的朋友，正好发愤。

pointed out 显然是言辞行为，它向贾母强调、彰显了一个事实：好的学习同伴可以激发他"发愤"。汉语并没有使用对等的"**指出**"，与之对应的是"回明"。"回明"意为"明确回复"，"明"在语义上有点类似于 point out 的效果：使得别人看到、注意到。这一表达不属隐喻。

再看下面一例。第 63 回，大家在荣府掷骰夜饮，袭人抽到的诗签上注明："杏花陪一盏，坐中同庚者陪一盏，同姓者陪一盏。"与袭人同庚及同一天生日的都有，大家都知道，但似乎无与其同姓者。但芳官（Parfumée）自己主动承认了：

(12) Caltrop, Skybright and Bao-chai were all the same age as Aroma; Dai-yu's birthday was on the same day; but there appeared to be no one present with the same surname —until Parfumée **pointed out** that her surname, like Aroma's, was 'Hua' and claimed the right to drink a cup as well.

香菱、晴雯、宝钗三人皆与他同庚，黛玉与他同辰，只无同姓者。芳官忙道："我也姓花，我也陪他一钟。"

pointed out 即说明了别人不知的事实：她与袭人一样，都姓"花"。所以也属于陪酒之列。汉语无此隐喻，"道"属普通的言语行为动词，没有概念投射发生，语义与 point out 也不尽相同。

我们观察到，英语的全部隐喻 point out 无一对应汉语的"**指出**"。前面提过，汉语文本中有"**指出**"这个言辞行为隐喻。那么，它对应的英语是什么？它出现在第 107 回，贾政应召赴内廷，北静王向其转述御史参奏贾赦的罪名：

(13)——据该御史**指出**平安州互相往来，贾赦包揽词讼——严鞫贾赦，据供平安州原系姻亲来往，并未干涉官事，该御史亦不能指实。

'We have received an indictment from the Censorate **stating** that Jia She connived with a provincial official and abused his own personal influence to bully a defenceless citizen. The provincial official named by the censor was the prefect of Ping-an. Jia She, so the impeachment reads, was in communication with this prefect with a view to perverting the true course of justice.

"**指出**"即点明事实、引起大家注意。属言辞行为隐喻。英语则使用了言语动词 stating，此处 stating 与朝廷、高官问责的语境和主题十分吻合。所以，即便汉英两种语言都有十分契合的隐喻，如"**指出**"与 point out，但在实际文本中，也可能并不对应。

五、to intercede

此词出现于 16 世纪 70 年代，起初为物理行为，描述物体在空间两点之间的移动，其本义为：to come between in space（在两者之间）。至 17 世纪，有了 to interpose on behalf of another（以别人名义介入）之意。(*Online Etymology Dictionary*) 现在，投射到了言辞行为域，意为 to try to persuade someone to forgive others or end their disagreement（试着说服某人原谅别人或结束不和），(*Longman Modern English Dictionary*, 561) 有居间调停的意味。

第 33 回，因为忠顺亲王府派人来荣府，寻找与宝玉相交数日不归的琪官，贾政一怒之下重责宝玉，门客们怕打出事来，出言相劝，被贾政怼回：

(14) At this point the literary gentlemen, sensing that Bao-yu was in serious danger of life and limb, came in again to remonstrate; but Jia Zheng refused to hear them.

'Ask him what he has done and then tell me if you think I should spare him,' he said. 'It is the encouragement of people like you that has corrupted him; and now, when things have come to this pass, you **intercede** for him.

众门客见打的不祥了，赶着上来，恳求夺劝。贾政那里肯听？

说道:"你们问问他干的勾当,可饶不可饶! 素日皆是你们这些人把他酿坏了,到这步田地,还来**劝解**!"

intercede 出自贾政之口,指前面门客的 remonstrate,即表示异议,属于言语行为。intercede 此处不是指门客的空间移动(来到贾政与宝玉之间),而是说服一方(贾政)原谅另一方(宝玉)。汉语文本使用的是字面性的言语行为"劝解"。

下一例出现于小说第 96 回。荣府为丢失的玉悬赏银万两,有人拿了假货来领赏。贾琏正预备惩罚那人,赖大出面了:

(15) At this point, Lai Da came into the room.
'Do not waste your anger on this creature, Sir,' he interceded, with a placatory smile. 'Spare him this once, and throw him out.'

正闹着,只见赖大进来,陪着笑向贾琏道:"二爷别生气了。靠他算个什么东西! 饶了他,叫他滚出去罢。"

赖大 interceded,便是他前后说的两句话:"Do not waste your anger on this creature, Sir"以及"Spare him this once, and throw him out."显然,属于典型的言辞行为。与之相对的汉语则使用了最普通的字面性言语行为动词"道"。

我们语料中有 6 例 to intercede,全部属于言辞行为隐喻,无一描述空间或时间移动行为。与之相对的汉语则全部是字面性言语动词。

六、to decline

作为动词,decline 原义描述的是空间维度的物理行为。它出现在 14 世纪晚期,意为 to turn aside, sink to a lower level。其来源有两个,古法语 declinare (to sink, turn aside) 以及拉丁语 declinare (to lower, avoid)。到 17 世纪 30 年代,有了表示言语行为的意义:not to consent, politely refuse or withhold consent to do(不满,礼貌地拒绝)。(*Online Etymology Dictionary*)

英语文本中,to decline 作为动词的各种形式(to decline, declines, declined, declining)共有 33 例。其中的 17 个要么描述家族衰败(13 例),要么描述物体下落(4 例),另,与言语行为相关的有 16 例。

第 29 回,端午时节,贾母率贾府众人去清虚观上香,张道士送来一盘玉石相贺，贾母执意不受，因说道："你也胡闹。他们出家人，是那里来的？何必这样？这断不能收。"道士便说是观内众人所赠：

（16）'It was their own idea, I do assure you,' said the abbot. 'There was nothing I could do to stop them. If you refuse to take these things, I am afraid you will destroy my credit with these people. They will say that I cannot really have the connection with your honoured family that I have always claimed to have.'

After this Grandmother Jia could no longer **decline**. She told one of the servants to receive the tray.

张道士笑道："这是他们一点敬意，小道也不能阻挡。老太太要不留下，倒叫他们看着小道微薄，不象是门下出身了。"贾母听如此说，方命人接下了。

贾母听罢，便 could no longer **decline**。联系到此前贾母所说的话，以及张道士的言辞，此处的 decline 分明是言辞行为，即 politely refuse（礼貌地拒绝）。汉语文本中无与此对应的隐喻动词。

晴雯对宝玉的一次 decline 发生在第 31 回。宝玉去薛蟠处喝了酒回来，与晴雯有如下对话：

（17）'I've just had rather a lot to drink and I could do with a bath myself,' said Bao-yu. 'As you haven't had yours yet, bring the water out here and we'll have a bath together.'

Skybright laughed and **declined** with a vigorous gesture of her hand. 'Oh no! I daren't start you off on that caper.'

宝玉笑道："我才喝了好些酒，还得洗洗。你既没洗，拿水来，咱们两个洗。"晴雯摇手笑道："罢，罢！我不敢惹爷。"

对于宝玉提议 we'll have a bath together，晴雯的 decline 既有肢体性手势（with a vigorous gesture of her hand），又有言辞（"Oh no! I daren't start you off on that caper."）。所以，可以将 decline 视为典型的言辞行为：拒绝。与上例一样，汉语文本无此隐喻。

英语文本中的 13 个隐喻，汉语缺失 7 个对应表达，其余 6 个以字面性动词对应，不存在等值隐喻。

七、to reject

to reject 与 to decline 属于同类言语行为。该词本属肢体性动词,也有两个来源:15 世纪古法语 rejecter 及拉丁语 rejectus,都意为 throw away, cast away, throw back(抛掉、扔掉)。法语前缀 re-意为 back。现在,它投射到了言辞行为域,意思是 not to accept or agree to a proposal, a request, or an offer(不接受或不同意别人的提议、要求或好意)。(*Online Etymology Dictionary*)此隐喻出现的频次也很高,共 18 例。汉语文本没有与之匹配的隐喻,14 例以字面性表达对应,4 处缺失相关表达。

第 33 回,宝玉被贾政毒打之后,贾母大怒,威胁他"去看轿!——我和你太太、宝玉儿立刻回南京去!"贾政的反应是:

(18) Jia Zheng threw himself forward on his face.
'Don't say that, Mother! Don't reject your own son!'
贾政听说,忙叩头说道:"母亲如此说,儿子无立足之地了。"

显然,贾政话中的 reject 指 say 这一言语行为,reject(not to agree to)的对象是贾政之前惩罚宝玉所谓"光宗耀祖"的托词。所以,肯定属言辞行为隐喻。这里汉英句式完全不同。英语使用了两个并列的、否定的祈使句,汉语为一个肯定的陈述句。汉语只使用了最为普通的言说动词"说":"母亲如此说……无立足之地。""无立足之地"属于隐喻,描述被说者的境况,即"说"的言后效果。to reject 表达的意思,在汉语中缺失了。

有些言辞行为涉及的是书面语言。第 91 回,吃了官司的薛蟠在给母亲的信中提到了案件进展:

(19) I had some bad news yesterday, however, from the clerk of the court. My sentence was approved at the prefectural level—I presume the family had been in touch with the prefect. But when the case came up before the circuit court, the Taotai rejected the judgement.
但昨日县里书办说,府里已经准详,想是我们的情到了。岂知府里详上去,道里反驳下来了。

当然,书面语不是指这一隐喻出现在书信中,而是指 rejected 的对象

judgement 为书面语。与前面一样，汉语文本没有出现隐喻，而是原本就描写言辞行为的"反驳"。

八、to cancel

to cancel 原本是一个与言语有关的肢体动作：cross out with lines, draw lines across (something written) so as to deface（用笔划掉）。其古法语来源为 canceler，拉丁语词源为词根 cancellare。到了 100 多年后的 15 世纪中期，出现了其隐喻义：to nullify (an obligation, etc.)（使规定等无效）。(Online Etymology Dictionary) 与大多数言辞行为动词不同，这是一个书面性的动作，通过书写或通过书面语来完成，而不仅仅指动作的对象是书面语。英语文本有 5 例这一隐喻。

第 57 回，湘云拿来一张"当票子"，她不认得，想让别人看看到底是什么。薛姨妈想知道那当票是哪儿来的，被宝钗打岔绕开了话题：

(20) 'Where did you find this?' Aunt Xue asked again.
But before Xiang-yun could reply, Bao-chai interrupted:
'It's an old ticket, Mamma; it was **cancelled** years ago.'
薛姨妈因又问："是那里拾的？"湘云方欲说时，宝钗忙说：
"是一张死了没用的，不知是那年勾了账的。"

英语文本使用了隐喻动词的被动式，说明当票被 cancelled，即被勾销了，无效或无用了。汉语无此隐喻，却有转喻。"勾了账"即在账目上勾销了，这一行为激活了结果：当票"死了没用"。这一例 cancel 的逻辑主语不明，下例则道明了是王熙凤。

在第 55 回，王熙凤身体不适，其伙食也与平时不同：

(21) Xi-feng's lunch consisted of no more than some bird's nest soup and a couple of small, light dishes suitable for an invalid palate. Unable to eat more, she had **cancelled** the portion that under normal catering arrangements.
凤姐只吃燕窝粥，两碟子精致小菜，每日分例菜已暂减去。

不同在于通常的菜肴被减去了不少。cancel 意为 stop sth. from happening

（阻止某事发生）。(*Longman Modern English Dictionary*, 225) 考虑到王熙凤的文化水平，这一行为应该是口头完成的。汉语还是无此隐喻，而使用了非隐喻性动词"减去"。

总体而言，英语文本中的 5 个隐喻 to cancel，多数指书面言语行为，动作对象有当票、付款、菜谱等。汉语无与之相应的隐喻，除有 1 例转喻外，基本都是字面性表达。

九、to nag

nag 源自古英语（Old English）① gnagan 即 to gnaw，本义为人体行为 to bite（咬）。19 世纪早期拓展到了言辞行为域，表示 to annoy by scolding, to keep asking sb. to do sth. he or she does not want to do（辱骂或反复要求某人做他不愿做的事而使他生气）。(*Online Etymology Dictionary*)

第 65 回，尤二姐与贾琏商量之后，找了个时机和尤三姐及尤母商议三姐的终身大事。大家刚刚坐定，不等尤二姐张口，快人快语的三姐先开了腔：

(22) I'm sure the only reason you have invited me here today, sister, is to give me a lecture, but I'm not stupid and I don't need to be **nagged** at as if I were a child。

姐姐今儿请我，自然有一番大道理要说。但只我也不是糊涂人，也不用**絮絮叨叨的**。

nag 与 bite 这一物理性动作无关，与言辞行为有关，这从 lecture 一词便可看出。to be nagged 与 a lecture to be given 同义。nag 此处意思很明晰：to ask me again and again to marry sb.（反复要求我嫁给某人）。lecture 对应汉语的"有一番大道理要说"，nag 表示"**絮絮叨叨**"地说。

"**絮絮叨叨**"没有人体行为元素，但有隐喻和转喻过程。"絮"即棉絮，以其微小、质轻的特点投射到言辞域，喻指话语琐屑。"叨"为象声词，以言辞声音特征激活言语行为特征。两字叠用，构成了转隐喻复合体，"**絮絮叨叨**"指琐屑无用、冗长乏味的言辞行为。

---

① 据 Wikipedia, *the free encyclopedia*，英语大致有这样几个阶段：古英语（Old English），5 世纪中叶至 1066 年；中期英语（Middle English），12 世纪至 15 世纪；早期现代英语（Early Modern English），1480 年到 1650 年，以及现代英语（Modern English），1650 年至今。(https://en.wikipedia.org/wiki/Old_ English)

第76回，贾母与众人赏月看花饮酒至深夜，鸳鸯拿巾兜与大斗篷来，说："夜深了，恐露水下了，风吹了头，坐坐也该歇了。"贾母不悦：

（23）'Just when I'm enjoying myself you have to start **nagging** me to go to bed,' said Grandmother Jia. 'I hope you don't think I'm drunk. I've decided to stay up till dawn.'

贾母道："偏今儿高兴，你**又来催**。难道我醉了不成？偏要坐到天亮。"

与上例一样，这里的 nagging 用作非谓语动词，还是表示 to keep asking sb. to do sth. he or she does not want to do，动作对象仍然具有不耐烦、不情愿导情绪。汉语文本使用了"又来催"这一字面性表达。

nag 在英语文本中出现了 8 次，6 次以 nagging 形式，2 次以 to nag, to be nagged 形式，都不是谓语动词。这是它与其他隐喻动词的一大区别。每一个隐喻汉语文本都有对应，不过，基本都是字面性表达，只有例（22）属于言辞行为转隐喻。

十、to insult

这一隐喻的发展过程大致为：14 世纪早期从中期法语（Middle French）insulter 借入，本义为 to leap upon（跳到……之上）。16 世纪中期有了 triumph over in an arrogant way（自大地炫耀胜利）之意，17 世纪演变为言辞行为隐喻，表示 verbally abuse, affront, assail with disrespect, offer an indignity to（辱骂、侮辱）。(*Online Etymology Dictionary*)

第71回，尤氏派丫鬟找人关门收拾彩灯，被两个半醉的老太婆恶声恶气地拒绝了。王熙凤知道后，责罚了她们，并要她们听候尤氏的处置。有人来王熙凤处说情，连尤氏也说"你原也太多事了。"熙凤如此解释：

（24）'I was concerned about you,' said Xi-feng. 'You had been **insulted**, it was a natural courtesy to put them at your disposal. Suppose I was at your place and some of your people **insulted** me? Wouldn't you send them over to me for me to deal with?'

凤姐儿道："我为你脸上过不去，所以等你开发，不过是个礼。就如我在你那里，有人**得罪**了我，你自然送了来尽我。"

英语文本有两个隐喻动词 insulted，意思相同，都表示 offer an indignity with words，即用言语羞辱。此处指两个醉婆的言语行为。第一个隐喻在汉语文本中缺失，第二个汉语使用了"**得罪**"这一字面性表达。

第 83 回，忽听外面一个老婆子嚷道："你这不成人的小蹄子！你是个什么东西，来这园子里头混搅！"敏感的黛玉以为是骂自己：

(25) On this occasion, incredible though it may seem, she had instinctively taken herself to be the target of the old woman's abuse (for the voice was that of an old serving-woman), and had immediately set about reconstructing the 'plot' in her mind: someone, taking advantage of the fact that she was an orphan, had sent this woman to **insult** her in public.

听见窗外老婆子这样骂着，在别人呢，一句是贴不上的，竟象专骂着自己的。自思一个千金小姐，只因没了爹娘，不知何人指使这老婆子这般**辱骂**，那里委屈得来？

to insult 与上例意义不同，但依然为言辞行为，表示 verbally abuse（辱骂），(*Longman Modern English Dictionary*, 559) to **insult** her in public 为当众羞辱之意。汉语无此隐喻，以字面性表达"**辱骂**"对应。

英语文本中，insult 这一隐喻动词共有 12 个，汉语无一对应隐喻，全部为字面性表达。

十一、to charge

这是一个我们比较熟悉的隐喻。13 世纪早期，该词就有 to load, put a burden on or in; fill with something to be retained（装入、装上）等语义，后来才有了言辞行为意义 accuse, command（控告、命令）。(*Online Etymology Dictionary*)

第 4 回，贾雨村刚刚在应天府赴任，便面临一人命官司。有人告薛蟠一年前打死了人，现仍逍遥法外。雨村正要发签捉拿凶犯，有门子给他使眼色，问之，门子给他介绍了金陵四大家族，提醒他：

(26) 'Those four families,' said the usher in answer to a question from Yu-cun, 'are all closely connected with each other. A loss for

one is a loss for all. A gain for one is a gain for all. The Xue who has been **charged** with the manslaughter is one of the "Nanking Xue so rich are they". Not only can he count on the support of the other three Nanking families, he also has any number of family friends and connections of his own both at the capital and in the provinces. Now who are you going to arrest?'

门子道:"四家皆连络有亲,一损俱损,一荣俱荣。今**告**打死人之薛,就是'丰年大雪'之薛,——不单靠这三家,他的世交亲友在都在外的本也不少,老爷如今拿谁去?"

此处 charge 的意思是我们熟悉的言辞行为:to accuse sb. of some crime(控告某人有罪)。(*Longman Modern English Dictionary*,185)这一行为可能是口头的,也可能是书面的,也可能两者兼有。汉语则使用了"告"这一字面性表达。

再看一例。第 68 回,熙凤为了拆散贾琏与尤二姐,派旺儿撺掇先前与尤二姐有婚约的张华到衙门告贾琏。张华有顾虑,熙凤如此对旺儿说:

(27) You will have to explain it to him very carefully. Tell him he can **charge** this family with high treason. For all I care, all I want is a pretext for making it hot for them. But tell him that if things show any sign of getting too hot, I am perfectly well able to cool them down again.

你细细说给他:"就**告**我们家谋反也没要紧!"不过是借他一闹,大家没脸;要闹大了,我这里自然能够平服的。

与上个例证类似,英语隐喻动词依然表示 to accuse sb. of some crime,汉语依然使用了常见的言语动词"告"。引人注目的是,英语文本中王熙凤使用了温度隐喻,或通感隐喻,以 hot 与 cool 喻指事态的激化与平复。这也是汉语中没有的。

尽管 to charge 在英语文本中出现得较频繁,但投射到言辞行为域的次数有限,只 3 例,且只表示一种语义。汉语都以"告"对应。

十二、to imply

14 世纪后期,imply 的英语作 implien,来自古法语 emplier,表示肢体性较强的动作 to enfold，enwrap，entangle（折叠、包装、缠住），16 世纪晚期始有 to hint at（暗示）之意。（*Online Etymology Dictionary*）这一隐喻在我们文本中出现了 5 次。第 1 回，空空道人访道求仙，忽见一块大石，大石正反面皆刻有文字，读完这些文字之后，他"遂向石头说道"：

(28) Brother Stone, according to what you yourself seem to **imply** in these verses, this story of yours contains matter of sufficient interest to merit publication and has been carved here with that end in view.

石兄，你这一段故事，据你自己**说**来，有些趣味，故镌写在此，意欲闻世传奇。

其中的 verses 即石头上铭刻的韵文，to imply 即 hint at（暗示、没有明说的）。这是书面语参与的言辞行为。汉语无此隐喻，而是使用了最为普通的言辞动词"说"。另一个隐喻出现在小说第 17 回。大观园完工，贾政率众人"试才题对额"，来到一处，"忽闻水声潺潺，出于石洞；上则萝薛倒垂，下则落花浮荡"。遂问此处"题以何名"？宝玉与其他人看法不同：

(29) 'All right,' said the others good-humouredly. 'In that case simply call it "Refuge of the Qins". ' Their minds still ran on the Peach-blossom Stream and its hidden paradise. 'That's even more inappropriate!' said Bao-yu. ' "Refuge of the Qins" would **imply** that the people here were fugitives from tyranny. How can we possibly call it that?'

众人笑道："不然就用'秦人旧舍'四字也罢。"宝玉道："越发背谬了。'秦人旧舍'**是**避乱之意，如何使得？"

与上例类似，此处的言辞行为 to imply 由语言（Refuge of the Qins）参与，to imply 依然表示"暗示"之意。不过，这次语言作了动作发出者，为动作 imply 的主语。汉语既无隐喻，也无言辞行为，与 imply 相对的为动词"是"。

汉语文本中未出现"暗示"这一表达，英语文本出现 to imply 时，汉语全部为字面性表达，甚至有时还使用非言语动词。

十三、to maintain

这一动词在 14 世纪初拼作 maintenen，意为 to support, uphold（支撑、

顶住），14 世纪中期进入言辞行为域，意为 to defend in speech, uphold by argument or assertion（辩护）。(*Online Etymology Dictionary*)

这个隐喻在英语文本中只有一例。第 27 回，听到别人提起林之孝夫妇，王熙凤大发感慨：

(30) She laughed. 'That couple of old sticks? I can never get a peep out of either of them. I've always **maintained** that Lin Zhi-xiao and his wife were the perfect match: one hears nothing and the other says nothing.'

林之孝两口子，都是锥子扎不出一声儿来的。我成日家说，他们倒是配就了的一对儿：一个"天聋"，一个"地哑"。

maintained 意味着 keep saying, not change one's idea［一直如此说，不改变说法（面对异议时）］。(*Longman Modern English Dictionary*, 568) 汉语此处为"成日家说"，意思汉英一致，但汉语无隐喻。

十四、to stress

动词 to stress 源自 14 世纪的拉丁语 stringere，意为 to draw tight, to lay pressure on sth.（拉紧、加压）。该词跨入言辞领域的时间很晚，直到 1896 年才有了表示 to put emphasis on（强调）之意的记录。(*Online Etymology Dictionary*) 令人意外的是，作为语料的英语文本只有一例这个隐喻。第 106 回，听闻"内廷有信"，贾政见了北静王府长史，便问：

(31) 'What are my instructions from His Highness?' he asked. 'My master and His Highness the Prince of Xi-ping presented a joint report to His Majesty, and spoke at some length on your behalf, sir, **stressing** your penitence and your great appreciation of the clemency shown to you by the throne.'

"王爷有何谕旨？"那长史道："我们王爷同西平郡王进内复奏，将大人惧怕之心、感激天恩之语都代奏过了。"

stressing 是通过 report 这一语言形式完成的言辞行为，意味着 to emphasize sth.，所以，属于言辞行为隐喻范畴。汉语无此隐喻，以言语动词"奏"对应。

十五、小结

相对于汉语文本，英语中由物理行为形成的言辞行为动词种类及频次都不多。我们的语料中共有 14 种 156 例。其中，to urge 最频，达到 52 次；to maintain, to stress 最少，都只有 1 例。to reject 有 18 例，to press 以及 to point out 都为 14 次。让人意外的是，几乎所有这些英语隐喻都没有对应的汉语隐喻，更没有等值隐喻。即便汉语中有类似的隐喻，或有与之对位的汉语，绝大多数（137 例）为字面性表达，有些（17 例）省略了英语隐喻表达。这是由于，首先，汉语中没有与 to urge, to turn down 以及 to press 等值的言辞行为隐喻表达法。其次，即便汉语有与 point out 相对的"**指出**"，在语料中两者也没有出现在同一地方。表 4-4 是这一部分信息的归纳。

表 4-4　英汉物理行为构成的言辞行为隐喻对应

（单位：次）

概念及频次	隐喻	等值隐喻	转喻	字面	缺失
to urge 52	—	—	—	50	2
to turn down 4	—	—	—	4	—
to press 14	—	—	—	14	—
to point out 14	—	—	—	14	—
to intercede 6	—	—	—	6	—
to decline 13	—	—	—	6	7
to reject 18	—	—	—	14	4
to cancel 5	—	—	1	0	4
to nag 8	—	—	1	7	—
to insult 12	—	—	—	12	—
to charge 3	—	—	—	3	—
to imply 5	—	—	—	5	—
to maintain 1	—	—	—	1	—
to stress 1	—	—	—	1	—
合计 156			2	137	17

小　结

我们讨论了汉语和英语以人体行为，确切地说，以肢体性行为投射到言辞行为域而构成的言辞行为隐喻。总体而言，汉语的隐喻种类（22 种）多于英语（14 种）（英语的隐喻种类，除了上面讨论的 to urge 等 4 种，还有 make fun/excuse 等），隐喻频次也多于英语（197∶156），如表 4-5 所示。

表 4-5　汉英言辞行为隐喻种类和频次对比

隐喻	汉语	英语
种类	22 种	14 种
频次	197 次	156 次

这意味着在《红楼梦》双语语料库中，汉语隐喻比英语隐喻更丰富多样、更频繁。这与我们前面考察的言语器官形成的转喻类似，究其原因，这与汉语模糊、英语精确的语言特点有关，同时，也与汉语趋于具像思维、英语趋于抽象思维相关。详细原因我们会在后面交代。

第五部分
结论与不足

我们考察了《红楼梦》汉英文本中人体经验形成的言辞行为转隐喻，并比照了两个文本的差异。

一、主要发现

我们讨论的绝大部分转隐喻为司空见惯、极易被忽视的表达，即所谓的常规性的（conventional）而非新奇性的（novel）转隐喻。常规性转隐喻，尤其是常规性强的转隐喻，反映了人类思维的原始路径，揭示了言辞行为转隐喻形成的基本过程，对于语言与认知研究具有普遍性、基础性意义。正如 Littlemore 等（2018）指出的那样，常规隐喻比极端的新奇隐喻的"隐喻质量"（metaphor quality）要高。所谓"隐喻质量"包括隐喻所含的意蕴、被欣赏的程度、被理解的速度以及"人性化程度"（humanness ratings）。此外，我们观察到，这些看似寻常的表达也具有一定的、不可忽视的文体功效。

我们使用了汉英双语《红楼梦》语料，既揭示了汉英文本转隐喻的总体频率（显示语料库的优势），还探讨了具体转隐喻在两个文本中的对应状况（凸显《红楼梦》特定文本），即回答了大多数人所关心的问题："汉语这样说的，英语呢？"

我们讨论了隐喻，也关注转喻，不但比较简单、基本的转喻和隐喻，还将转喻复合体、隐喻复合体、转隐喻复合体纳入了研究范畴。复合体更具有文化差异性，更能凸显汉英两种语言差异，也就更具有对比研究意义。

我们的讨论是围绕源始域展开的。源始域为认知转隐喻的起点，表示将目标域概念看作什么、比作什么。我们聚焦于将言辞行为（目标域）视为人体经验（源始域）这一认知过程。作为源始域的人体经验，主要包含了重要的人体与外部世界交集的、同时与言辞行为密切相关的言辞器官、人体感觉、人体接触物、人体行为等。言辞器官不但是感知世界的人体器官，也是发声言说的源头。人体感觉是人体经验的感官描述，人体接触物是人体感知所界定的实物，而人体行为则是肢体与外部世界互动的反映。

所以，我们讨论的言辞行为转隐喻都被看作十分具体的物象，可以看得见、摸得着，都是日常生活中常常接触的实物或人体动作等。这种物化，或者具体化，是人类认知，特别是转隐喻由简到繁的必要路径，同时也是语言得以形象、生动的前提。

我们发现，言辞器官构成的修辞性（figurative）语言以转喻为主，隐喻为辅，人体行为以及人体感觉中听觉之外形成的修辞性表达以隐喻为主，转喻为辅。作为言辞器官与人体感觉和人体行为的过渡，听觉特性形成的修辞性语言比较均衡，介于转喻与隐喻之间，而且集中了语料中大多数转隐喻复合体。所以，我们的讨论基本沿着这样的路径：转喻→转喻+隐喻→隐喻。

汉语中，大部分言辞行为转隐喻具有明显的负面含义，即便含有正面意义的"甜""大"等概念的转隐喻表征，如"甜言蜜语""大话"等，也是如此。

学界认为负面事件比正面事件潜能更大。人或动物从负面事件中学到的比正面的多，负面事件更容易引起注意。这是因为负面事件比正面事件更稀缺，对人的生存威胁更大，所含的信息更重要，更多的认知过程用于负面状态。此外，面对负面事件时人们的反应更多样化。常见的6种情感中，4种属负面范畴——愤怒、厌恶、恐惧、悲伤；只有一种正面情感——快乐；剩下一种（惊讶）属于中性。因而，用于描述负面事件、状态、情感的语言就更加丰富。（Rozen et al., 2010）

我们关注的言辞行为，主要是、但不限于面对面的口头交际，还将书面的、跨时空的言语交际纳入其中。这是以往的言语行为研究没有涉足的新领域。

汉英文本对应率极低，对应例子凤毛麟角。我们发现，即便汉英两种语言都有同样的转隐喻（如"开口"与 open one's mouth），即便两种文本某种转隐喻出现的频次相当，也不意味着两种文本相互对应地使用了这个转隐喻。换言之，转隐喻共享并不等于两种文本中这个转隐喻的对应。当然，如果某个转隐喻只出现在一个文本中，就更谈不上它在两个文本的对应。所以，汉英两个文本转隐喻完全对应的情况极少。

如果我们承认 D. Hawkes 的译本是成功的、好的典范，那么，这对于翻译的启示是，翻译过程中译者的眼光不应局限于某个概念和词汇并简单地依赖词典，而应根据话语上下文去通盘考虑，而后选择合适的表达。即便词典中有对等或对应的表达，但绝大部分情况下也不宜照搬，起码在碰到言辞行为转隐喻时不应如此。

二、汉英差异的原因

我们的主要发现是，汉语文本中的言辞行为转隐喻远多于英语。原因何在？

这与汉英两种语言本身的特点有关，也与中西思维习惯相关。

（一）汉语模糊，英语精确

为何汉语中转喻多于英语？这与汉英两种语言的特点有关。转隐喻属于修辞性表达，与字面语言相对。所谓的字面表达是直说，直奔目标，不加修饰。而修辞性语言不是直接将目标域说出，而是通过原始域间接地映射或投射或激活目标域，往往以 A 言 B，或借 A 喻 B。修辞性语言比一般说法多了一个媒介，多转了一道弯。所以，就模糊性（vagueness）而言，修辞性表达甚于字面性文字（而在修辞性文字中，隐喻甚于转喻，这不是本文要旨）。

相对而言，汉语更模糊、委婉，英语更清晰、直接。所以，汉语中的言辞行为转喻自然多于英语。何明（1999）认为，"这种语法形式自由、不求精确、没有严格限制的语言类型可称为'宽式语言'（与印欧语言的'严式'相对而言）"。季羡林（2013：54）指出，"模糊性是世界上所有的语言所共有的。但是诸语言之间，其模糊程度又是各不相同的。据我个人的看法，没有形态变化的汉语是世界上模糊性最强的语言"。所谓"没有形态变化"，指汉语基本上没有时态和性、数、格的严格区分。汉语的语言形式与印欧语言的语言形式有很大的差异：名词没有单复数形式的区别；动词、系词没有人称、时态的变化；主语与谓语之间的关联形式不受人称、格、数量、时间等的严格限制。甚至词类也没有明确的划分，名词、形容词用作动词和动词用作名词的现象在古代汉语中非常常见，而且不需要形式上的严格限定，主语不一定是施事或受事，可以是时间、工具、处所，对施事与受事的规定也不如西方语言严格。洪堡特（2001：135）了解到，"在汉语的句子里，每个词排在那儿，要你斟酌，要你从各种不同的关系去考虑，然后才能往下读。由于思想的联系是由这些关系产生的，因此这一纯粹的默想就代替了一部分语法"。这就是汉语的所谓"意会"特点。

对于汉语的模棱两可，初来乍到的西方人颇感意外。早在 1894 年，美国传教士亚瑟·史密斯在其著作《中国人的性格》中就写道："分布在城市周边的几个村子，跟城相距一到六里，但每个村子都叫三里屯。"中国的"一串钱"永远不可能是预想的一百文，在陕西是八十三文，直隶却是三十三文。所以，汉语被很多人称为"文学语言"，言下之意就是：汉语不适合用于表达精确的科学概念。鲁迅（1981：218）就认为"汉语不够精密"，因此需要从其他语言中引进新的语法机制。他说:"中国的文或话,法子实在太不精密了。作文的秘诀,是在避去熟字,删掉虚字,就是好文章。讲话的时候,也时时要辞不达意。这就是话不够用,所以教员讲书,也必须借助于粉笔。"(参阅周锡令,2006)朱柏桐(2008:99)如此总结汉英的不同:"汉语的表达一般以意会为主,形式并非决定因素,因此形成了汉语重意合、轻形式的特点,也导致了汉语在语言表达形式方面的模糊性。而英语更重视语言的表达方式及形式逻辑,因此强调语言的严谨性和逻辑的衔接性。"朱柏桐(2008:102)发现,汉语的表达一般以意会为主,形式并非决定因素,因此形成了汉语重意合、轻形式的特点,也导致了汉语在语言表达形式方面的模糊性。而英语更重视语言的表达方式及形式逻辑,因此强调语言的严谨性和逻辑的衔接性。

语言本身如此,对语言的描述也是如此。除缺乏性、数、时、态等概念之外,汉语在语音、词汇、句法、话语结构、篇章等方面的界定都是粗放型的。王力曾指出,"西洋语法是硬的,没有弹性,汉语语法是软的,富有弹性"。沈家煊(1999:47)观察到,就名词的"体貌"和动词的"体貌"而言,"英语都比汉语来得严格和有系统"。张德继(1997)注意到,在汉语语法分析中,常常遇到"中间状态"的语法现象,语素与词之间,语素、词与短语之间,词、短语与句子之间,单复句之间,复句内部分类和句子与句群之间,都没有鲜明的界限,都存在着一个模糊不清的过渡带。

语言特征背后的根源是思维特点。鲁迅(1981:218)认为"这语法的不精密,就在证明思路的不精密,换一句话,就是脑筋有些糊涂"。以不求精确、模糊自由、只求意会的宽式语言为"模型"铸造出的思维方式必然带有更多的模糊性。(参阅何明,1999)。转喻是修辞手段,更是思维方式。转喻模式反映思维习惯。季羡林(2005:2)认为,"语言之所以不同,其根本原因在于思维模式的不同。西方的思维模式是分析……东方的思维模式是综合,其特点是整体概念和普遍联系。综合的东西往往有些模糊性"。因此,汉语模糊,英语清晰。(司建国,2009:8)汉语的委婉是综合性、模糊性思维的结果,英语的直接便是分析性、清晰性思维的产物。朱柏桐(2008:99)认为,汉英语言差异主要是由汉英两民族的不同思维方式决定的:中国人惯用辩证逻辑思维,而英美人惯用形式逻辑思维。

(二) 汉语禁忌多于英语

当然,另一原因是汉语中的禁忌多于英语。人们谈论禁忌或敏感话题也会导致语言的模糊。话题的敏感性在各类模糊词语的使用频率和形式选择上影响着模糊语言的使用。（张乔、冯红变，2013）汉文化中不可言的敏感或禁忌话题比较多，特别是涉及性、政治、宗教时。另外，在《红楼梦》中等级森严的封建家族内，礼节繁复，敏感性话题颇多，我们语料中的汉语自然更为模糊。所以，汉语中委婉的、以 A 言 B 的转隐喻就明显多于英语，英语直截了当的字面意义表达多于汉语。

（三）汉语具体，英语抽象

就语言特征而言，汉语模糊，英语精确，这只是一方面。另一方面，汉语在语言表达方面趋于具体（concrete），英语趋于抽象（abstract）。

转隐喻的本质是以简单言复杂、以具体说抽象。转隐喻多的语言，更具形象性、具体性；隐喻少的语言，更具抽象性。我们的观察表明，无论是种类还是出现频次，汉语文本的言辞行为隐喻远多于英语。讨论言辞和言辞行为这类抽象概念时，使用转隐喻比字面性表达多了具体、直接的物相。我们的语料中，用"口（嘴）"、容器、花朵、实物的大小与高低、推敲等人体行为等来谈论言辞（行为）时，使用的无一不是具体、可感的物件和行为。其次，即便汉英都使用了隐喻，汉语的"**顶撞**"比英语的 to argue 更具象，"**抱怨**"比英语的 complain 更明了。即便都是隐喻，"**打趣**"也比 make fun of 更形象、简单。

汉语倾向于具体，常常以实的形式表达虚的概念，以具体的形象表达抽象的内容。汉语没有形态变化，缺乏词义虚化手段（参阅连淑能，1993：136）。

抽象表达方式在英语中相当普遍。首先，主要表现在丰富的词义虚化手段，使用前后缀、介词等，表达虚泛意义。其次是名词化现象，即以名词替代动词。结果，正如 G. M. Young 指出的那样："过分地牺牲动词依赖名词，最终将使得作者的心智与此时此地的现实脱离，与事体完成于何时、何法、何种境况脱钩，并不自觉地堕入抽象、泛化的习惯。"（引自连淑能，1993：128）

关于汉英的这个区别，外国学者的评价值得注意。R. Flesch 在 *The Art of Plain Talk* 中，推崇汉语用词具体、表达清晰、语言形象（picturesque），并由此批评英语措辞抽象、含义晦涩、语句冗长的不良文风。

我们的考察也许表明，英语抽象，汉语具体，这种区别不只与名词有关，还与表示言辞行为的动词有关。

语言背后总有思维的影子。抽象思维是一种高级思维，是文明人的象征。西方进入工业时代的时间长，社会形态发达，善于使用抽象思维，而中国农耕时期漫长，偏爱形象思维。但这并非意味着国人不会抽象思维，只是思维习惯不同罢了。正如 Flesch 提醒其同胞的那样："如果你以为中国人不会表达抽象概念，那就大错特错了。别忘了，在我们的文明开始很早之前，中国人就在谈论和书写宗教和哲学了。"

另外，我们的语料证明了汉语谈论抽象的言辞行为的一个重要路径，就是使用肢体性行为，使用隐喻的概念投射功能。这一点，Flesch 也敏锐地观察到了："如果他们没有确切的谈论抽象概念词汇，就会使用具体的、与那个概念最接近的词汇。所以，自然而然，他们形成了使用隐喻、明喻、类比的习惯。简而言之，通过各种已知的比较方式，使所言清晰明了。"（引自连淑能，1993：138–139）

三、本研究的局限

首先，本研究使用的语料是《红楼梦》汉英文本，先有汉语，后有英语译本，两个文本在主题、情节、人物描述等许多方面基本对等；但是，由汉语出发，以汉语为参照，那么英语势必在某种程度上受到汉语影响，如此，就会多少偏离真正纯粹的英语。换言之，某种程度上，Hawkes 的英语版 *The Story of the Stone* 并非典型的、纯正的英语，多少会有"汉语腔"。所以，起码频率意义上的英语特点会打折扣。基于如此语料的汉英对比，会有一定误差。这是本项研究的天然缺陷，也是我们选用 Hawkes 译本而非杨宪益、戴乃迭译文的原因之一，后者恐怕汉语痕迹更重。

其次，我们的语料库容积有限，远不是普遍意义上汉语与英语两种语言的转隐喻比照，只是特定语类（叙事文本）、特定文本（《红楼梦》）的对比。这样的对比，可以揭示言辞行为转隐喻在两种文本中的对应状况以及文体功效，但不足以显示两种语言的差异。

普遍意义上的汉英对比，应该使用更大容积的双语语料库，涵盖多种语类（genre）的语料，并且更多地采用数理统计手法。当然，这种方式难以揭示语言的文体意义。

最后一个问题是，《红楼梦》汉英文本产生于不同时期。《红楼梦》成书于清乾隆四十九年（1784 年），此时的汉语虽已进入近代汉语阶段，但与现代汉语仍有差异。而英语文本产生于 20 世纪中后期，比汉语文本晚了

200 年左右。① 译者使用的无疑是现代或当代英语。如此，这两个文本的可比性便打了折扣。

---

① 汉英文本属于不同历史时期，也处于不同语言发展阶段。汉语文本为近代汉语，而英语文本为现代英语。根据王力（2004）)先生的观点，汉语史分为 4 个时期：上古时期、中古时期、近代汉语、现代汉语。上古汉语：是指周秦两汉时期，以《诗经》音系为代表。中古汉语：指六朝和隋唐时期，以《切韵》音系为代表。近代汉语：指宋元明清时期，以元代周德清的《中原音韵》音系为代表；现代汉语：指五四以后到现在，以北京音系为代表。

英语语言的历史发展可以分为三个阶段，分别是：古英语（Old English）（449—1100），中世纪英语（Middle English）（1100—1500）和现代英语（Modern English）（1500—至今）。（Lehmann, 1993）

参考文献

英文部分

[1] Adel, A. Metonymy in the semantic field of verbal communication: A corpus-based analysis of WORD [J]. *Journal of Pragmatics*, 2014 (67): 72 - 88.

[2] Aksan, Y. & D. Kantar. When love is a journey in English and in Turkish [C]//Cap, P. & J. Nijakowska (eds.) *Current Trends in Pragmatics*. Cambridge: Cambridge Scholars Publishing, 2007: 93 - 109.

[3] Allan, K. Ongroutnolls and nog-heads: A case study of the interaction between culture and cognition in intelligence metaphors [C]//Stefanowitsch, A. & S. T. Gries (eds.) *Corpora in Cognitive Linguistics: Conceptual Metaphors*. Amsterdam: John Benjamins, 2006: 175 - 190.

[4] Barcelona, A. Names: A metonymic "return ticket" in five languages [J]. *Jezikoslovlje*, 2003, 4 (1): 11 - 41.

[5] Barcelona, A. Properties and prototype structure of metonymy [C]//Benczes, R. et al. (eds.) *Defining Metonymy in Cognitive Linguistics*. Amsterdam: John Benjamins, 2011: 7 - 61.

[6] Barnden, J. A. Metaphor and metonymy: Making their connections more slippery [J]. *Cognitive Linguistics*, 2010, 21 (1): 1 - 34.

[7] Bierwiazconek, B. *Metonymy in Language, Thought and Brain* [M]. Sheffield: Equinox, 2013.

[8] Boers, F. Applied linguistics perspectives on cross-cultural variation in conceptual metaphor [J]. *Metaphor and Symbol*, 2003, 18 (4): 231 - 238.

[9] Boers, F. When a bodily source domain becomes prominent: The joy of counting metaphor in the socio-economic domain [C]//Gibbs, R. W. & G. J. Steen (eds.) *Metaphor in Cognitive Linguistics*. Amsterdam: John Benjamins, 1999: 47 - 56.

[10] Boers, F. & M. Demecheleer. A few metaphorical models in (Western) economic discourse [C]//Liebert, W. A., G. Redeker & L. Waugh (eds.) *Discourse and Perspective in Cognitive Linguistics*. Amsterdam: John Benjamins, 1997: 115-29.

[11] Braithwaite, C. A. Communicative silence: A cross-cultural study of Basso's hypothesis [A]. In D. Carbaugh (ed.) Cultural Communication and Intercultural Contact [C]. New Jersey: Lawrence Erlbaum Associates Publishers, 1990: 31-45.

[12] Brdar, M. & R. Brdar-Szabo. Metonymic coding of linguistic action in English, Croatian andHungarian [C]//Panther, K. U. & L. Thornburg (eds.), *Metonymy and Pragmatic Inferencing*. Amsterdam: John Benjamins, 2003: 241-66.

[13] Brdar-Szabo, R. & M. Brdar. MANNER-FOR-ACTIVITY metonymy in a cross-linguistic perspective [C]//Lewandowska-Tomaszczyk, B. & K. Turewicz (eds.) *Cognitive Linguistics Today*. Frankfurt: Peter Lang, 2002: 225-246.

[14] Brdar-Szabo, R. & M. Brdar. The problem of data in the cognitive linguistic research on metonymy: A cross-linguistic perspective [J]. *Language Sciences*, 2012 (34): 728-745.

[15] Brown, K. et al. (eds.) *Encyclopedia of Language and Linguistics* [M]. Oxford/上海: Elsevier/上海外语教育出版社, 2006/2008.

[16] Cameron, L. Metaphor in physical and speech action expressions [C]//Low, G. et al. (eds.) *Researching and Applying Metaphor in the Real World*. Amsterdam: John Benjamins, 2010: 333-356.

[17] Cariola, L. A. Book review on *Embodiment via Body Parts*: Studies from various language and cultures [J]. *Metaphor and Symbol*, 2013 (4): 261-64.

[18] Chang, W., D. Geeraerts & D. Speelman. Cross linguistic variation in metonymy for PERSON: A Chinese-English contrastive study [J]. *Review of Cognitive Linguistics*, 2015 (1): 220-36.

[19] Charteris-Black, J. Cultural resonance in English and Malay figurative phrases: The case of hand [C]//Cotterill, J. & A. Ife (eds.) *Language across Boundaries*. London: Continuum, 2001: 151-170.

[20] Charteris-Black, J. Speaking with forked tongue: A comparative study of metaphor and metonymy in English and Malay phraseology [J]. *Metaphor and Symbol*, 2003, 18 (4): 289-310.

[21] Charteris-Black, J. & T. Ennis. A comparative study of metaphor in

Spanish and English financial reporting [J]. *English for Specific Purposes*, 2001, 20 (3): 249 - 266.

[22] Culpeper, J. *Language and Characterization: People in Plays and Other Texts* [M]. Harlow: Pearson Education, 2001.

[23] Dai, Y., Z. I. Rezanova & K. S. Shilyaev. Metaphors for language and speech in Russian and Chinese: A comparative study [J]. *Procedia-Social and Behavioral Sciences*, 2015 (200): 574 - 578.

[24] Dancygier, B. & E. Sweetser. *Figurative Language* [M]. Cambridge: Cambridge University Press, 2014: 162 - 82.

[25] Deignan, A. & L. Potter. A corpus study of metaphors and metonyms in English and Italian [J]. *Journal of Pragmatics*, 2004 (36): 1231 - 1252.

[26] Deignan, A. *Metaphor* [M]. 北京: 外文出版社, 2001.

[27] Deignan, A. Metaphorical expressions and culture: An indirect link [J]. *Metaphor and Symbol*, 2003, 18 (4): 255 - 271.

[28] Deignan, A. The evaluative properties of metaphors [C]//Low, G. et al. (eds.) *Researching and Applying Metaphor in the Real World*. Amsterdam: John Benjamins, 2010: 357 - 374.

[29] Deignan, A. & L. Potter. A corpus study of metaphors and metonyms in English and Italian [J]. *Journal of Pragmatics*, 2004, 36 (7): 1231 - 1252.

[30] Deignan, A., A. Lima & R. Lòpez-Mora. Metaphor, culture and the classroom [C]. Paper presented at the 31st IATEFL conference, University of Manchester, England, 1998.

[31] Dingermanse, M. The selective advantage of body part terms [J]. *Journal of Pragmatics*, 2009 (41): 2130 - 2136.

[32] Dirven, R. *Metaphor and Nation* [M]. Frankfurt: Peter Lang, 1994.

[33] Dobrovolskij, D. & E. Piiraninen. *Figurative Language: Cross-cultural and Cross-Linguistic Perspectives* [M]. Amsterdam: Elsevier, 2005.

[34] Dobrzyńska, T. Translating metaphor: Problems of meaning [J]. *Journal of Pragmatics*, 1995 (24): 595 - 604.

[35] Evans, V. *A Glossary of Cognitive Linguistics* [M]. Edinburgh: Edinburgh University Press, 2007.

[36] Fakuda, K. A comparative study of metaphors representing the US and Japanese economics [J]. *Journal of Pragmatics*, 2009 (41): 1693 - 1702.

[37] Foolen, A. The heart as a source of semiosis: The case of Dutch

[C].//Sharifian, F. et al. (eds.) *Culture, Body and Language*: *Conceptualizations of Internal Body Organs across Cultures and Languages*. Berlin: Walter de Gruyter. 2008 (a): 373 – 394.

[38] Frank, R. M. et al. (eds.) *Body, Language and Mind* (*Vol.* 2): *Sociocultural Situatedness* [M]. Berlin: Mouton de Gruyter, 2008.

[39] Geeraerts, D. & H. Cuyckens (eds.) *The Oxford Handbook of Cognitive Linguistics* [M]. Oxford: Oxford University Press, 2007.

[40] Geeraerts, D. & S. Grondelaers. Looking back at anger: Cultural traditions and metaphorical patterns [C]//Taylor, J. R. & R. E. MacLaury (eds.) *Language and the Construal of the World*. Berlin: Mouton de Gruyter, 1995: 153 – 79.

[41] Genette, G. *Narrative Discourse* [M]. Jane E. Lewin (Trans.). Ithaca: Cornell University Press, 1986.

[42] Gibbs, R. W. *Intentions in the Experience of Meaning* [M]. Cambridge: Cambridge University Press, 1999.

[43] Gibbs, R. W. *Embodiment and Cognitive Science* [M]. Cambridge: Cambridge University Press, 2006

[44] Gibbs, R. W. *The Cambridge Handbook of Metaphor and Thought* [M]. Cambridge: Cambridge University Press, 2008.

[45] Goossens, L. Metaphtonymy: the interaction of metaphor and metonymy in figurative expressions for linguistic action [C]//Goossens, L. et al. (eds.) *By Word of Mouth*: *Metaphor, Metonymy and Linguistic Action in a Cognitive Perspective*. Amsterdam: John Benjamins, 1995: 159 – 176.

[46] Goossens, L. et al. (eds.) *By Word of Mouth*: *Metaphor, Metonymy and Linguistic Action in a Cognitive Perspective* [C]. Amsterdam: John Benjamins, 1995.

[47] Grady, J. *Foundations of Meaning*: *Primary Metaphors and Primary Scenes* [D]. Department of Linguistics, University of California at Berkeley, 1997.

[48] Halliday, M. A. K. *An Introduction to Functional Grammar* [M]. London: Edward Arnold, 1985/1994.

[49] Haser, V. *Metaphor, Metonymy, and Experientialist Philosophy*: *Challenging Cognitive Semantics* [M]. Berlin: Mouton de Gruyter, 2005.

[50] Hawkes, D. *The Story of the Stone* [Z/OL]. http://sites.google.com/site/thestoryofthe stonehawks/Home. Accessed on Aug. 15th. 2015.

[51] Henderson, W. Metaphor in economics [C]//Coulthard, M. (ed.)

Talking about Text. Birmingham: University of Birmingham, 1986: 110 - 127.

[52] Herman, V. *Dramatic Discourse: Dialogue as Interaction in Plays* [M]. London: Routeledge, 1995.

[53] Hilpert, M. Chained metonymies in lexical and grammar: A cross-linguistic perspective on body part terms [C]//Radden, G. et al. (eds.) *Aspects of Meaning Construction.* Amsterdam: John Benjamins, 2007: 77 - 98.

[54] Hofstede, G. *Culture's Consequences: International Differences in Work-related Values* [M]. London: Sage Publications, 1980.

[55] Hopper, P. J. & S. A. Thompson. Transitivity in grammar and discourse [J]. *Language*, 1980, 56 (2): 51 - 99.

[56] Hornby, A. S. et al. (eds.) *The Advanced Learner's Dictionary of Current English with Chinese Translation* [M]. Oxford: Oxford University Press, 1978.

[57] Hunston, S. & G. Thompson (eds.) *Evaluation in Text: Authorial Stance and the Construction of Discourse* [C]. Oxford: Oxford University Press, 2000.

[58] Ibarretxe-Antunano, I. Limitations for cross-linguistic metonymies and metaphors [C]//Otal Campo, J. L. et al. (eds.) *Cognitive and Discourse Approaches to Metaphor and Metonymy.* Castellon: Universitat Jaume I, 2005: 187 - 200.

[59] James, C. *Contrastive Analysis* [M]. London: Longman/青岛: 青岛出版社, 1980/2005.

[60] Jing-Schmidt, Z. Much mouth much tongue: Chinese metonymies and metaphors of verbal behavior [J]. *Cognitive Linguistics*, 2008 (2): 241 - 282.

[61] Johnson, M. *The Body in the Mind: The Bodily Basis of Meaning, Imagination, and Reason* [M]. Chicago: University of Chicago Press, 1987.

[62] Kovecses, Z. *Metaphor and Emotion: Language, Culture, and Body in Human Feeling* [M]. Cambridge: Cambridge University Press, 2000.

[63] Kovecses, Z. *Metaphor: A Practical Introduction* [M]. New York: Oxford University Press, 2002.

[64] Kovecses, Z. Language, figurative thought, and cross-cultural comparison [J]. *Metaphor and Symbol*, 2003, 18 (4): 311 - 20.

[65] Kovecses, Z. *Metaphor in Culture: Universality and Variation* [M]. Cambridge: Cambridge University Press, 2005.

[66] Lakoff, G. & M. Johnson. *Metaphors We Live By* [M]. Chicago: The

University of Chicago Press, 1980/2003.

[67] Lakoff, G. *Women, Fire, and Dangerous Things* [M]. Chicago: The University of Chicago Press, 1987.

[68] Lakoff, G. & M. Johnson. *Philosophy in the Flesh: The Embodied Mind and Its Challenge to Western Thought* [M]. New York: Basic Book, 1999.

[69] Langacker, R. *Foundations of Cognitive Grammar, Vol. 1: Theoretical Prerequisites* [M]. Stanford: Stanford University Press/北京: 北京大学出版社, 1987/2004.

[70] Langacker, R. W. Reference point construction [J]. *Cognitive Linguistics*, 1993 (4): 1–38.

[71] Langacker, R. W. *Grammar and Conceptualization* [M]. Berlin: Mouton de Gruyter, 1999.

[72] Leech, G. N. *Principles of Pragmatics* [M]. London: Longman, 1983.

[73] Lehmann, W. P. *Historical Linguistics* [M]. London: Routeledge and Kegan Paul, 1993.

[74] Lin, Dilin. *Metaphor, Culture, and Worldview: The Case of American English and the Chinese Language* [M]. Lanham: University Press of America, 2002.

[75] Littlemore, J. *Metonymy: Hidden Shortcuts in Language, Thought and Communication* [M]. Cambridge: Cambridge University Press, 2015.

[76] Littlemore, J. Theeffect of cultural background on metaphor interpretation [J]. *Metaphor and Symbol*, 2003, 18 (4): 273–288.

[77] Littlemore, J. et al. What makes a good metaphor? A cross-cultural study of computer generated metaphor appreciation [J]. *Metaphor and Symbol*, 2018, 33 (2): 101–22.

[78] Maalej, Z. Figurative language in anger expressions in Tunisian Arabic: An extended view of embodiment [J]. *Metaphor and Symbol*, 2004, 19 (1): 51–75.

[79] Maalej, Z. & N. Yu (eds.) *Embodiment via Body Parts: Studies from Various Language and Cultures* [C]. Amsterdam: John Benjamins, 2011.

[80] Merleau-Ponty, M. *Phenomenology of Perception* [M]. London: Routeledge and Kegan Paul, 1962.

[81] Mikhail, K. Metaphorical projection, subjectification and English speech act verbs [J]. *Folia Linguistica*, 2010, 44 (2): 339–370.

[82] Muhammad, N. N. & S. M. Rashid. Catmetaphors in Malay and English proverbs [J]. *Procedia-Social and Behavioral Sciences*, 2014 (118): 335 –342.

[83] Newmark, P. *Approaches to Translation* [M]. Oxford: Pergamon Press, 1981.

[84] Niemeier, S. Straight from the heart: Metonymic and metaphorical explorations [C]//Barcelona, A. (ed.) *Metaphor and Metonymy at the Crossroads.* Berlin: Mouton De Gruyter, 2000: 195 –211.

[85] *Online Etymology Dictionary* [OL]. https://www.etymonline.com/ Accessed on 14th. Feb. 2019.

[86] Özçaliskan, S. Metaphorical motion in cross linguistic perspective: A comparison of English and Turkish [J]. *Metaphor and Symbol*, 2003, 18 (3): 189 –228.

[87] Panther, K. U. & L. L. Thornburg. A cognitive approach to inferencing in conversation [J]. *Journal of Pragmatics*, 1998 (30): 755 –769.

[88] Panther, K. U. & L. L. Thornburg. The potentiality for actuality metonymy in English and Hungarian [C]//Panther, K. U. & G. Radden (eds.) *Metonymy in Language and Thought.* Amsterdam: John Benjamins, 1999: 333 –360.

[89] Pauwels, P. & A. M. Simon-Vandenbergen. Body parts in linguistic action: Underlying schemata and value judgment [C]//Goossens, L. et al. (eds.) *By Word of Mouth: Metaphor, Metonymy and Linguistic Action in a Cognitive Perspective.* Amsterdam: John Benjamins, 1995: 35 –70.

[90] Pavpertova, O. Corpus-based analysis of conceptual metaphors of HAPPINESS in Russian and English [C]//Polzenhagen, F. et al. (eds.) *Cognitive Explorations into Metaphor and Metonymy.* Frankfurt: Peter Lang, 2014: 35 –50.

[91] Peirsman, Y. & D. Geeraerts. Metonymy as a prototypical category [J]. *Cognitive Linguistics*, 2006 (3): 269 –316.

[92] Pragglejaz Group. MIP: A method for identifying metaphorically used words in discourse [J]. *Metaphor and Symbol*, 2007, 22 (1): 1 –39.

[93] Quinn, N. & D. Holland. 1987 Introduction [C]//Holland, D. & N. Quinn (eds.) *Cultural Models in Language and Thought.* New York: Cambridge University Press, 1987: 3 –40.

[94] Quinn, N. Convergent evidence for a cultural model of American marriage [C]//Holland, D. & N. Quinn (eds.) *Cultural Models in Language and Thought.* New York: Cambridge University Press, 1987: 173 –192.

[95] Quinn, N. The cultural basis of metaphor [C]//Fernandez, J. W. (ed.) *Beyond Metaphor: The Theory of Tropes in Anthropology*. Stanford: Stanford University Press. 1991: 56 – 93.

[96] Radden, G. & Z. Kovecses. Towards a theory of metonymy [C]//Panther, K. & G. Radden (eds.) *Metonymy in Language and Thought*. Amsterdam: John Benjamins, 1999: 17 – 60.

[97] Radden, G. & K. Seto. Metonymic construals of shopping requests in HAVE and BE languages [C]//Panther, K. U. & L. Thornburg (eds.) *Metonymy and Pragmatic Inferencing*. Amsterdam: John Benjamins, 2003: 223 – 240.

[98] Reddy, M. The conduit metaphor [C]//Ortony, A. (ed.) *Metaphor and Thought*. Cambridge: Cambridge University Press, 1979: 284 – 324.

[99] Ritchie, J. "ARGUMENT IS WAR": Or is it a game of chess? Multiple meanings in the analysis of implicit metaphors [J]. *Metaphor and Symbol*, 2003, 18 (2): 125 – 146.

[100] Rizen, B. et al. Biases in use of positive and negative words across twenty natural languages [J]. *Cognition and Emotion*, 2010, 24 (3): 536 – 48.

[101] Salzinger, J. The sweet smell of red: An interplay of synaesthesia and metaphor in language [J]. *Metaphorik. de*, 2010 (18): 57 – 91.

[102] Searle, J. R. *Speech Acts: An Essay in the Philosophy of Language* [M]. Cambridge: Cambridge University Press, 1962.

[103] Segundo, P. R. S. A. Corpus-stylistic approach to Dickens' use of speech verbs: Beyond mere reporting [J]. *Language and Literature*, 2016, 25 (2): 113 – 129.

[104] Semino, E. The metaphorical construction of complex domains: the case of speech activity in English [J]. *Metaphor and Symbol*, 2005 (1): 35 – 70.

[105] Semino, E. A corpus-based study of metaphors for speech activity in British English [C]//Stefanowitsch, A. & S. T. Gries (eds.) *Corpora in Cognitive Linguistics: Conceptual Metaphors* [C]. Amsterdam: John Benjamins, 2006: 36 – 62.

[106] Sharifian, F. et al. (eds.) *Culture, Body and Language: Conceptualizations of Internal Body Organs across Cultures and Languages* [C]. Berlin: Walter de Gruyter, 2008 (a).

[107] Sharifian, F. et al. Culture and language: Looking for the "mind" inside the body [C]//Sharifian, F. et al. (eds.) *Culture, Body and Lan-*

guage: *Conceptualizations of Internal Body Organs across Cultures and Languages*. Berlin: Walter de Gruyter, 2008 (b): 3 – 26.

[108] Simo, J. Metaphors of blood in American English and Hungarian: A cross-linguistic corpus investigation [J]. *Journal of Pragmatics*, 2011, 43 (12), 2897 – 2910.

[109] Simo, J. Chess metaphors in American English and Hungarian [J]. *Metaphor and Symbol*, 2009, 24 (1): 42 – 59.

[110] Simon – Vandenbergen, A. M. Assessing linguistic behavior: A study of value judgments [C]//Goossens, L. et al. (eds.) *By Word of Mouth: Metaphor, Metonymy and Linguistic Action in a Cognitive Perspective*. Amsterdam: John Benjamins, 1995: 71 – 124.

[111] Simon-Vandenbergen, A. M. Speech, music and dehumanization in George Orwell's *Nineteen Eighty Four*: A linguistic study of metaphors [J]. *Language and Literature*, 1993, 2 (3): 157 – 182.

[112] Slabakova, R., J. C. Amaro & S. K. Kang. Regular and novel metonymy in native Korean, Spanish, and English: Experimental evidence for various acceptability [J]. *Metaphor and Symbol*, 2013 (28): 275 – 293.

[113] Steen. G. Metaphor: Stylistic approach [M]//Brown, K. et al. (eds.) *Encyclopedia of Language and Linguistics*. Oxford/上海: Elsevier/上海外语教育出版社, 2006/2008: 51 – 57.

[114] Stefanowitsch, A. & S. T. Gries (eds.) *Corpora in Cognitive Linguistics: Conceptual Metaphors* [C]. Amsterdam: John Benjamins, 2006.

[115] Sullivan, K. & E. Bandín. Censoring metaphors in translation: Shakespeare's Hamlet under Franco [J]. *Cognitive Linguistics*, 2014, 25 (2): 177 – 202.

[116] Sun, Y. & J. Jiang. Metaphor use in Chinese and US corporate mission statements: A cognitive sociolinguistic analysis [J]. *English for Specific Purposes*, 2014 (33): 4 – 14.

[117] Sweetser, E. *From Etymology to Pragmatics: Metaphorical and Cultural Aspects of Semantic Structure* [M]. Cambridge: Cambridge University Press, 1990.

[118] Tai James H-Y. On two features of place adverbials in Mandarin Chinese: A quantified text study and its implication [J]. *Language*, 1975 (2): 23 – 34.

[119] Taljard E. & N. Bosman. The semantics of eating in Afrikaans and

northern Sotho: Cross-linguistic variation in metaphor [J]. *Metaphor and Symbol*, 2014 (29): 224 – 245.

[120] Tay, D. Exploring the metaphor-body-psychotherpy relationship [J]. *Metaphor and Symbol*, 2017, 32 (3): 178 – 91.

[121] Thompson, G. & S. Hunston. Evaluation in text [M]//Brown, K. et al. (eds.) *Encyclopedia of Language and Linguistics*. Oxford/上海: Elsevier/上海外语教育出版社, 2006/2008: 305 – 312.

[122] Toth-Czifra, E. Feeling the taste of victory: the figurative utilization of the concept mouth and tongue in English, German and Hungarian [C]// Polzenhagen, F. et al. (eds.) *Cognitive Explorations into Metaphor and Metonymy*. Frankfurt: Peter Lang, 2014: 51 – 66.

[123] Trim, R. The interface between synchronic and diachronic conceptual metaphor: the role of embodiment, culture and semantic field [C]//Diaz-Vera, J. E. (ed.) *Metaphor and Metonymy across Time and Cultures*. Berlin: Walter de Gruyter, 2015: 95 – 122.

[124] Tsui, A. B. M. *English Conversation* [M]. Cambridge: Cambridge University Press, 1994.

[125] Ullmann, S. *Language and Style* [M]. Oxford: Basil Blackwell, 1964.

[126] Van denBroeck, R. The limits of translatability exemplified by metaphor translation [J]. *Poetics Today*, 1981, 2 (4): 73 – 87.

[127] Vanpary, J. A survey of metalinguistic metaphors [C]//Goossens, L. et al. (eds.) *By Word of Mouth: Metaphor, Metonymy and Linguistic Action in a Cognitive Perspective* [C]. Amsterdam: John Benjamins, 1995: 1 – 14.

[128] Varela, F. J. et al. (eds.) *The Embodied Mind: Cognitive Science and Human Experience* [C]. Cambridge: MIT Press, 1991.

[129] Watson, O. *Longman Modern English Dictionary* [M]. London: Longman, 1976.

[130] Wierzbicka, A. *English Speech Act Verbs: A Semantic Dictionary* [M]. Sydney: Academic Press, 1987.

[131] Yu, N. Metaphorical expression of anger and happiness in English and Chinese [J]. *Metaphor and Symbol*, 1995 (10): 59 – 92.

[132] Yu, N. *The Contemporary Theory of Metaphor: A Perspective from Chinese* [M]. Amsterdam: John Benjamins, 1998.

[133] Yu, N. Synesthetic metaphor: A cognitive perspective [J]. *Journal*

of Literary Semantics, 2003 (32): 19 – 34.

[134] Yu, N. Metaphor from body and culture [C]//Gibbs, R. W. (ed.) *The Cambridge Handbook of Metaphor and Thought*. New York: Cambridge University Press, 2008: 247 – 261.

[135] Yu, N. et al. Primary metaphors: Importance as size and weight in a comparativeperspective [J]. *Metaphor and Symbol*, 2017, 32 (4): 231 – 240.

[136] Zhang, W., D. Geeraerts & D. Speelman. Cross-linguistic variation in metonymies for person: A Chinese-English contrastive study [J]. *Review of Cognitive Linguistics*, 2015, 13 (1): 220 – 256.

[137] Ziemke, T. et al. (eds.) *Body, Language and Mind* (Vol.1): *Embodiment* [C]. Berlin: Mouton De Gruyter, 2007.

[138] *Webester's Encyclopedic Unabridged Dictionary of the English Language* [M]. New York: Random House, 1996.

中文部分

[1] 曹雪芹, D. Hawkes. 红楼梦（汉英对照版）[M]. 上海：上海外语教育出版社, 2014.

[2] 曹雪芹. 红楼梦 [Z/OL]. http://vdisk.weibo.com/s/dCFGuW2I2hlBr. 2016 – 8 – 15.

[3] 柴静. 看见 [M]. 桂林：广西师范大学出版社, 2013.

[4] 陈柯妮. 言语行为转喻源始域选择与会话者权势关系 [J]. 北京第二外国语学院学报, 2011 (12): 17 – 24.

[5] 陈来. 中华文明的核心价值 [M]. 北京：生活·读书·新知三联书店, 2005.

[6] 辞海编辑委员会. 辞海 [M]. 上海：上海辞书出版社, 1980.

[7] 葛浩文. 中国文学如何走出去？[N]. 文学报, 2017 – 03 – 24.

[8] 谷衍奎. 汉字源流字典 [M]. 北京：语文出版社, 2008.

[9] 洪堡特. 论语法形式的通性及汉语的特性 [C]//姚小平, 编译. 洪堡特语言哲学文集. 长沙：湖南教育出版社, 2001: 122 – 77.

[10] 何明. 论汉语与中国传统思维特征的关系 [J]. 云南社会科学, 1999 (2): 70 – 76.

[11] 何善芬. 英汉语言对比研究 [M]. 上海：上海外语教育出版社, 2002.

[12] 季羡林. 序 [M]//黄国营, 编. 吕叔湘选集. 长春: 东北师范大学出版社, 2005: 1-4.

[13] 金娜娜. 言语动词的隐喻性评价研究 [M]. 广州: 中山大学出版社, 2009.

[14] 李计伟. "舌尖上的中国"该什么样 [N]. 新京报, 2014-04-22.

[15] 连淑能. 英汉对比研究 [M]. 北京: 高等教育出版社, 1993.

[16] 林宝珠. 隐喻的意识形态力 [M]. 厦门: 厦门大学出版社, 2012.

[17] 刘宁生. 汉语偏正结构的认知基础及其在语序类型学上的意义 [J]. 中国语文, 1995 (2): 81-89.

[18] 鲁迅. 关于翻译的通信 [M]//鲁迅全集: 4. 北京: 人民文学出版社, 1981.

[19] 吕叔湘. 通过对比研究语法 [M]//吕叔湘. 吕叔湘集. 广州: 花城出版社, 2009: 93-109.

[20] 马悦然. 另一种乡恋 [M]. 北京: 新星出版社, 2015.

[21] 孟琮. 汉语动词用法词典 [M]. 北京: 商务印书馆, 2003.

[22] 民国文林. 细说民国大文人 [M]. 北京: 现代出版社, 2010.

[23] 莫旭强. 《红楼梦》隐喻法译研究 [J]. 广东外语外贸大学学报, 2010 (3): 48-52.

[24] 沈家煊. 英汉对比语法三题 [J]. 外语教学与研究, 1996 (4): 8-13.

[25] 沈家煊. 方所 [C]//赵世开, 编. 汉英对比语法论集. 上海: 上海外语教育出版社, 1999: 38-63.

[26] 沈家煊. 复句三域"行、知、言" [J]. 中国语文, 2003 (3): 195-203.

[27] 沈家煊. "有界"与"无界" [C]//束定芳, 编. 语言的认知研究: 认知语言学论文精选. 上海: 上海外语教育出版社, 2004: 334-357.

[28] 沈家煊. 转指和转喻 [M]//沈家煊. 认知与汉语语法研究. 北京: 商务印书馆, 2006: 30-52.

[29] 沈家煊. 认知与汉语语法研究 [M]. 北京: 商务印书馆, 2006.

[30] 沈家煊. 怎样对比才有说服力: 以英汉名动对比为例 [J]. 现代外语, 2012 (1): 1-13.

[31] 沈家煊. 从语言看中西方的范畴观 [J]. 中国社会科学, 2017

(7): 131-43.

[32] 司建国. 情态隐喻的汉英对比研究 [J]. 天津外国语学院学报, 2009 (4): 1-8.

[33] 司建国. 认知视角中的言辞行为转喻复合体: 以莫言小说为例 [J]. 现代外语, 2015 (6): 751-61.

[34] 司建国. 言辞行为转隐喻研究: 基于中国现代戏剧语料库 [M]. 广州: 中山大学出版社, 2017.

[35] 王力. 王力文集: 第一卷: 中国语法理论 [M]. 济南: 山东教育出版社. 1984.

[36] 王力. 汉语史稿 [M]. 北京: 中华书局, 2004.

[37] 吴景荣. 汉英词典 [M]. 北京: 商务印书馆, 1982.

[38] 肖家燕.《红楼梦》概念隐喻的英译研究 [D]. 浙江大学, 2007.

[39] 肖家燕. 优先概念化与隐喻的翻译研究:《红楼梦》"上—下"空间隐喻的英译策略及差额翻译 [J]. 四川外语学院学报, 2008 (4): 105-109.

[40] 许国璋. 许国璋论语言 [M]. 北京: 外语教育出版社, 1991.

[41] 鄢秀. D. Hawkes 与中国语文 [Z/OL]. https://tieba.baidu.com/p/3214804506. 2017-10-18.

[42] 张德继. 汉语语法单位的模糊性 [J]. 河北师院学报, 1997 (3): 107-112.

[43] 张乔, 冯红变. 汉语中的模糊语言和话题的敏感性 [J]. 当代语言学, 2013 (1): 45-61.

[44] 张雁. 从物理行为到言语行为: 嘱咐类动词的产生 [J]. 中国语文, 2012 (1): 3-16.

[45] 赵青青、熊佳娟、黄居仁. 通感、隐喻与认知: 通感现象在汉语中的系统性表现与语言学价值 [J]. 中国语文, 2019, (2): 240-53.

[46] 周有光. 比较文字学初探 [M]. 北京: 语文出版社, 1998.

[47] 周锡令. 汉语的模糊性及其对策 [N/OL]. http://xlzhou0421@vip.sina.com. 2018-6-23.

[48] 中国社会科学院语言研究室词典编辑室. 现代汉语词典 (汉英双语版) [M]. 北京: 外语教学与研究出版社, 2003.

[49] 钟守满. 英汉言语行为动词语义认知语义结构 [M]. 合肥: 中国科技大学出版社, 2008.

[50] 朱柏桐. 汉译英的形式逻辑思维及表达方式 [J]. 中国翻译, 2008 (3): 99-105.

[51] 朱邦国. 红楼梦人物对话艺术 [M]. 乌鲁木齐: 新疆人民出版社, 1995: 1-2.

[52] 湖北大学古籍研究所. 汉语成语大词典 [M]. 北京: 中华书局, 2002.